重踏香港業餘話劇社昔日足迹

下冊

涂小蝶 編著

目錄

我與香港業餘話劇社的因緣

涂小蝶

緣起

十多年前，當我在思考我的博士論文題目時，有人建議我研究香港業餘話劇社（下稱「業餘」）。當時我對此劇社毫無認識，不敢貿然作論文的研究，但是「業餘」這個名字自此印在我的心中。

二〇一〇年，我編寫關於King sir（鍾景輝）的舞台藝術一書——《戲劇大師鍾景輝的戲劇藝術之舞台篇》。當我訪問他和整理其舞台工作資料時，發現原來King sir也是「業餘」一員，並且扮演非常重要的角色。於是，我在書中寫了一個章節，以King sir的角度介紹「業餘」和他在劇社的舞台工作。這是我對「業餘」所作的首次小規模記錄，對劇社不算有深入認識。二〇一二年，我編寫關於King sir的電視工作的《戲劇大師鍾景輝的戲劇藝術之電視篇》。我特意撰寫一篇較長的文稿，將「業餘」在麗的映聲與「無綫」的演出和在香港電視史上扮演的角色記錄下來，並附上多幀珍貴圖片。二〇一六年，我多次訪問「業餘」九位創辦人之一Lily姐（梁舜燕），撰寫其幾近六十載演藝工作的口述史，其中數篇集中記錄她在「業餘」的演出。這是我進一步搜集和研究劇社資料的工作。

本來這些只是我研究其他戲劇題目的寫作，研究對象並非「業餘」。沒想到二〇一〇年的一頓飯宴竟觸起出版兩本《重踏香港業餘話劇社昔日足迹》書籍（下稱《業餘》）的契機。

那年，King sir 和何偉龍先生分別榮獲香港藝術發展局（下稱「藝發局」）頒發的兩個獎項，我到場祝賀兩位前輩。頒獎禮完結後，我與十多人一起出席賀宴。我環顧全席，只有兩位我不認識。正確來說，我知道其中一位是慧茵姐，因為我編寫《舞台篇》時曾多次看到她的「業餘」劇照。我甚少主動向陌生人自我介紹，那次我竟然冒昧走到大圓桌的另一邊向她問好。慧茵姐曾閱讀《舞台篇》，知道我是她的後輩。她沒有嫌我阻礙她享用晚餐，友善地與我聊了好一會，並介紹她身旁的男士給我認識——同是「業餘」社員的達志哥（劉達志）。

原來慧茵姐在賀宴的翌天便返回洛杉磯。每次回想此事，我都抹一額汗，輕呼好險。若非我那晚不知為何會主動上前向慧茵姐打招呼，以後有關這兩本書籍的事情都不會發生，而書中接受我訪問的絕大部份前輩亦不會在我生命中出現。慧茵姐這次與我短暫認識，播下一顆非常重要的種子，蘊釀起《業餘》二書在多年後誕生。大概冥冥中自有天意，「業餘」在成立五十多年後的緣起了，便有人來把它的歷史寫下。

結緣

二〇一五年春季，我乘到美國加州旅行之便專程到洛杉磯拜訪慧茵姐。那天我除了與她聚舊外，竟然忘記觀光，花了數小時在她府上聽她講述「業餘」的歷史和故事。愛聽故事的我聽得津津有味，對劇社亦有進一步的了解。我很榮幸蒙慧茵姐信任，獲她即場相贈她保存近五十載的劇社場刊和劇照。我如獲至寶地捧着一大堆「業餘」資料回港。可是，坦白說，我當時完全不知道應該怎樣處理它們。我只告訴自己絕不可以將珍貴的戲劇史料存在家中，讓它們繼續被埋藏。「將它們出版成書，讓更多人認識和接觸『業餘』的事蹟」這個念頭開始在我腦海中萌芽。除了撰寫「業餘」的歷史外，我更想到訪問各位社員，為這班香港劇壇先驅留下第一手的口述史。

我向慧茵姐表達我的意願，立即得到她的首肯，答應全力協助我進行是項研究。可是，第一個困難來了，「業餘」很多位前輩都定居外國，難以返港接受訪問。所以，我必須飛赴彼邦進行專訪、搜集文物資料和拍照，這樣肯定會令研究計劃的時間和製作成本大增。

由於我曾經獲得「藝發局」的資助，出版了兩本《戲劇大師》系列書籍，因此，我將我的構思寫成建議書，向該局申請資助。建議書的其中一部份是這樣寫着的：「通過編撰兩本《戲劇大師》系列書籍，我對『業餘』有了初步認識，我開始渴望能獨立研究它的戲劇工作，詳細地將它成立的目的和過程、藝術的處理和成就、舞台和電視演出情況、人才培育、對香港劇壇的深遠影響等等各範疇具體地研究，以及把各位社員在劇社的工作經驗和其個人歷史寫成文字紀錄。我計劃將研究資料和照片編寫成書，為這個非常特別的劇社在香港戲劇史上留下文字印記。還有，我會在研究『業餘』的演出和作用之餘，側寫半個世紀前香港劇壇的面貌，方便日後研究香港戲劇史的學者作參考之用。」

我知道資助款項有限，難以支付我遠赴多個海外城市訪問和製作的所有開支。同時，為了避免被人懷疑我藉公幹而以公帑吃喝遊樂，我在建議書上寫着「所有住宿和飲食費用由我支付」。即使如此，建議書的估計成本仍然與「藝發局」的資助上限相差很遠，我因此亦答應自行負責資助款項以外的所有支出。

我的申請順利獲得批准。二〇一六年九月，我開展了「美加業餘訪問之旅」，由香港飛到三藩市、洛杉磯、拉斯維加斯和溫哥華四個城市，訪問了九位前輩，然後再用之後的兩年時間訪問在香港和其他城市的前輩。訪問部份是編寫《業餘》最令我難忘和最開心的工作，因為我不但拜訪和認識多位前輩，也從他們口中了解他們和「業餘」的故事。同時，通過他們的口述史，我對六七十年代的香港戲劇亦有更多認識。

「業餘」的前輩都是香港劇壇的先行者。有的是赫赫有名的劇壇泰山北斗；有的是當年劇壇的中流砥柱；有的是後來在影視圈闖出名堂的著名演員；有的即使早已退出劇壇，卻曾經在舞台上發光發熱。「業餘」真是一個星光熠熠的劇社，它的耀燦光芒教我目眩神馳。我有幸藉編寫《業餘》兩本書籍，不但拜訪二十多位香港劇壇先驅前輩，更成為大部份受訪者愛護的晚輩小友。多位前輩至今仍然與我保持着珍貴的友誼，經常與我分享戲劇故事、生活點滴、對事物的看法和感想，令我受寵若驚之餘，也多了一班我仰望已久的藝術家朋友。這真是我編寫此書的額外收穫，也是我的福氣。

目的

我編寫《業餘》上下冊有三大目的，第一個目的是保存劇社的歷史。雖然很多「業餘」成員都已離世，文獻亦多四散，未能全面地將劇社所有資料保留，但編寫二書起碼能盡量將一個有代表性、時代意義和對香港劇壇有重大貢獻的劇社尚未消失的歷史資料和工作經驗保存下來，並為香港戲劇史這段時間的戲劇發展補白。

第二個目的是承傳、學習和借鏡。我希望通過這兩本書籍把一個曾經輝煌一時的劇社和一班戲劇先驅多年的戲劇經驗承傳下去，讓更多人認識香港上世紀中的戲劇發展和一班有心人的努力和貢獻，使現時和日後的戲劇工作者從一眾前輩的經驗和心得學習和借鏡，尤其是他們對戲劇的尊重、熱誠和專業的態度——儘管他們只是業餘戲劇愛好者。

第三個目的是為學者提供研究基礎和引發更多戲劇研究。我希望這兩本《業餘》書籍能夠為研究香港戲劇的學者（尤其是上世紀中後期的戲劇發展）提供基礎文獻，方便他們繼續就此主題或有關題目作出研究。此二書只是拋磚引玉，冀能引發更多熱愛戲劇研究工作之士對香港戲劇有更廣更深入的研究。

挑戰

要一個從未看過「業餘」任何演出的人撰寫「業餘」歷史，確實一件不容易的事情。幸好接受我訪問的大多是和藹可親，知無不言，盡心盡力協助我完成此事的前輩。他們一方面將知道和記得與劇社有關的事情告訴我；另一方面，他們各自翻箱倒篋，找出收藏了五六十年的照片和資料給我。大家在上下冊中見到的二百多張劇照和照片都是他們的私人珍藏，絕大部份的照片還是從未公開，是非常珍貴的戲劇史料。

各位前輩的戲劇經驗大多非常豐厚，要將它們詳細記下，並非單憑一次訪問便可做到。我首次與他們見面時，只是展開訪問的第一步。之後，我還多次與他們見面、通電話、通電郵、書信往來等，務求得到最詳細和最正確的資料。舉慧茵姐為例，我除了兩度前往洛杉磯到她的府上訪問外，亦多次乘她在之後數年返港時與她見面，每次最少見面兩次，一談便是數小時，再加上與她無數次的通訊。上冊的「業餘」歷史部份和下冊的慧茵姐專訪便是這樣一點一滴地構築出來。

要本來對「業餘」毫不認識的人撰寫劇社的歷史固然困難，要將各位前輩提供的資料寫成一篇篇口述史亦非易事。很多位前輩的戲劇經驗非常豐富，只在一篇文稿中記錄他們一生的劇場工作並不可能。加上篇幅有限，我只能在大部份情況下本着「業餘」的主題，集中記錄他們為劇社演戲或導戲的故事。這當然是一件很可惜的事情，因為我未能將他們的其他寶貴演出經驗記載下來。同樣，多位前輩亦給了我不少他們為其他劇社和電視台演出的劇照。它們雖然非常珍貴，可是，除非有特別原因，我也只能忍痛放棄刊登。

為了將未能刊登在書上的照片與讀者分享，我在臉書開了一個名叫〈重踏香港業餘話劇社昔日足迹〉的專頁，不時將「業餘」的舊照和社員的近況在專頁上發佈，請各位瀏覽。

談到照片，又引起另一個編輯問題。由於有些前輩提供大量照片，有些卻完全沒有，為了令所有專訪都附有照片，我需要將所有照片放在一起，然後就各篇文稿分別配對。數不盡多少次，我因為覺得某照片若放在另一篇專訪中會較適合，又或為着收版面美觀之效，又或是在完成某篇文稿的編輯工作後才發現原來還有應該刊登的照片……我只得將版面改動，將該張照片放到另一位前輩的專訪中。所謂牽一髮動全身，雖云只改動一張照片，實際上卻影響了其他版面，而且還要改寫圖片說明哩！還有，前輩們很熱心，這些年中只要找到與劇社有關的照片便立即交給我，直至近日我仍然收到他們寄來的照片。正因如此，我起碼更改了十多次版面。我感謝我的美術拍檔，他了解到我對製作的要求很高，願意全力配合。可是，我卻累他多做了十多倍工夫，真是非常抱歉。

不斷修改還有是因為從訪問中得到的資料經再三核對後，很多時候都發現有錯漏，必須更正。我編寫的是一個於六十多年前誕生的劇社，要在一個甲子之後重塑劇社當年的全貌自然不切實際。不同的因素令我難以接觸到某些社員固然是一大理由，當年大家都是業餘戲劇愛好者，沒有意識為劇社寫下歷史或保存文獻亦是令搜集資料倍增困難的原因。雖然個別社員仍然保存一些劇社資料，但是資料既不完整，大都亦只是與他們本人有關。換句話說，即使我集合所有由前輩提供的文字資料和照片，仍然難以將劇社的全貌重現人前。我可以做到的，只是盡量描繪劇社的輪廓和將手上所有資料記錄下來。

至於手上文獻沒有提及的歷史，則只能依靠前輩們的記憶了。可是，要將五六十載前演過的戲劇的所有細節清楚記得亦是難以做到的事情。為我提供資料和解答問題的各位前輩都有驚人的記憶力，能將很多事情如數家珍地告訴我，令我佩服。不過，我們談論的始終是他們大半生前的事情，記憶總會有模糊的時候。開始時，我將所有前輩告訴我的資料分別記下，寫成個別的口述文稿。可是，當我將眾人的稿件放在一起比對時，便發現即使大家談論同一件事情，卻出現矛盾，甚至相反的意見。因此，我近兩三年花了很多時間和精力在查證之上。無數次當我發現資料可能有錯後，便不斷查證。例如我曾先後為了一張劇照的劇名和一名照中人的姓名分別向八位前輩請教，卻仍未能獲得答案。雖然我自問在核查資料之上已經盡力，但恐怕仍有錯漏，請各位前輩和讀者包涵和賜正。

另一項與原來構思不同的是由一本書籍變成兩本。當年我向「藝發局」申請資助時，只打算出版一本書籍。可是，當我將所有稿件和相片放在一起時，篇幅竟然比預計多了一倍。這不但大大超出本來就已經不足的財政預算，而且印刷品會是既厚且重，不方便讀者閱讀。然而，若叫我為了遷就頁數而把辛苦搜集、訪問和編撰的稿件和相片大幅刪去，令劇社和前輩們的歷史湮沒，會是非常罪過。我費煞思量後，終於想到分拆為二書的做法，並向「藝發局」表達我的意向。感謝該局體諒，接受我的建議。不過，出版上冊和下冊並非簡單地把原稿一分為二那樣簡單，我需要作出很大幅度的改動，例如上冊那七十多版的〈人物速寫〉便是因此而增加。我的想法是：既然多出版一書將會得到更多篇幅，何不撰寫更多我未能訪問的社員的個人小傳，讓他們也可以在《業餘》留下足迹，讓更多讀者認識他們？雖然有些前輩的資料甚少，我無法為他們撰寫較詳盡的小傳，但我總算將他們記錄在「業餘」的歷史上，為他們的戲劇工作留下一鱗半爪。

上冊出版後，我需要重新撰寫建議書，向「藝發局」申請出版下冊和等待批核，這又花了好些時間和精力。我感謝該局對保存香港戲劇歷史的支持和熱心，批准下冊的申請，這本記錄二十多位前輩口述史的專書才得以面世。

欣賞

「業餘」前輩有很多地方都令我欣賞和佩服。劇社只是一個業餘的戲劇組織，絕大部份成員都是在日間上班，只能在公餘時間參加劇社活動的業餘戲劇愛好者。然而，它的成績和建樹卻遠遠超越一般業餘劇社。例如香港劇壇在六七十年代資源短缺，劇社並無獲得半點資助，卻可以在短短十一年內分別在舞台上和螢幕上製作數十齣演出，為香港觀眾展示優秀品味的戲劇藝術，引領觀眾欣賞高格調的舞台劇。難得的是，劇社不作曲高和寡，前輩們深諳在追求藝術品味和普及戲劇藝術之間取得平衡之道。他們製作的舞台劇、電視劇和廣播劇全都大受觀眾和聽眾歡迎，票房甫開即門票售罄，完全不需要作任何宣傳，足見劇社的吸引力。

劇社不但匯聚一群資深戲劇工作者，更為劇壇培育大量人才。它由一班舞台明星級的前輩帶領，培訓一班香港劇壇，甚至早期的電視明星。它經常由兩代，甚至三代演員同場演出，甚具承傳意義。這班當年是年輕一輩的演員經過劇社的磨練和洗禮，不少日後都成為舞台、電視和電影的著名演員，可見劇社為演藝界培訓人才貢獻良多。

六十年代，當香港還有很多人目不識丁的時候，演舞台劇是一樣很特別、新穎和叫人豔羨的活動，演出西方話劇更是前衛。「業餘」一班來自不同背景的教師社員佔着執教鞭之便：收入高、工作穩定、上班時間短，可以盡情投入劇社的戲劇世界之中，走在香港表演藝術的尖端，當香港戲劇藝術的先驅和天之驕子。

「業餘」成立前，香港非常缺乏劇本，大部份舞台劇都是搬演中國劇本，選擇甚少。自

King sir 加入劇社後，引入大量美國劇本，令香港舞台耳目一新。同時，劇社通過大眾傳播媒介將西方戲劇介紹給普羅大眾，連續八年每月都在電視台錄影室現場演出多齣話劇，其中很多都是外國劇本。當我與當年的電視觀眾談起早期的電視節目時，不少人都表示清楚記得「業餘」這系列的電視演出，並表示那是他們認識話劇的首個經驗。因此，劇社可以說是令廣大香港觀眾首次認識中國戲曲以外的西方戲劇藝術的橋樑。它既是一個具前瞻視野的戲劇團體，亦是香港劇壇的墾荒者，對推動舞台劇的影響至為深遠。

「業餘」成立不久，King sir 即從美國獲得戲劇碩士學位返港。他通過劇社這個平台一方面接受磨練，學以致用，亦因長期在螢幕上亮相而廣為人識；另一方面，他努力推動戲劇，為劇壇帶來新貌，亦為自己贏得「戲劇大師」之美譽。可以說，劇社是培育和成就「戲劇大師」的溫牀之一。

每次我訪問不同前輩時，他們都不約而同地告訴我他們全都不是為了報酬而演戲。他們犧牲公餘的時間免費排戲和演戲，為的是追尋他們的戲劇夢。雖然他們是業餘戲劇愛好者，但是他們都秉着專業的精神來參加，令每個演出都有專業的水準。誠如負責「業餘」服裝的資深服裝師 Peter 哥（黎榮德）所言：「大家為一件事情而合作，即使自掏腰包也要做，是藝術家的行徑。」「業餘」各位前輩的藝術家精神令我佩服。

社員之間的不朽情誼更令我欣賞。多少次，我被他們的故事深深感動。牛叔（雷浩然）、譚伯（譚國始）和馬叔（黃澤綿）「三劍俠」的肝膽相照體現沒有血緣的兄弟濃情，延續到下一代的浣茜姐（雷浣茜）、務雪姐（譚務雪）和裔華姐（黃裔華）的姊妹情同樣珍貴；清哥（張清）和報華哥（袁報華）擁抱着「鐵哥兒們」的友誼，他們的子女亦親如兄弟姊妹；譚伯與黃姨（黃蕙芬）、后叔（陳有后）與后嬸（羅玉琼）、清哥與慧茵姐、Uncle Bill（阮黎明）與舜燕姐、湘漪姐與紹民哥（李紹民）、振華哥（陳振華）與麗冰姐（邱麗冰）、浣茜姐與杰哥（陳杰）夫唱婦隨或婦唱夫隨，相濡以沫；譚伯與黃姨和務雪姐、牛叔與浣茜姐和浣玲姐、馬叔與裔華姐、后叔和三名子女、敦叔（鄭子敦）和少萍姐（鄭少萍）子／女承父業，克紹箕裘；還有由King sir推薦加入劇社的數位受訪高足比利哥（余比利）、Sunny哥哥（黃汝燊）、達志哥和靈浩哥（鍾靈浩）敬愛老師之情數十載如一……這一篇篇口述史記載着的，不但是個人的戲劇歷史或香港劇壇某段時空的寫照，更是一段段感人的親情、友情和師生情誼的故事。

可惜的是，時代改變，日轉星移，「業餘」這類型的劇社無論是宗旨和規模、演出風格、人才匯聚、社員層面、社員對劇社的情感和社員之間的感情等各方面也難以再在今天重現。Sunny哥哥說得好：「劇社是時代的產物，是那個時代才能培養出來。」六十年前的人情味、情懷、追尋的戲劇夢、表演的風格……一切一切，都隨着劇社淡出而流逝。不過，我相信每名受訪者在「業餘」踏過的昔日足迹都早已深深地印記在他們心上，教他們終生難忘。

遺憾

努力七年，幸不辱命，終於把前輩交託我的重任辦妥，將上冊和下冊都出版了。一方面，我如釋重負，因為數年來一直記掛在心頭的大事終於可以放下，而且起碼也達到編撰二書的第一個目的，算是對各位前輩和香港藝術發展局有交代。可是，另一方面，我卻有兩大遺憾。第一個遺憾是如果我能早些編撰《業餘》，便可認識更多位前輩。例如如果我可以親自拜訪創社召集人牛叔，肯定能夠記下更多他們為香港劇壇所作的貢獻和保留更詳細的劇社歷史。因緣早定，只好隨緣。

第二個遺憾是當上冊出版時，振華哥已經離世；而當下冊面世時，天哥（梁天）、Lily 姐和報華哥亦已撒手人寰。我惱恨自己將這項與時間競賽的工作拖延太久，不能親手將書籍送到他們手上。這真是一個很大的遺憾。

感謝

《業餘》下冊出版，是很多人共同努力的成果，請讓我向您們道謝。首先，感謝「業餘」多位前輩將此重任交託我手，並花時間接受訪問、提供珍貴的資料和照片及賜教，希望二書不會太過辜負您們的厚愛和信任。我特別感謝促成二書誕生的其中一位貢獻者慧茵姐多年來的幫忙和賜教。除了眾社員前輩外，我亦要感謝報華哥的太太玉珍姐（成玉珍）和她的女兒葮怡的幫忙。雖然兩位都不是「業餘」社員，但自從她們知道我即將撰寫《業餘》和訪問報華哥後，數年來一直提供無數劇社的資料和照片。每次我向玉珍姐討教時，她總是在查核資料後才告訴我答案，令我特別放心。

我感謝「藝發局」的資助和多位職員的協助，使我可以將一個活躍於大半個世紀前的劇社的歷史和一班前輩的戲劇經驗保存下來，令香港戲劇史補上亮麗的一章。我感謝在「美加業餘訪問之旅」中為我提供食宿和交通接送的家人和親友，您們都是出版《業餘》的重要贊助人。我感謝美術設計施永恆先生，相信只有他的非一般忍耐力和莫大的支持才能忍受我數年來無數次的修改。我感謝兩位好朋友滕喵喵小姐和王慧嫻小姐仗義幫忙校對，令我安心。還有，我感謝在發行事宜提供莫大幫忙的李家駒先生和陳健彬先生。

最後，我要感謝多位前輩的友誼，讓我走進您們的世界。想起您們每一位時，我的思緒又再飄到我在美加逐家按您們的門鈴拜訪和在香港拜會您們的片片情景。謝謝各位給予我一段段美好的經歷和回憶。

數年來，不少人問我：「你花那麼多時間和心血編寫兩本只屬於小眾讀者，絕不會是暢銷書籍，甚至反過來自掏腰包支付大量支出，值得嗎？」在上文中我提到 Peter 哥的那句話相信是我的最佳回覆。

鳴謝

本書作者謹向以下人士和機構致謝（排名依姓名筆劃序）

王慧嫻女士
文燦榮先生
朱承彩女士
成玉珍女士
余比利先生
李家駒先生
呂珊珊女士
邱麗冰女士
施永恆先生
香港藝術發展局
殷巧兒女士
秦可凡女士
涂希瑜先生
涂慧雲女士
陳振華先生
陳健彬先生
袁報華先生
袁葭怡女士
梁天先生
梁事斌先生
梁舜燕女士
麥志成先生
黃小冬女士
黃友竹女士
黃汝燊先生
黃裔華女士
湘漪女士
雷浣玲女士
雷浣茜女士
雷靄然女士
蔡雲先生
劉達志先生
鄭少萍女士
慧茵女士
滕喵喵女士
黎榮德先生
鄺慧詩女士
鍾景輝博士
鍾靈浩先生
譚永璧女士
譚務雪教授
Mr Anthony Li
Space Design

香港業餘話劇社簡介

一九六〇年，劇壇名宿雷浩然召集八位戲劇愛好者，商討創立一個製作業餘戲劇演出的劇社。六一年，香港業餘話劇社通過演出舞台劇《秦始皇帝》正式成立。九位創社社員包括雷浩然、譚國始、黃蕙芬、陳有后、陳淦旋、張清、慧茵、阮黎明和梁舜燕。

劇社成立的目的主要有「五多」：一、多創作、改編和翻譯優秀的新劇本；二、多演戲和多演好戲；三、多羅致和發掘優秀的話劇演員一起合作；四、多吸納愛好話劇的觀眾和培育新觀眾，以及五、多運用演劇的方式為教育和社會福利事業服務。

成員主要來自教育界、表演藝術界、廣播界和大專院校，都是業餘的戲劇愛好者。十多年來，經常為劇社在台前幕後工作的社員超過五十人，還有眾多友好參與個別的製作。

劇社在舞台、電視和廣播的演出無論是數目、票房和水準的成績均甚驕人。由六一至七七年間，不計多次不同類型的重演，單是首次演出的舞台劇和廣播劇分別為十六齣，電視劇共八十齣。在上世紀六七十年代，香港業餘話劇社是一個屢屢製作叫好又叫座的演出的「明星劇團」。

七七年，劇社在演出最後一個舞台劇《新清宮怨》後淡出香港劇壇。

劇團、傳播媒體、學校、團體和機構名字簡稱表

由於書中多次提及不少團體或機構的名字，為免累贅，內文均以其簡稱代替，請參看本對照表。若在書中只出現一次的名稱，或簡稱可能會令讀者誤會是另一團體或機構的名稱則保留全名。

全名	簡稱
教育機構	
香港大學	「港大」
香港中文大學	「中大」
聯合書院	「聯合」
新亞書院	「新亞」
崇基書院	「崇基」
香港理工大學	「理大」
香港浸會書院／學院	「浸會」
羅富國師範學院	「羅師」
葛量洪師範學院	「葛師」

全名	簡稱
國立中山大學	「中山大學」
工聯會業餘進修中心	「工聯會」
劇團	
香港業餘話劇社	「業餘」
春秋業餘聯誼社戲劇組	「春秋」
中英學會中文戲劇社	「中英學會」
中華基督教青年會劇藝社	「青年會」
中國學生周報	「周報」

柏立基師範學院	「柏師」
香港演藝學院	「演藝」
同濟中學	「同濟」
仿林中學	「仿林」
培道中學	「培道」
培正中學	「培正」
協恩中學	「協恩」
聖士提反女子中學	「聖士提反」
嘉諾撒聖芳濟各書院	「聖芳濟各」
聖保羅男女中學	「聖保羅男女校」
庇理羅士女子中學	「庇理羅士」
皇仁書院	「皇仁」
英皇書院	「英皇」
九龍華仁書院	「九龍華仁」
伊利沙伯中學	「伊利沙伯」
居禮英文書院	「居禮」
梅芳小學	「梅芳」
廣州第一中學	「廣州一中」
廣州女子師範學院	「廣師」

世界戲劇社	「世界」
香港劇藝社	「劇藝社」
香港戲劇協會	「劇協」
中天製作	「中天」
青春豆合唱團	「青春豆」

傳播媒體、其他機構和演出場地

麗的映聲	「麗的」
無綫電視	「無綫」
佳藝電視	「佳視」
香港電台	「港台」
香港商業電台	「商台」
國際電影懋業有限公司	「電懋」
香港市政局	「市政局」
香港勵志會	「勵志會」
香港大會堂	「大會堂」

主要社員簡介表

原名	別名／藝名	尊稱／暱稱	出生年份／生卒年份	常任崗位	當時職業
王啟初		初叔	生卒年份不詳	化裝	「仿林」美術教師
伍宛鈺	慧茵		1937 -	創社社員、演員、服裝	東華三院小學教師
朱承彩			1944 -	演員	營商
余比利		Billy	1943 -	演員	「浸會」學生
阮黎明		Bill	1924 - 2012	創社社員、演出委員會委員	英軍運輸部職員
邱麗冰		阿冰	1945 -	演員	麗的呼聲播音員
胡弘達	胡宏達		近況不詳	演員	時裝公司經理
姚志伊	姚莘農／姚克	姚教授	1905 - 1991	編劇、顧問、演出委員會委員	「中大」教授
殷巧兒			1947 -	演員	「中大」學生
袁昌鐸		鐸叔	生卒年份不詳	秘書、場刊編輯、攝影	「培道」職員

袁報華		報華	1935 - 2021	導演、演員、編劇	東華三院小學教師
張之珏			1950 -	演員	「浸會」學生
張堃揚	張清		1935 - 2005	創社社員、藝術顧問、導演、演員	「麗的」中文台監製、編導
梁乃輝	梁天		1931 - 2020	演員	「無綫」編導和演員
梁淑貞	梁舜燕	Lily	1929 - 2019	創社社員、演員	「麗的」藝人
梁翠屏／梁雅婷	湘漪		1937 -	演員	家庭主婦
陳有后		后叔、九叔	1915 - 2010	創社社員、藝術顧問、導演、演員、化裝	「同濟」教師
陳杰			1932 - 2007	台詞筆記員	建築公司東主
陳勁秀	李陳勁秀	李太太	1921 - 2016	演員	「勵志會」主席夫人
陳振華		振華	1939 - 2018	演員	中學教師
陳淦旋		淦叔	生卒年份不詳	創社社員、行政、演員	「培道」生物科教師
黃友竹			1931 -	演員	小學教師
黃汝燊	Sunny 哥哥	Sunny	1943 -	演員	「浸會」學生
黃佐朝	黃澤綿	馬叔	1910 - 1982	舞台照明、導演、改編	「聖保羅男女校」化學科教師
黃宗保		保叔	生卒年份不詳	演員、化裝	「商台」播音員

黃湛森	黃霑	湛森	1941 - 2004	演員、翻譯	「港大」學生
黃裔華	華女		1947 -	演員	中學生，後任教師
黃蕙芬	譚黃蕙芬	黃姨、譚太太	1912 - 2004	創社社員、藝術顧問、演員	「居禮」校長
黃韻薇	黃柯柯	柯柯	1948 -	演員	「浸會」學生
馮兆瑾	馮淬汎／帆	阿瑾	1945 -	演員	「同濟」學生
曾近榮			1927 - 2011	演員	「培道」職員
雷浣玲		阿 Ling	1949 -	後台助理	中學生
雷浣茜		阿 C	1939 -	演員	「葛師」學生，後為「中大」學生
雷浣菁		阿菁	1953 - 1968	演員	小學生
雷惠明	雷浩然	牛叔	1909 - 2005	創社社員、藝術顧問、導演	「協恩」教師
雷靄然		Helen	出生年份不詳	演員、劇務	中學生、大學生
鄭少萍		少萍	1945 -	演員	中學生，後任電視台演員
鄭堯荃	鄭子敦	敦叔	卒於八十年代	演員	「同濟」英文教師
劉達志			1949 -	演員	「浸會」學生
黎榮德		德仔	1951 -	服裝	服裝公司少東

鄧達樵		鄧鄧	1939 - 2001	演員、劇務	電台播音員
鮑洛夫	洛夫		近況不詳	演員	電影製片、演員
鮑漢琳		鮑叔	1919 - 2007	演員	監獄署職員
駱迺琳	駱恭	駱恭叔	1913 - 1999	演員	電影演員
鍾偉明		大哥	1931 - 2009	音響、音響效果、配音	「港台」播音員
鍾景輝		阿King	1937 -	藝術顧問、導演、演員、翻譯	「浸會」講師，後任「無綫」節目部經理
鍾靈浩			出生年份不詳	舞台照明、道具	「浸會」學生
羅玉琼		后嫲	生卒年份不詳	演員	小學教師
譚務雪		阿雪	1941 -	演員	「港大」學生
譚國恥	譚國始	譚叔、羊叔	1908 - 1982	創社社員、藝術顧問、導演	教師，後任香港教育司
龐焯林			卒於八十年代	演員	「聯合」職員

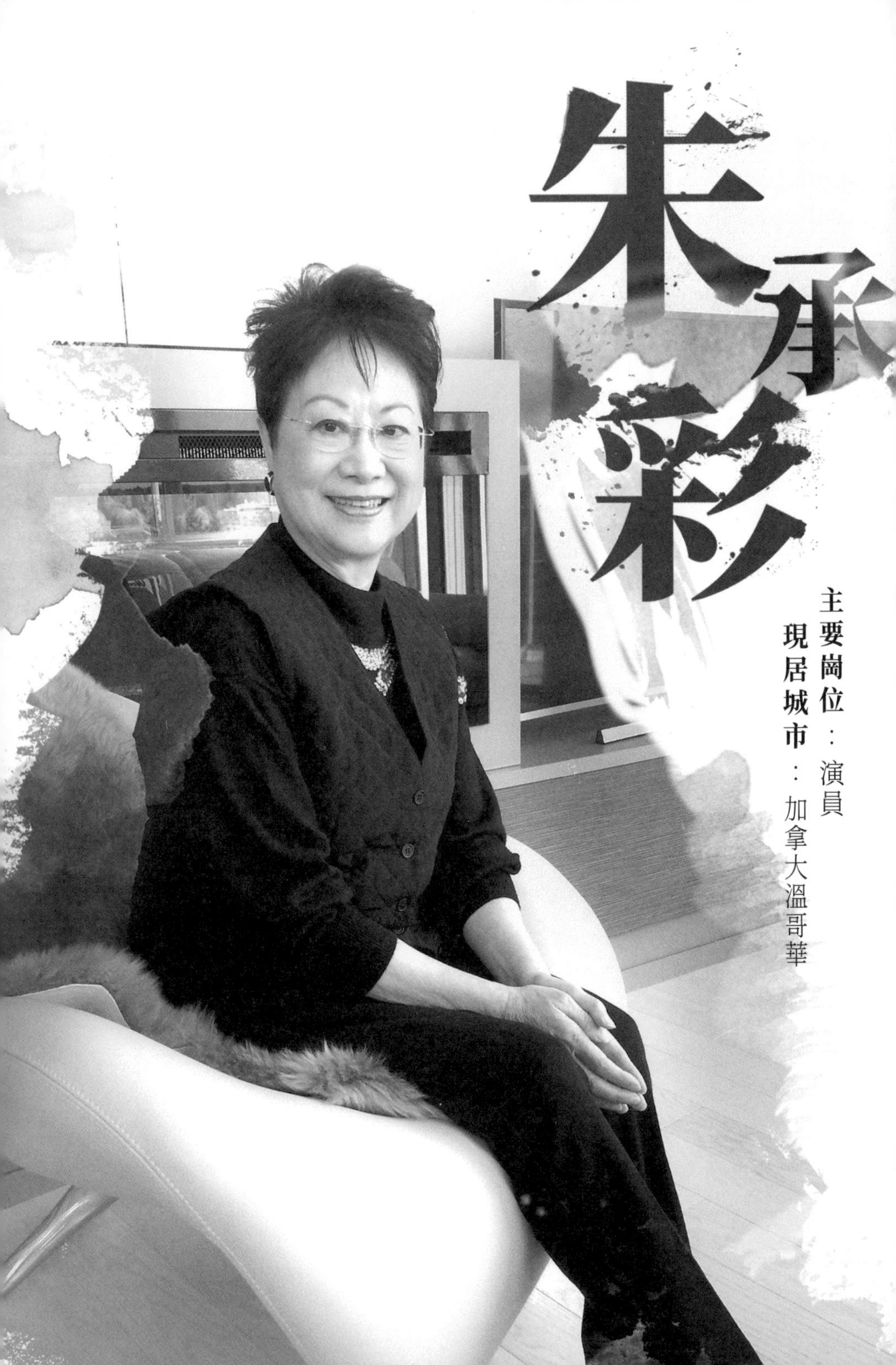
朱承彩
主要崗位：演員
現居城市：加拿大溫哥華

涂：承彩姐，您是怎樣成為演員的？

朱：我是上海人，於一九四四年在越南河內出生，翌年返回上海，至四九年舉家移居香港。我上有兄長，下有幼妹，在童年成長期間，沒有得到父母的關注和重視。我在「培道」唸書，自從中一開始在校內演戲後，便重拾自信和快樂。我十五歲那年，學校演出籌款話劇《太平天國》，主要角色都由校內老師飾演，我有幸被挑選擔演女主角傅善祥，姚克教授、清哥和慧茵姐也來觀看。姚教授看戲後，親來後台探班。之後，他邀請我到他家中晚宴，表示很想我為他即將上演的《雷雨》飾演四鳳一角。家人向來只准我在校內演籌款劇，學校以外的演出一概不允許，因為擔心影響我的學業，所以極力反對和阻撓。因此，我有好些時候沒有演戲。現時回想起那段光景，真是我一生中最黑暗和最不快樂的日子。

我非常喜歡演戲，所以很早便結婚，原因是我不想再受父母管束。那時的男朋友，亦即是我的首任丈夫，很支持我演戲，我便藉着結婚離開家庭。當時我只有十九歲，婚後我急不及待重返舞台。陳淦旋是「培道」的教師，我經他和雷浩然推薦，在六四年加入「業餘」。劇社有很多位名人，如清哥、慧茵姐等，令我覺得榮幸。

涂：您在「業餘」演了哪些戲？

朱承彩曾不只一次演出關於光緒和珍妃的戲劇，包括在（左圖）「無綫」電視劇《清宮怨》中飾演瑾妃和在（右圖）舞台劇《新清宮怨》飾演皇后。左圖劇照中的演員包括（左起）飾演珍妃的慧茵、瑾妃的朱承彩、李蓮英的梁天、慈禧太后的黃蕙芬和皇后的湘漪。（1970、1977，鍾景輝和朱承彩分別提供照片）

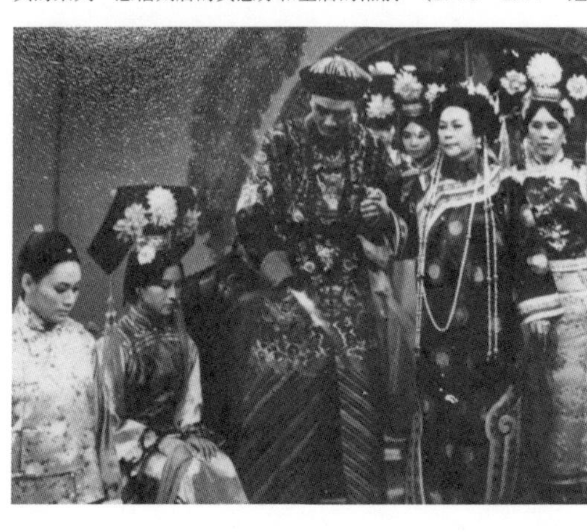

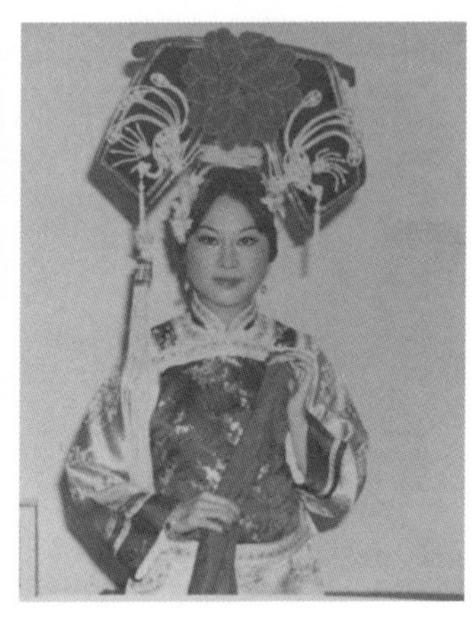

朱： 舞台劇包括《佳期近》的卜安娜、《小城風光》的窗台上的女人、《新清宮怨》的皇后等。我加入「業餘」的首個演出其實是在「麗的」播映的電視劇，名叫《人間何世》，即改編自「世界十大名著」之一的日本小說《嬰兒殺戮》。我飾演少女慈妮，敦叔飾演我父親。全劇以日本劇形式演出，是我首個現場直播的電視演出。雖然我有舞台經驗，事前亦有綵排，但我依然很害怕。之後，我飾演《生死戀》中的女主角史愛蘭和《桃花扇》的李香君，還有在《危險的角落》、《夜光杯》等電視劇中演出。

後來，大夥兒跟隨「阿 King」到「無綫」，我亦演了《佳期近》的莫小姐、《清宮怨》的瑾妃和《西施》的鄭旦。另外，我還參加演出《小鳳仙》、《向日葵》、《懾魄驚魂》。我亦曾以個人名義參演「佳視」的《紅樓夢》、《金刀情俠》等。

涂： 哪些劇令您留下深刻印象？

（左起）黃蕙芬、雷浣茜、朱承彩和鄭子敦演出《生死戀》其中一幕劇。（1966，朱承彩提供照片）

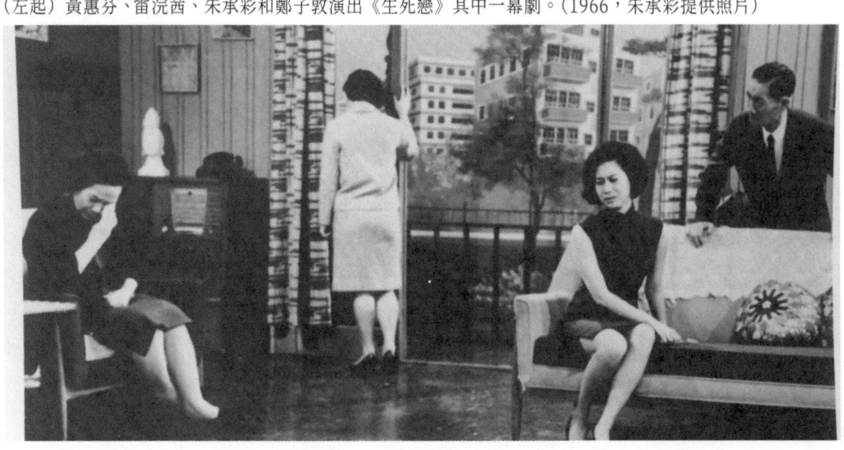

朱：我印象最深刻的是《佳期近》，因為其中一場餐舞會戲的眾多侍應生角色都是由知名人士客串，如黃霑、簡而清等。他們都是搞笑能手，引來很多笑聲，令演員和觀眾都很開心。至於《清宮怨》的首場戲〈選妃〉則由一群女演員從劇院門口兩側穿過觀眾席走上舞台，場面宏大，與觀眾有接觸，上演時非常哄動。我能夠參與這麼大型的製作已經很開心。不過，坦白說，我最喜歡的還是我在十五歲演出的《太平天國》。我在學校演戲時是我整輩子最愉快的時光。那時我的思想很自由，沒有雜念。

涂：為何您這麼喜歡演戲？

朱：若你曾演戲的話，便會明白那種感覺。當你站在舞台上，燈光亮起，全場肅靜起來，那是很有戲劇性的時刻，令演員興奮，足以回味。演員的反應會因跟對手即時交流而每晚不同，這種感覺令人沉迷，好像每晚演出時都被東西附了身似的。即使落幕後，還是很難抽離。我每次演畢後回家，都不能立即入睡，因為心情太興奮了，上了劇癮的演員都會這樣。若演哭戲的話便會很辛苦，因為每晚都會傷心得肝腸寸斷。不過，我在「業餘」並不算活躍，亦沒有與其他劇社接觸，只是劇社有適合我的角色時導演才會叫我演。

涂： 您是比較喜歡演舞台劇吧？

朱： 對，因為演舞台劇有較長的時間排戲，而且可以直接與觀眾有交流和感應。雖然我慣演舞台劇，但仍然不習慣演電視劇。「業餘」演電視劇的一般做法是：導演選好了劇本和演員後，便通知已被選中的演員。演員不用遴選，因為導演已經認識所有演員。接着大家開一至兩次會，然後開位作兩三次「機排」，便要現場演出了。由於流程急速，排戲時間少，又是現場直播，令我非常緊張。我是慢熱的人，需要很多時間慢慢排練，所以我自知演得不好，直到拍電影時才不再害怕。

涂： 您在電影圈也有優異的表現。

朱： 我在八二年分別憑電影《靚妹仔》和《忌廉溝鮮奶》獲得金馬獎提名「最佳女配角」獎項。可惜的是，《靚妹仔》因被評審團認為題材不適合而退選，《忌廉溝鮮奶》的角色則輸了獎項給葉德嫻。我要感謝《忌廉溝鮮奶》導演單慧珠，她是很好的導演，教我很多演戲知識。

朱承彩（前排左三）在《紅葉》中飾演女主角林櫻。（1965，朱承彩提供照片）

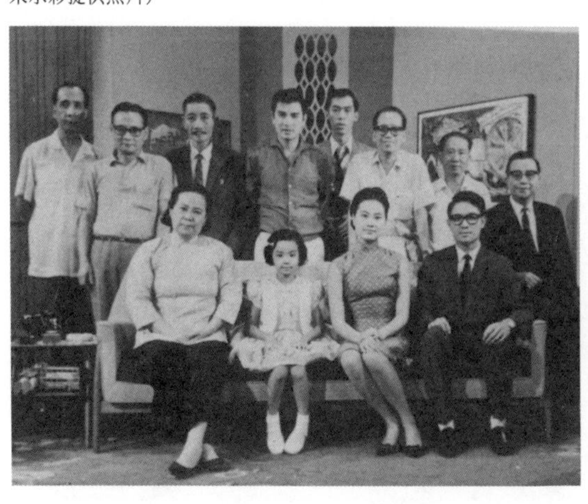

朱承彩（左）常與陳振華（右）演對手戲，可是他們都記不起這齣電視劇的名稱。（朱承彩提供照片）

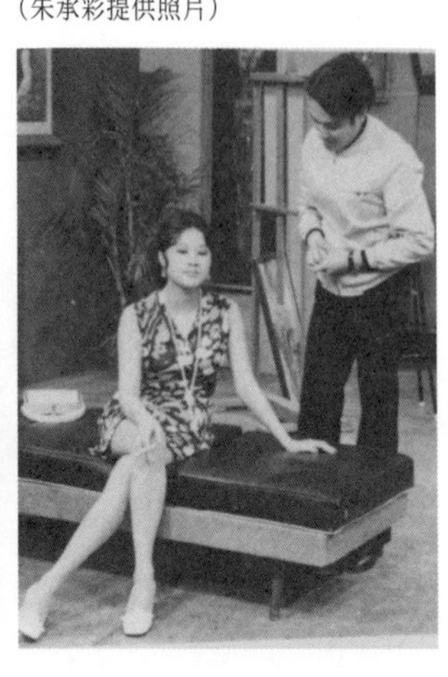

涂：您當時的正職是甚麼？

朱：我的全職工作是在經營時裝生意的親戚的公司幫忙。我亦曾任羅啟妍的 Kai Yin Lo 珠寶公司半島酒店分店經理和以玩票性質從事烹飪工作。加上我要照顧家庭，所以一直是以業餘身份演戲。到了八七年，孩子長大了，我才在移民前數年首次簽約「無綫」，演了《都市方程式》、《我愛玫瑰園》、《義不容情》、《蜀山劍俠》、《失職丈夫》等劇。九三年，我移民溫哥華至今。

涂：您總是謙虛地說自己演得不好，您覺得哪些地方需要改善？

朱：我演戲時，雙手不知放在哪裏，要向前輩請教怎樣才能表現自然，黃姨有時會教我演戲。我因為產子動了兩次手術，令記性差了。我試過在舞台演戲時忘了台詞，到記起時再補回。我為了挽救記憶力，常常玩數字遊戲，重新鍛鍊記性。

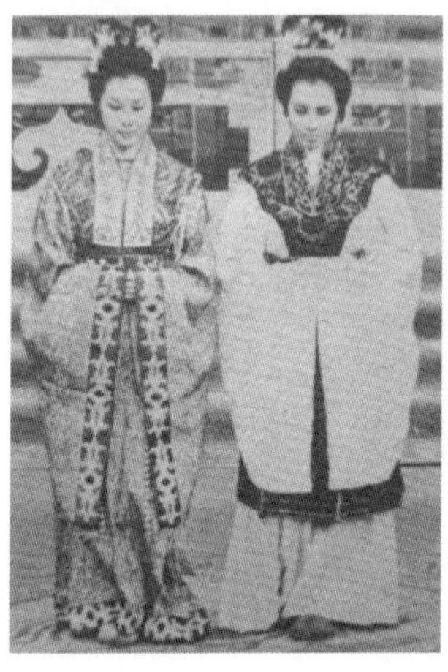

朱承彩（左）在《西施》中與殷巧兒（右）分飾鄭旦和西施。（1971，鍾景輝提供照片）

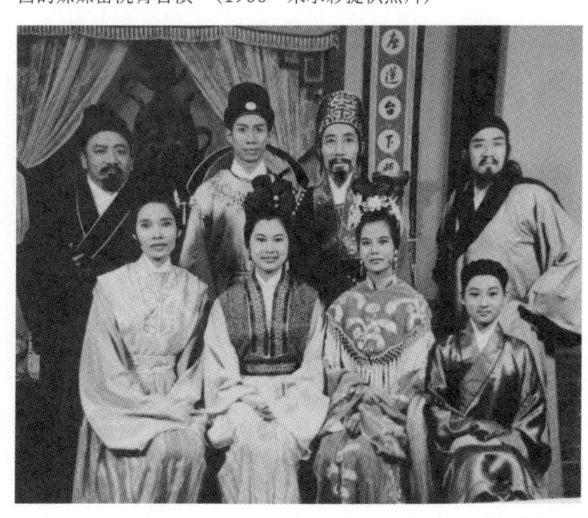

朱承彩（前排左二）在《桃花扇》中與（後排左起）鮑洛夫、袁報華、鄭子敦、陳有后、（前排左三起）梁舜燕的妹妹梁婉清和雷浣茜的妹妹雷浣菁合演。（1966，朱承彩提供照片）

劇社的前輩都是正統的舞台劇演員，例如敦叔，單是聽他在台上唸台詞已經令人感動，他的聲線真能感動觀眾。所謂「聲色藝」，聲音排第一位，是很重要的。可惜我沒有專人指導我練聲，否則我可以改善聲線和發音。我那時只可傻傻地自行摸索，自問演得不夠好。

涂： 您與劇社其他人的感情如何？

朱： 我是以半玩票性質演戲，大家都是兄弟姊妹的感情。劇社的靈魂人物是「阿King」，他是好好先生，有能力帶領劇社，大家都很佩服他。他的脾氣很好，不會令人有壓力。我與譚叔和黃姨夫婦特別親厚，也跟敦叔、保叔、慧茵姐、清哥、振華等熟稔。我常常說我經常「傍着」殷巧兒，因為她常演女主角，我卻是她身旁的配角，例如在「業餘」的「無綫」劇《西施》中她演西施，我演鄭旦；在香港電視劇團的《清宮怨》中她演珍妃，我演瑾妃。

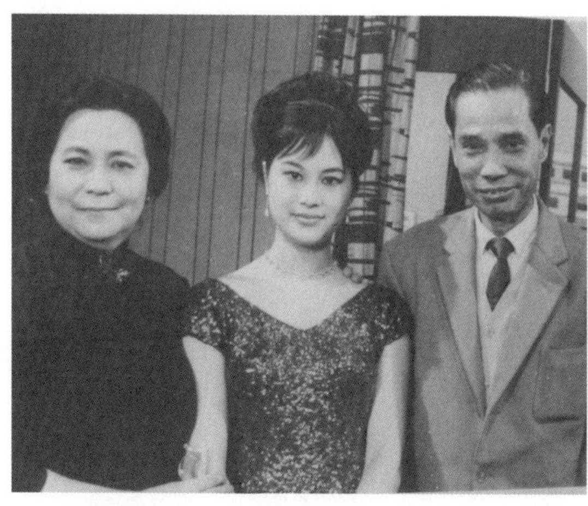
朱承彩（中）與譚國始（右）和黃蕙芬（左）夫婦在演出《生死戀》後留影。（1966，朱承彩提供照片）

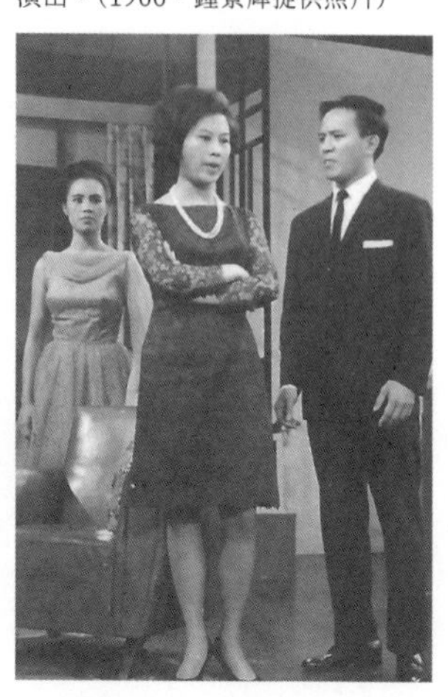
朱承彩（中）在電視劇《危險的角落》與殷巧兒（後）和鍾景輝（右）同台演出。（1966，鍾景輝提供照片）

涂： 您從前輩身上學到甚麼？

朱： 我跟前輩們演戲學到很多東西，最重要是敬業。以前演員少，競爭也少。演主角的一直都是主角，但演配角或閒角的演員亦同樣認真，大家排戲要至滾瓜爛熟才會演出。所有演員在綵排時定下的一板一眼，走多少步，也一定要在舞台上完全精準地演繹。人人都抱着齊心演好一台戲的決心，發揮團隊精神。我希望現時的年輕人能夠學習前輩的優點。

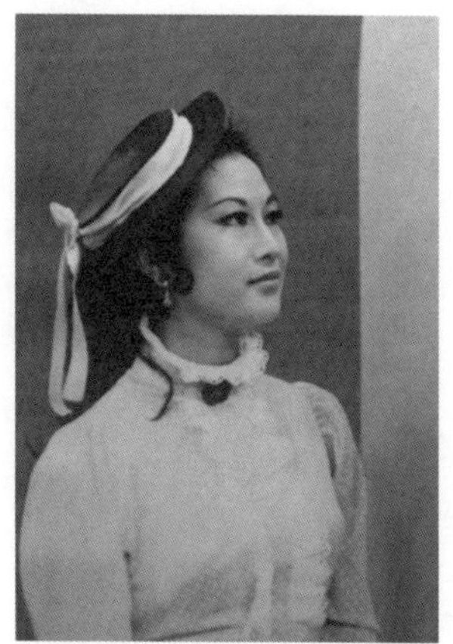
朱承彩在《小城風光》中的造型。（1970，朱承彩提供照片）

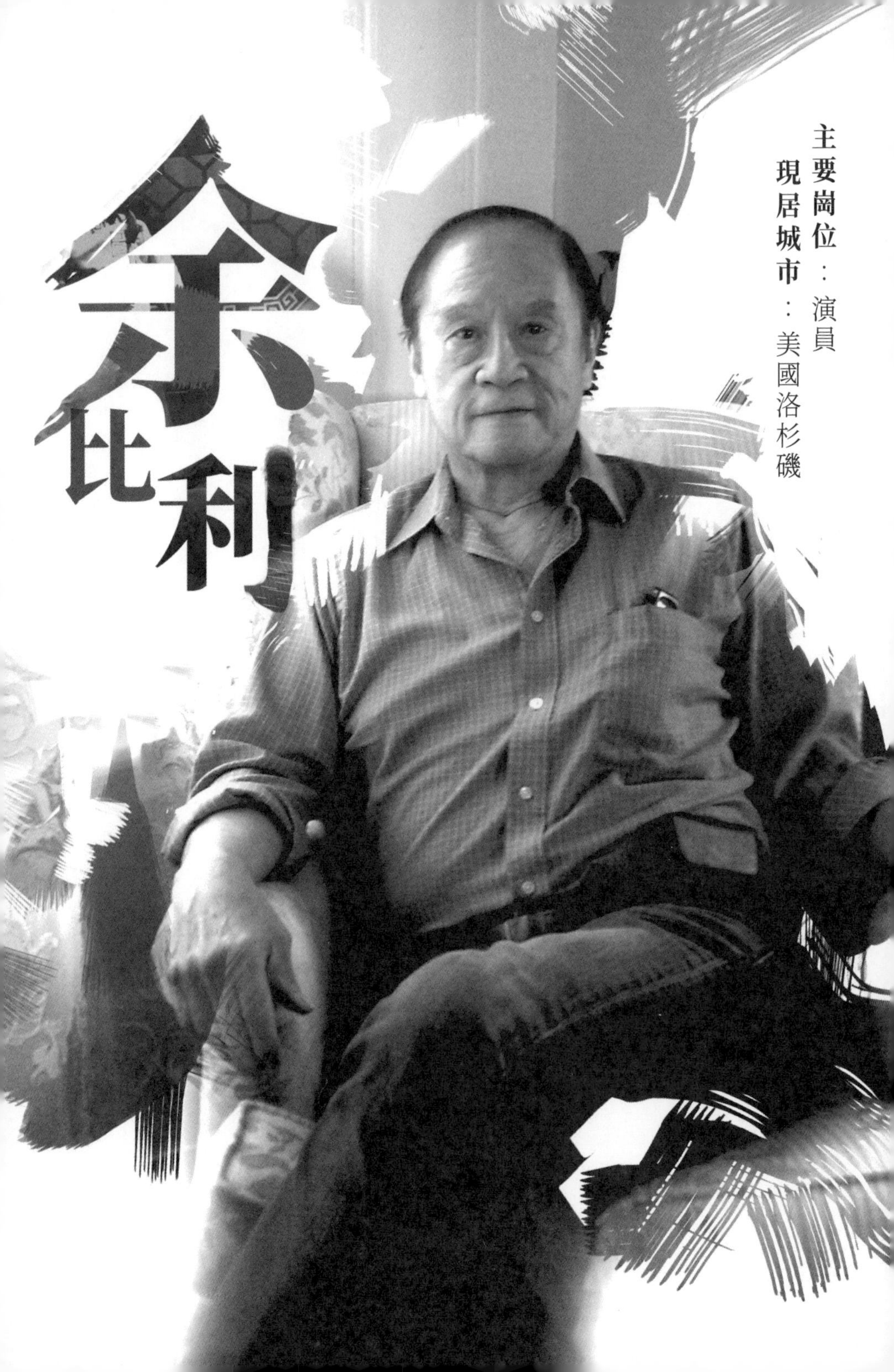
余比利
主要崗位：演員
現居城市：美國洛杉磯

涂：請您介紹自己和告訴我們您是如何接觸「業餘」的。

余：我是廣東台山人，一九四三年生於貴州，四九年到香港。我在六三年入讀「浸會」工商管理系，選修由 King sir 教授的戲劇科。King sir 當時正在為「麗的」導演電視劇《打是歡喜罵是愛》，叫我在演出時到場觀看。那是我首次踏足電視台。該劇由張清編導，King sir 與袁報華是男主角，慧茵與梁舜燕是女主角。那是我首次接觸「業餘」。我很記得當我見到梁舜燕時，心裡暗喝一聲采：「噢！她原來是那麼漂亮的！」當時梁舜燕已是電視明星。我們在六十年代時，能夠見到明星是一件非常難得的事情。劇終後，King sir 告訴我他每個月都為「業餘」導演一劇，有時亦會演出，來月他會演出《謠傳》，推薦我飾演一個角色。我便是這樣加入「業餘」。

涂：您的首次演出情況如何？

余：《謠傳》是一個大型直播電視劇，由陳有后導演，演員有 King sir、黃宗保、黃蕙芬、袁報華、雷浣茜等前輩。故事大概是黃蕙芬飾演的聾婦因聽錯說話而將訊息錯誤傳出，引起種種誤會和笑話。我在劇中飾演年輕村民阿牛。這是我第一次真正接觸戲劇，感到非常新鮮。我們每個星期在「麗的」的休息室綵排兩次，每次一小時，共排練三個星期。我當時不太習慣，因為要遷就三部錄影機，所以走位與舞台有些不同。

涂：之後還有甚麼演出？

余：兩、三個月後，即六四年初，**King sir** 再讓我到電視台演出莫里哀的名劇《史嘉本的詭計》。他飾演史嘉本，我則飾演他的侍從阿西。六五年，我演出電視劇《視察專員》，演員有慧茵、鄭子敦、陳有后、袁報華、黃蕙芬、王文超、黃湛森等，我飾演假專員黃湛森的隨從。

六五年，劇社為港九街坊婦女會籌款，演出大型舞台劇《鑑湖女俠》，由陳有后導演，劇社很多前輩演出，我飾演緝拿秋瑾的清廷統帥李益智。

同年，我到美國進修，之後留在美國定居至今，沒有機會再演出「業餘」的戲。不過，我在六八年冬天曾返港，演了一集「麗的」的《我是偵探》。雖然該劇不是以「業餘」的名義演出，但演出班底仍是「業餘」的人，如張清、阮黎明、陳有后等。

涂：您怎樣看「業餘」？

余：當時的「業餘」雲集香港劇壇精英，是一個讓我們向前輩受教的大平台。劇社的前輩常常以顧問身份到「浸會」看我們的演出，給予意見。有時，他們亦會協助化裝。我從他們身上學到很多東西。到了我加入「業餘」後，我很多時候都跟在 **King sir** 和其他導演身後觀察他們工作，這些經驗對我日後的戲劇之路有很大幫助。

余比利演出《鑑湖女俠》的數張劇照。(1965，余比利提供照片)

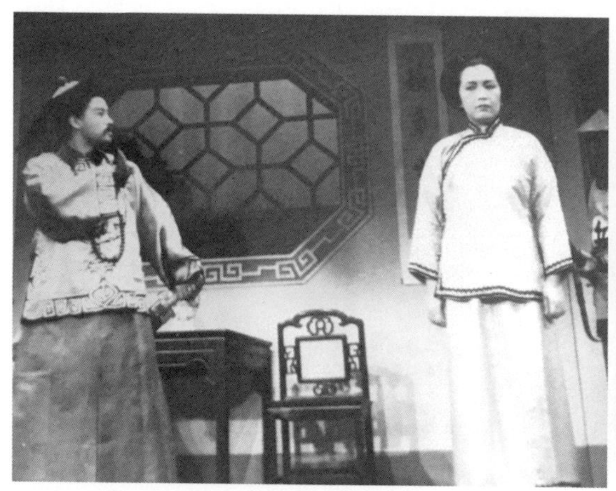

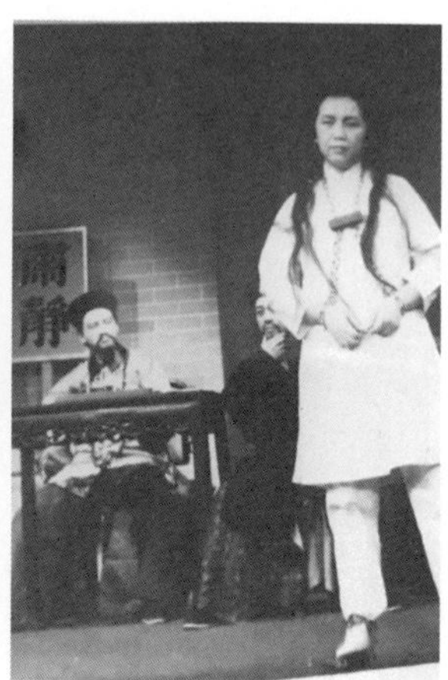

余比利(左)在《鑑湖女俠》中飾演清朝官員李益智，與飾演秋瑾的陳勁秀(右)有兩場對手戲。

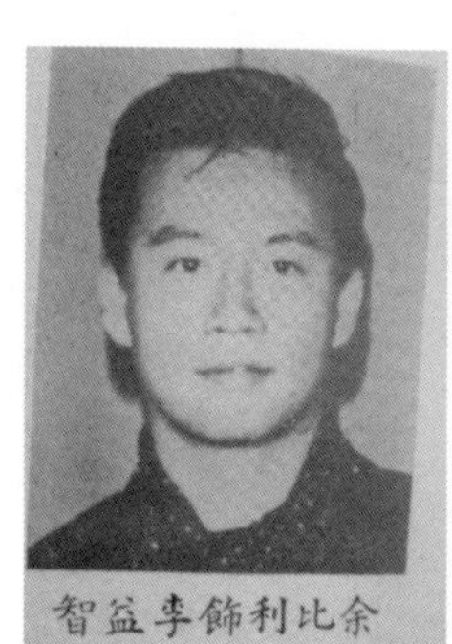

場刊照片

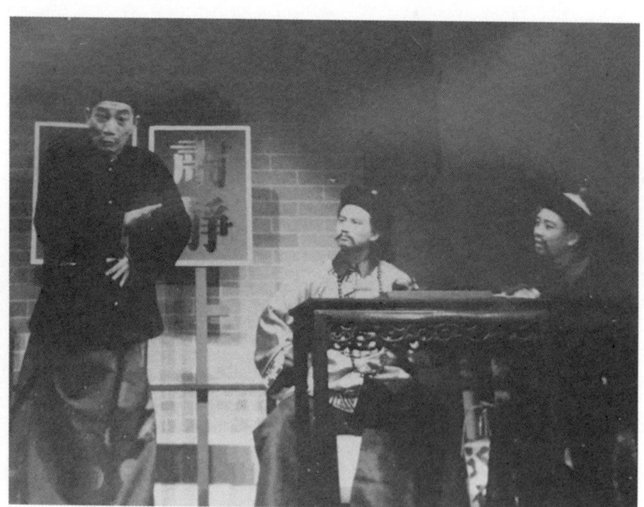

(左起)飾演胡之楠的鄭子敦、余比利和飾演書記的鄧達樵。

余比利(前排左一)以浸會劇社學生身份到電視台觀摩鍾景輝(後排左五)為「業餘」導演和演出的《錄音機情殺案》。(1964,慧茵提供照片)

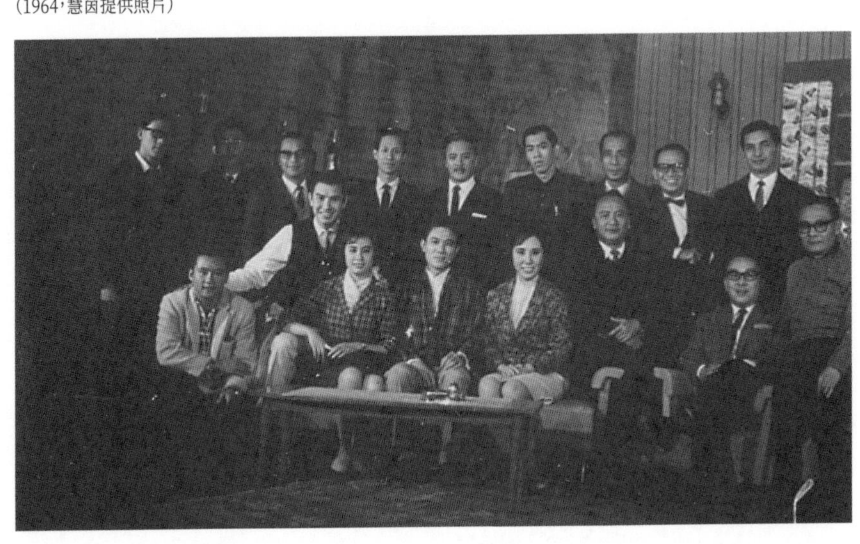

我很佩服「業餘」的前輩。他們都是有正職的人,但仍在公餘時抽空排戲。那時候大家都很純潔,沒有人是為名為利而演戲。其中King sir對我的影響最深,令我找到人生的興趣和方向。他既是我在「浸會」時候的老師,又兩次是我的「師兄」:我和他都是「培正」和美國奧克拉荷馬浸會大學的學生。

涂:您現時在美國的戲劇生活如何?

余:我退休前,正職是法庭即時傳譯員,但仍不忘戲劇工作。自八四年開始,我多次擔任洛杉磯各華人基督教機構和教會的戲劇訓練班導師。二〇〇三年,我翻譯、導演和演出普立茲戲劇獎名劇《情書頁頁》,與現時已從香港話劇團退休的女演員秦可凡分飾男女主角。一一三年,我為這兒的佳音社導演了舞台劇《桃姐與我》,是全球首個「桃姐」的舞台劇。我邀請劇社的創社社員之一慧茵飾演桃姐。其實我在八七年導演和演出的百老匯名劇《金臂人》(即《浪

余比利（左）與「浸會」劇社同學王文超（右）在鍾景輝（中）演出《明末遺恨》時在後台合照。（1964，鍾景輝提供照片）

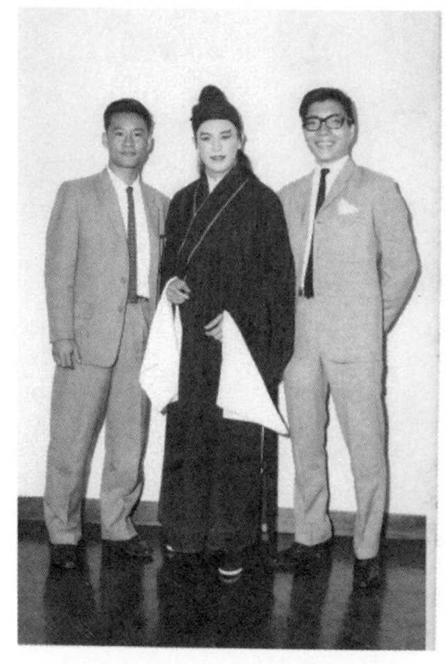

余比利夫婦（左一和二）與譚務雪、鄭漫芝與夫婿George Chan（左四至六）在洛杉磯參加慧茵（左三）的八十歲壽宴。（2017，慧茵提供照片）

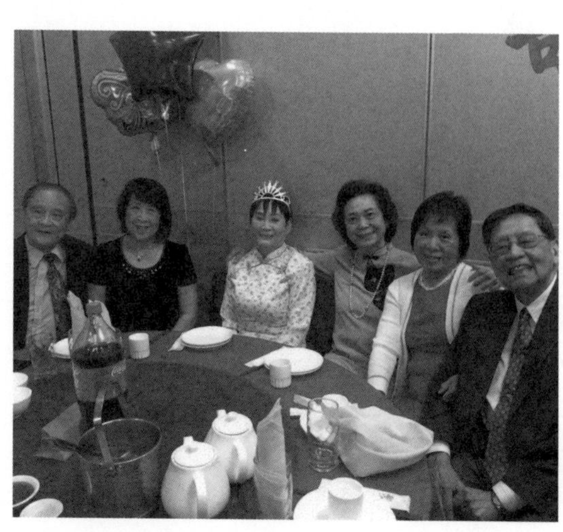

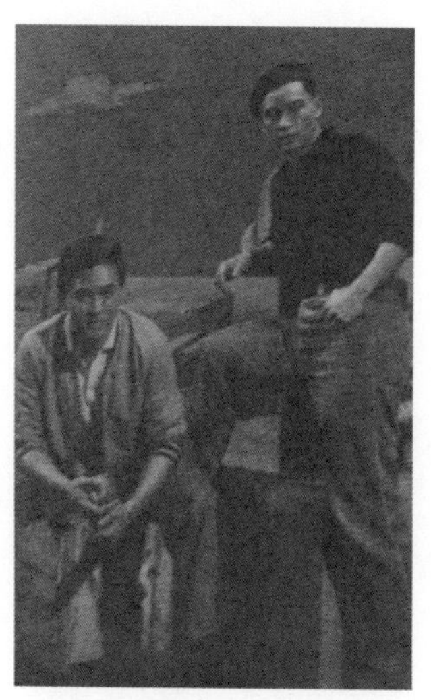

余比利（左）與鍾景輝在《史嘉本的詭計》中分飾史嘉本和阿西。（1964，余比利提供照片）

子回頭》），女主角也是慧茵。這是我與「業餘」的連繫。之後，我經常為不同教會和基督教團體導演福音性短劇。

我有一個願望，希望在洛杉磯創立一個劇社，名為「2013 劇場」，因為我正是在一三年重出江湖的。同時，二〇一三的諧音是「愛你一生」，寓意我愛戲劇一生。我希望這個劇社能成為一個粵語戲劇平台，讓我訓練一班學生，一起在洛杉磯推動粵語話劇。（編者按：余比利在一八年年底成立了「2013 劇場」）

殷巧兒

主要崗位：演員
現居城市：香港

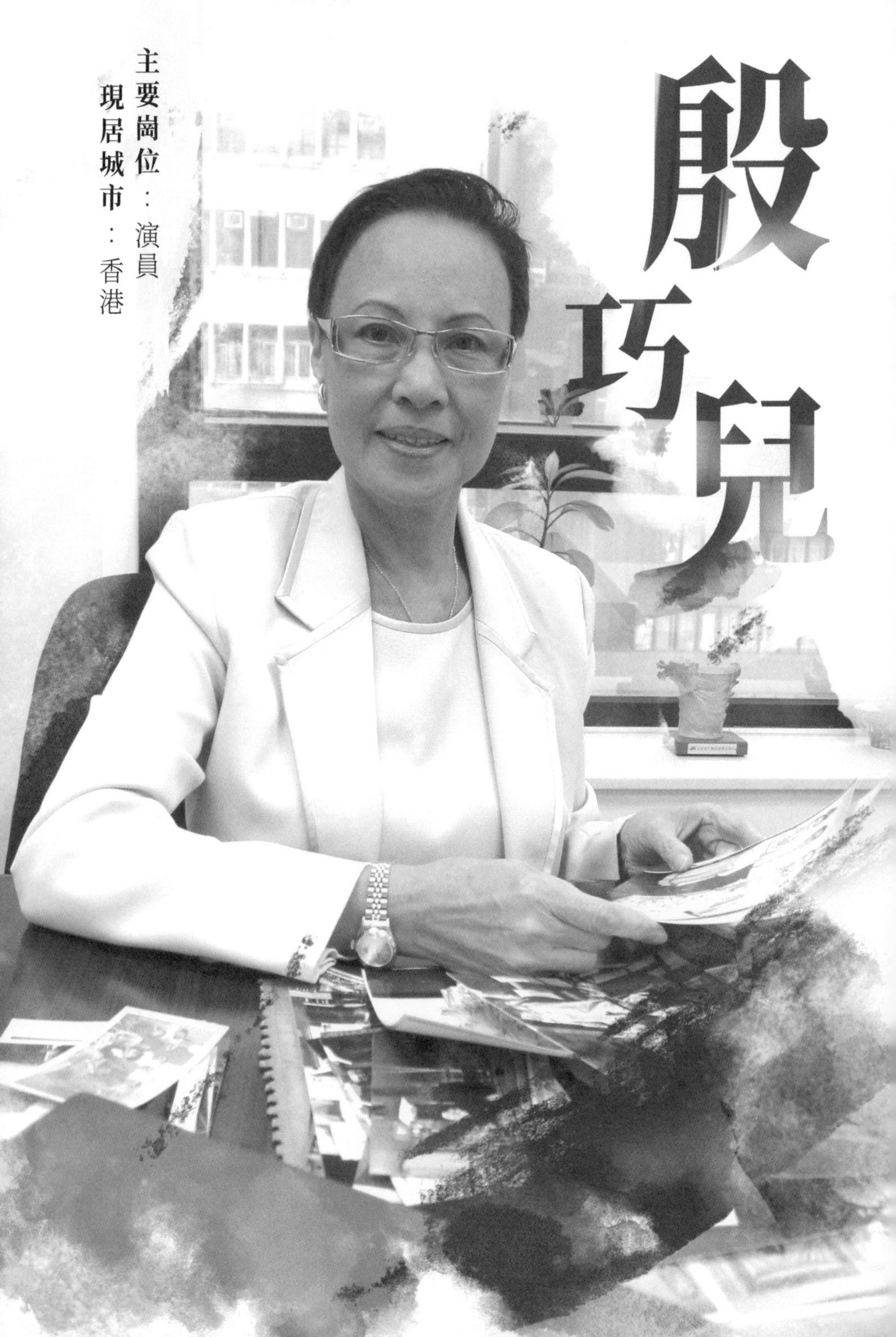

涂：巧兒姐，您如何開始參加戲劇演出？

殷：我於一九四七年在香港出生，在「聖芳濟各」唸初中時已經開始參加朗誦比賽，並且有幸認識了三位評判：姚莘農先生、譚國始先生和容宜燕先生。我猜想應是姚、譚兩位前輩經過對我數年的觀察，覺得我這名小女生的表現尚可，而且在校內亦有演出話劇的經驗，便介紹我參加「業餘」的演出。不過，我首次踏足舞台演的《釵頭鳳》（1963）並不是「業餘」的製作，而是我與任伯江組成的現代劇社。

後來，我在「中大」兼修中國文學和英國文學。英文系教授 John Gannon 神父（後來還了俗）熱愛西方戲劇，姚莘農老師是中文系教授，亦喜歡編寫戲劇。兩位老師使我對戲劇的興趣更濃。我非常幸運，得到姚老師親自教授演戲，給我很多接觸和演出戲劇的機會，例如我在姚老師自編自導的舞台劇《陋巷》（1968）中飾演妓女白萍、《正在想》（1968）中飾演賽西施。

涂：您在「業餘」演了哪些舞台劇呢？

殷：可能姚、譚兩位前輩看過我演《釵頭鳳》，而我亦能朗誦，他們之後便讓我多演「業餘」的戲。我演出舞台劇《明末遺恨》時很開心，因為可以跟前輩學習。我很喜歡演古裝戲，其中一個原因是扮相漂亮。我演《明末遺恨》與演《釵頭鳳》的心情很不同。《釵頭鳳》只集中講述陸游和唐琬的愛情，沒有談及國家大事；《明末

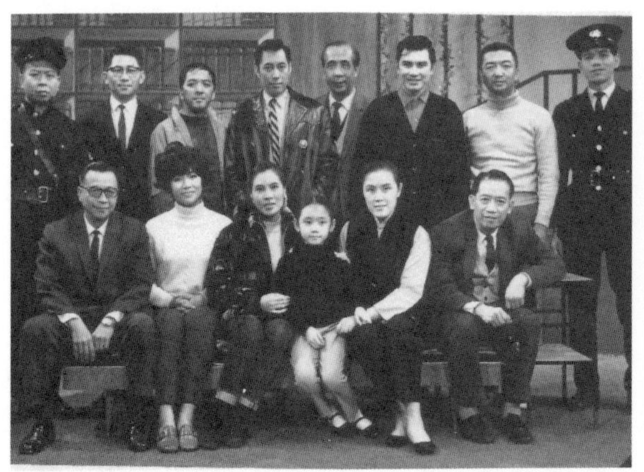
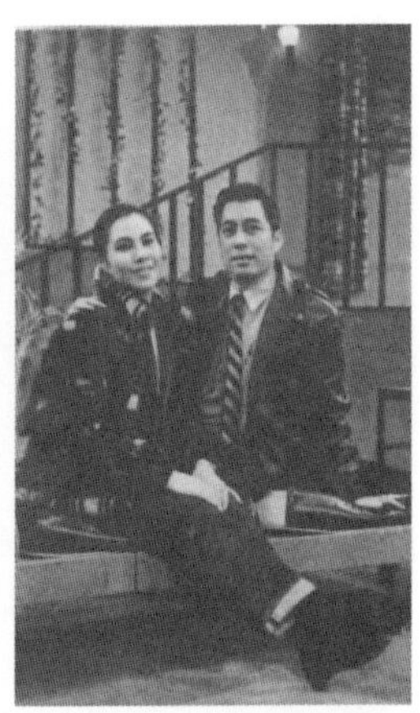

殷巧兒（前排左三）的丈夫羅國維（後排左四）也是話劇演員，曾夫妻合作，為「業餘」演出《龍潭好夢》。（1969，湘漪提供照片）

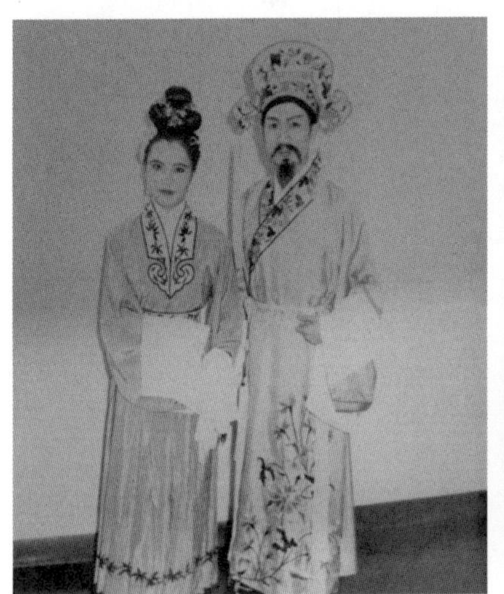
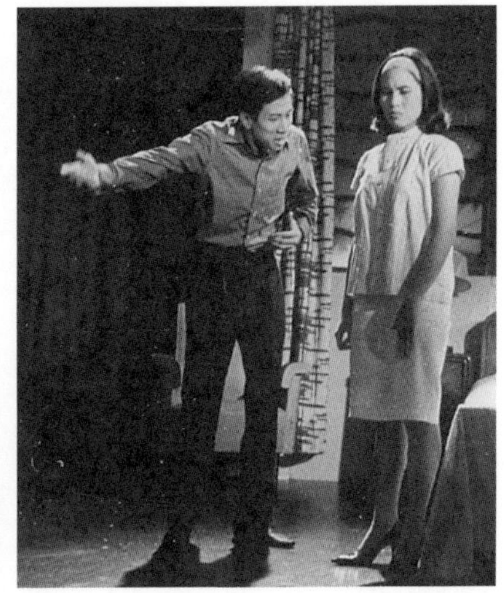

袁報華和殷巧兒多次飾演夫婦，包括在《明末遺恨》（左圖）和《浪子回頭》（右圖）中分飾余澹心與李十娘和卜莊尼與卜茜。（1964、1965，鍾景輝和殷巧兒分別提供照片）

殷巧兒（左）與鍾景輝（中）和慧茵（右）在電視劇《危險的角落》中大鬥演技。（1966，慧茵提供照片）

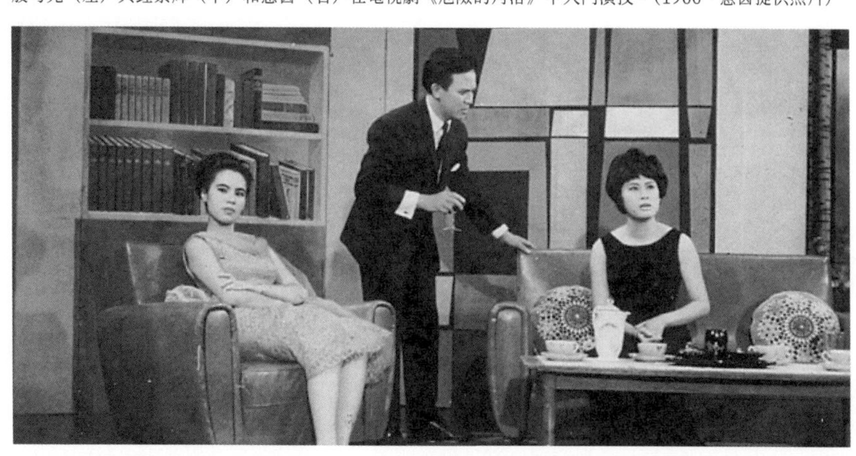

遺恨》則展示明末秦淮名妓對國家時局的影響。我飾演李十娘，與袁報華飾演的余澹心為夫婦。我亦演了翻譯劇《浪子回頭》（1965年版本），袁報華與我分飾男女主角卜莊尼和卜茜。

涂： 您又是如何開始演出電視劇呢？

殷： 我在電視演出是由當時掌管「麗的」戲劇組的張清推介。由於電視台只有少量的編劇和導演，並沒有自己的戲劇演員，所以無論是「麗的」或「無綫」的成立初期，戲劇節目都要外判給多間劇社演出，「業餘」便因此開始在電視演出。劇社要自行負責尋找合適的演員和排戲，演員在節目播映時在錄影廠內即場演出。我便是在這種機緣下開始在電視演戲。我的第一個劇目是六四年「業餘」在「麗的」演出的電視劇《一千二百元的支票》，我飾演女主角，男主角是任伯江。之後數年，我演了《之子于歸》、《危險的角落》、《蠢貨》、《油漆未乾》等。當我大學畢業後在中學教書時，仍以「業餘」成員的身份在電視演戲，而非電視台的正式演員。

當時「業餘」多演只有數名演員的電視劇。排演一個半小時或一小時的短劇大約需要綵排四次，每次兩至三小時，逢星期四晚上八至九時播映。我早就慣演舞台劇，所以即場演電視劇也不會害怕。我因為同時也以「中英」成員的身份演出，所以大概每個月在「麗的」演出一至兩次，都是半小時的短劇。

到「阿King」在「無綫」工作之後，我與「業餘」的社員亦參加多個「無綫」的電視演出。第一個劇是七一年的《西施》，是全港首個彩色電視劇。由於它的效果有時好像有點脫色，我們便取笑《西施》是「半彩色」。我還演了《紫薇園的秋天》、《紫薇園的春天》、《家》、《向日葵》、《樂韻雛聲》、《少年十五二十時》、《楊貴妃》、《秋海棠》、《楊乃武與小白菜》等，但都不再是以「業餘」社員的身份演出了。

涂：您還演了甚麼舞台劇呢？

殷：我自中學開始演了很多舞台劇，如我為我在六六年創立的世界戲劇社演出的《鄭成功》（1967）、《茶花女》（1968）、《捉鬼傳》（1969）、《群鬼》（1969）、《素娥怨》（1971）等。我也曾為「中英學會」演出《樑上佳人》（1969）、《雷雨》（1972）和《推銷員之死》（1974）。還有，我為香港電視劇團製作的《專誠拜訪》（1972）、《清

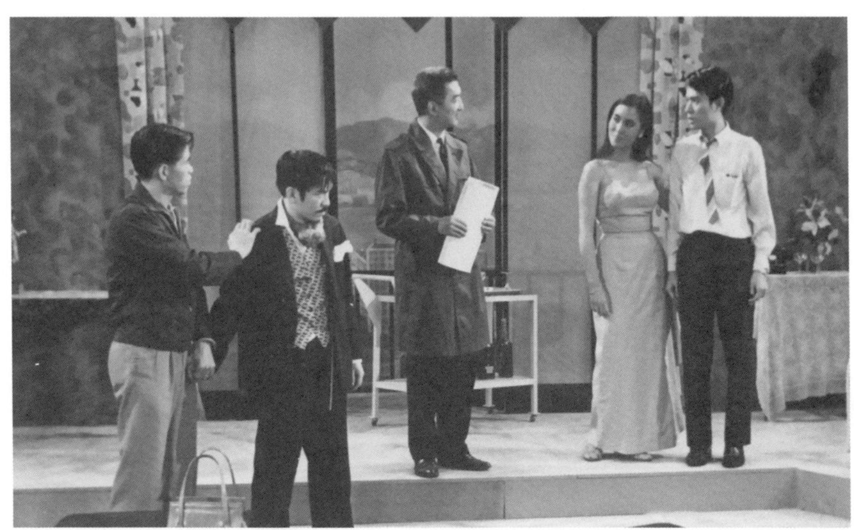

殷巧兒（左四）在《諜網》中與陳振華（左五）分飾女主角和男主角，其他演員包括（左起）莫耀棠、黃霑和胡宏達。（1967，邱麗冰提出照片）

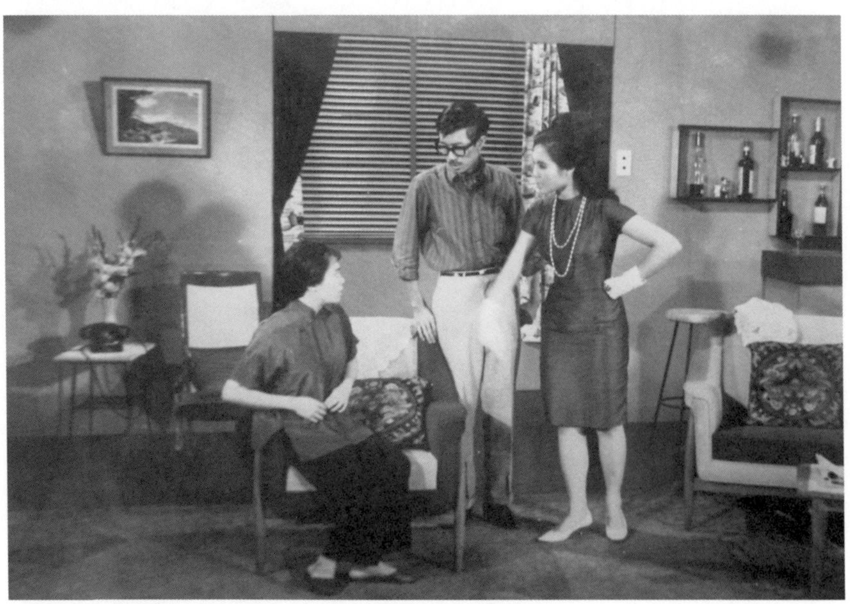

殷巧兒（右）與袁報華（中）和慧茵（左）演出電視喜劇《戲假情真》。（1964，殷巧兒提供照片）

殷巧兒（右圖左）在全港首部彩色電視劇《西施》中擔正戲軌飾演西施，與（右圖右）飾演鄭旦的朱承彩飾演「苧蘿雙姝」。圖左中立者為飾演伯嚭的鮑漢琳。（1971，鍾景輝提供照片）

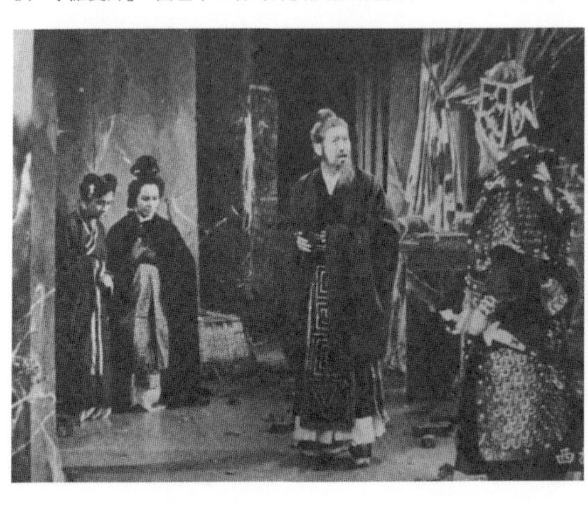

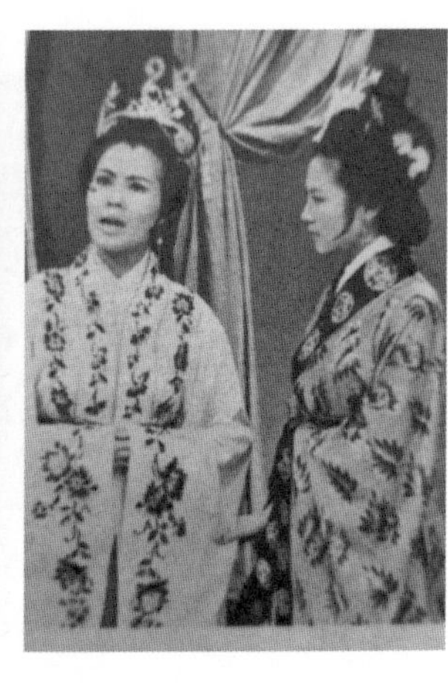

宮怨》（1973）和《佳期近》（1974）演出。我在《清宮怨》中飾演珍妃，「阿 King」飾演光緒，是我首次在利舞台演出。另外，我曾為「中天」演出《櫻桃園》（1990）和「劇協」演出《金池塘》（2002）。

涂： 您也是「中英學會」的成員嗎？

殷： 對。一來，我大學畢業後第一份工作是在中學教書，當時的校長正是容宜燕先生。他也是「中英學會」的成員，是他介紹我到「中英學會」的；二來，我的丈夫羅國維是「中英學會」的成員，所以我同時為「業餘」和「中英學會」演出，鄧光榮也一樣。這兩個劇社是同期最大型的。

涂： 您覺得「業餘」和「中英學會」有何異同？

殷： 兩個劇社相同的地方是二者均注重演員的修養和演技的琢磨，多位前輩對後輩都有着同樣的要求。鮑叔常問：「甚麼是台上見？」他的意思是：演員若然沒有在台下花上時間浸淫和磨練，便不夠資格在台上見，因為一定演得不好。他不太喜歡某些舞台或電視新入行的演員，以為自己的演技已經很棒而不用功排練。

至於不同之處，是「業餘」的行政已有規模，令年輕社員參與劇社行政工作的機會比較少。當時我自問連演技也未練好，自然不敢提出參加行政工作的要求。我不知道「業餘」後來有沒有多讓年輕人參與行政工作。「中英學會」則會給較多機會年輕一輩。簡朗秋、葉妙泉夫婦是「中英學會」年輕的一輩，簡朗秋好像是英文秘書。我在大學畢業後也曾經有一段時期出任「中英學會」的秘書或副主席，有機會學習營運一個劇社。我不是說「業餘」一定沒有這種做法，而是我沒有那個學習機會而已。還有，我在「業餘」學懂基本的演戲技巧和演員對自己的要求，曉得裝備自己。

涂：請略談您創立的劇社。

殷：我創立的小型劇社名叫世界戲劇社，是我自資的。創辦目的是每年為《華僑日報》的「救童助學」籌款，一年義演一至兩個籌款劇，票房收入全部捐助「救童助學」。我常笑我們首先要籌款演出，接着再演出籌款。即是說我要先找捐款人，才能有製作費演出。幸好蕭明先生每年都是最大的贊助人，他捐出二、三萬元，已經足夠

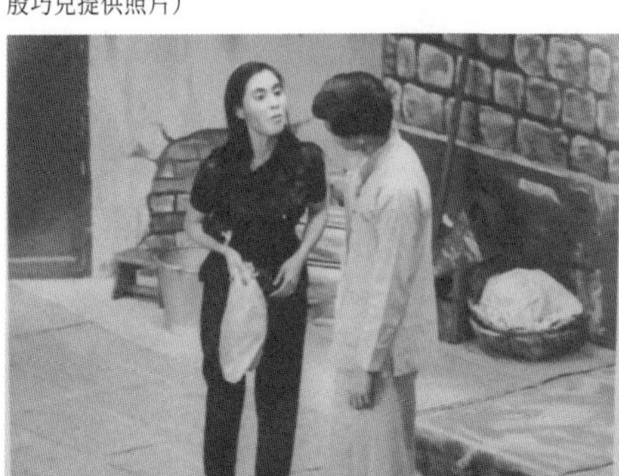
殷巧兒（左）在「業餘」與其他十一個劇社攜手演出和製作的《陋巷》中飾演城寨妓女白萍，令人耳目一新。（1968，殷巧兒提供照片）

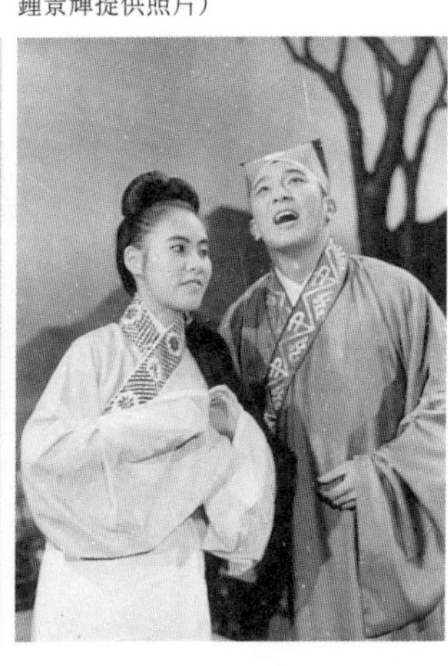
殷巧兒（左）與鍾景輝（右）合演古裝電視劇《之子于歸》。（1964，鍾景輝提供照片）

我們支付製作費，劇社因此只需支付很少數目。七〇年代，當時的香港大會堂經理陳達文提倡「二元戲劇」普及運動，「業餘」、「中英學會」、「中天」和「世界」等都響應參加。

無論是台前幕後，藝術和行政，我均從「業餘」和「中英學會」兩大劇社中獲益良多。我很感恩得到多位前輩的指教，令我可以自行組織劇社，挑戰磨練。

涂： 您如何評價您在「業餘」的對手？

殷： 我在舞台的搭檔多是袁報華，如我們在《明末遺恨》和《浪子回頭》中都是飾演夫婦。他是很認真的演員，也是執教鞭的，與我的風格相似，所以大家都很合拍。我們都非常認真對讀台詞和排練每個動作，並非喜歡即興或自由發揮的演員。我們都相信只有認真綵排，才會愈演愈好。

馮淬汎早期常與我合作。他演戲認真，秉承着史坦尼斯拉夫斯基的系統，依循步驟。他不喜歡對手不認真，所以我與他很合拍。有時有些演員沒有好好唸劇本，他會不高興，轉身走開。他很有性格，我很欣賞他認真的態度。

涂： 您又怎樣看「業餘」的女演員呢？

陳振華是中國書生型，溫文爾雅，站出來已經很有儒雅風範，演戲亦佳。梁天態度很認真，很能投入角色。「阿 King」亦是很認真的演員，在開位後第二次排戲已經問對手可否丟本，令我和他互相砥礪。其實，那一輩的演員有誰會不認真呢？

殷： 我很幸運，多做女主角，但也有很多機會向同台演出的前輩學習。例如我在香港影視劇團的舞台劇《清宮怨》中演珍妃，分別飾演西太后的黃姨和皇后的舜燕姐都是「業餘」很資深的演員。我很欣賞黃姨，在綵排時常坐在一旁向她偷師，學她厲害的眼神和關目。我與她演對手戲後覺得很舒服，因為她能讓我發揮。須知道只有老練的演員才能幫到對手，所以對手是很重要的。舜燕姐演戲亦很認真投入。可惜我與慧茵姐的合作不多。

涂： 您從「業餘」學到甚麼？

殷： 我初加入「業餘」時仍是黃毛丫頭一名，能夠有機會在幕前演出，學懂很多東西，都是因為劇社的前輩如牛叔、譚叔、后叔、保叔、敦叔、綿叔等所賜。可能我精乖伶俐，也肯受教，前輩都樂於指導我。例如保叔曾教我化裝，所以我在劇社的演出都是自己化裝的。他們除了教我演戲，還有個人和戲劇修養。我從他們身上學到的並非只是閱讀劇本，還要探究很多其他事情，如故事和劇作家身處的時代和社會背景、劇作家投放了怎樣的感情在故事之中、他們怎樣塑造角色、我演的角色與其他角色的關係和如何交流等，令我對戲劇的認識並不局限於演戲，同時亦是文學的修為。

這班前輩令我開竅，教我千萬不要說自己獨當一面，因為即使你演得再好也不足夠。演戲是不應該只顧自己，而是講求與其他角色交流和對整個戲的認識。你是要將自己融入其中，才是真正的演出。因此，演員即使沒有排戲的份兒，也要盡量抽時間到場觀摩，這樣才會對整個劇本的認識和其他角色的了解和感受更加深刻。

我亦學會戲劇是團隊合作，是一種綜合藝術。台前幕後的配合很重要，而非個人表演。我在中學時，需要自己製作道具和佈景。「業餘」僱用外邊人製作，「中英學會」則要成員兼任佈景，這都令我感受到台前幕後的配合是非常重要的。我聽過一位前輩說過一個故事，在《鄭成功》一幕戲中，一位演員在說畢「如有違者，有如此桌！」後，便一劍砍在檯角，讓檯角立即掉在地上。可是，負責道具的人有一次將預先做了手腳的檯角錯放位置，令演員不能將檯角斬跌，整齣戲的情緒由本來最激昂之處立時鬆散下來。又一個道具的故事：某角色需要很神氣地將向他放暗箭的人的箭抓着，然後拗斷，裝出很威武的樣子。可是道具員出錯，誤將竹箭變成籐箭，令演員不能將箭拗斷。前輩告訴我們演出時常會遇上這些情況。人人都像是小螺絲，即使一顆小螺絲鬆了，整套戲也就壞了。這些例子令我認識到戲劇的每一個崗位都是環環相扣，彼此之間需要互相支援。只要一個小小的錯誤，便會破壞整齣戲。例如燈光或音響若配合得不好，便會令場景的氣氛不對。戲劇是整個隊伍的事情，並非只是主角或數名要角的事情。

我又學到「執生」，但「執生」不等於「爆肚」。「爆肚」是演員不用心背台詞，在台上胡說八道一番。「執生」是當對手忘記台詞或「發台瘟」時，我們要懂得補救的方法，例如有技巧地提醒他。這是我從「業餘」學到的。還有，我們排戲時所有人都要乖乖地坐在旁邊觀看，前輩在台下看排戲時會講故事教導我們，讓我們不要小覷台上任何一件細微的道具或動作，同時要學懂保持鎮定。

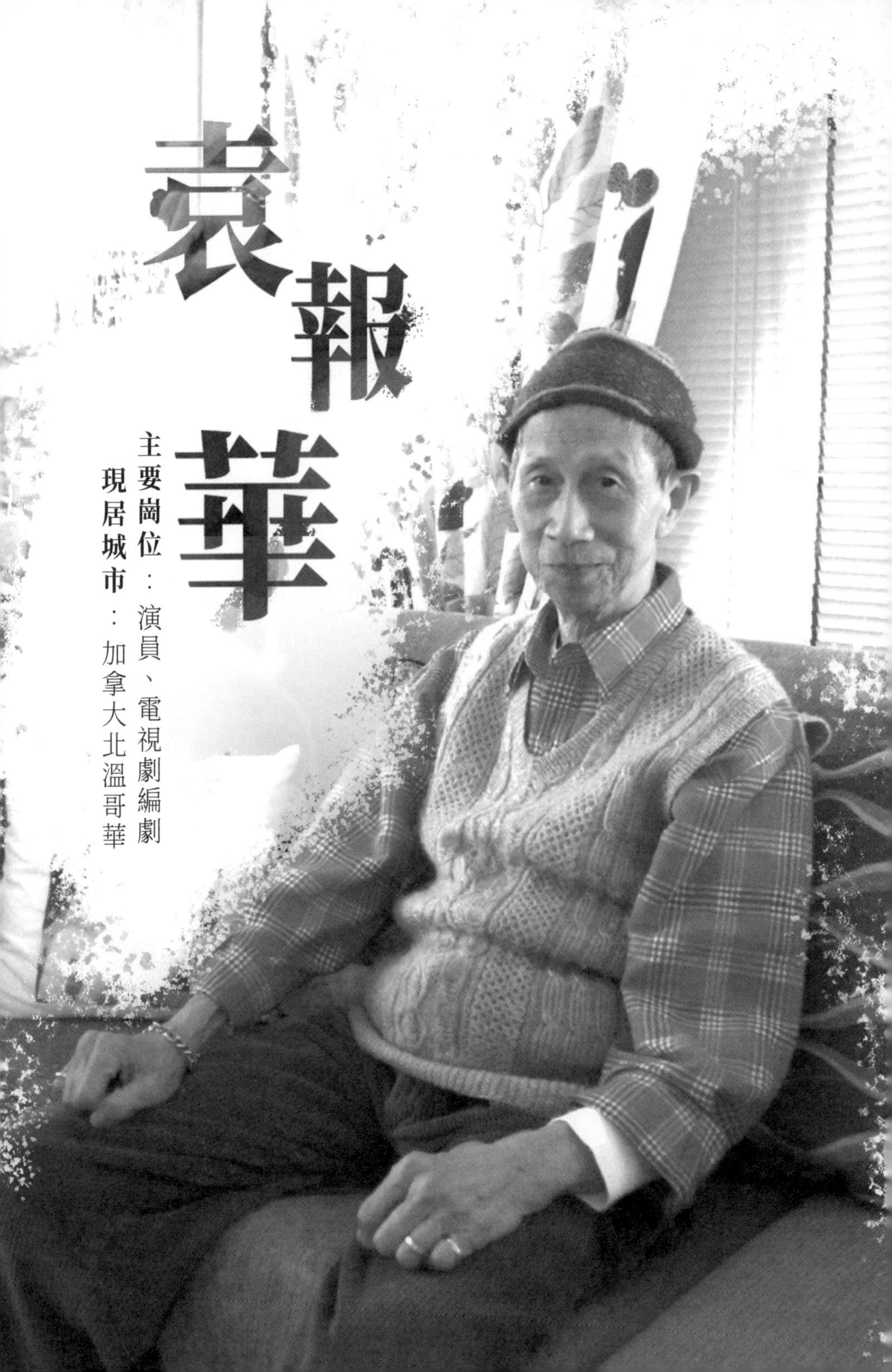

袁報華

主要崗位：演員、電視劇編劇

現居城市：加拿大北溫哥華

涂： 報華哥，請問您如何與戲劇扯上關係？

袁： 我於一九三五年在香港出生，抗戰時回鄉居住。我的家鄉在東莞縣麻涌鄉，有時會上演神功戲，戲班在桌上鋪上蓆子便成戲台。我們每次都自攜椅子到場看戲，看個如癡如醉。到我約十歲時重返香港，在「崇禮」唸書，學校採用混合「卜卜齋」與香港現代式的教學方法。每年的雙十節，學校必定將很多書桌以繩子連起，紮成長方形的「戲台」，讓學生在上面演出舞台劇，我便在舞台旁邊觀看。陳惠文老師在台側見到我這名小孩子經常在舞台旁，便叫我上台演戲給他看。我是初生之犢，一點也不害怕，立即跑上台去。我想了一會，便想到演甚麼給陳老師看——我扮演一名偷母親金錢，失手後被母親打了一頓的小孩。之後，陳老師寫了創作劇《傻子阿留》，並且讓我飾演主角——小偷。到了正式演出，學校邀請家長欣賞。沒想到我在演後一踏入家門即被母親迎面掌摑，原來母親因我扮演鼠輩而生氣。她說：「你甚麼也不演，就會演賊子！」令我更加沒想到的是，母親在打了我一巴後，竟然說：「但你又演得似模似樣。」這段經驗我永遠記着，因為母親的讚許就像為我的演技打了一口強心針一樣。以後每當我演戲遇到問題時，我都會以此事鼓勵自己——母親也稱讚我演得好，我是能夠做到的。自此之後，我在不同的劇目中創作了不同的角色。

涂： 中學時期的戲劇生活又是如何呢？

袁： 我在「仿林」唸書，十四歲那年認識了張堃揚，即張清。我與他既是同班同學，又是好朋友，二人經常在置放於露天地堂的桌子上睡覺。校長陳仿林先生很疼愛我們，任由我們在外邊「朝桁晚拆」地睡覺。我在學校參加演出的戲多得連自己也記不清了，如《朱門怨》、《文天祥》等。

涂： 您是否接着便加入「業餘」呢？

袁： 不是，我中學畢業後到「羅師」唸書，在校內演出很多話劇。李援華先生是我的老師，在校內導演了很多戲劇，我經常參加演出，他可算是帶領我出身的戲劇導師。當時還有一年制班主任劉選民先生也喜歡搞話劇，所以我在加入「業餘」前已經有演出經驗。我加入「業餘」後，除了仍在「羅師」的校友會劇社演出外，一直專心為「業餘」演戲，沒有到其他劇社演出，主要原因是我太忙碌。

涂： 您在哪間學校教書？教哪些科目？

袁： 我曾在紅磡東莞同鄉會學校和東華三院的六間小學中的四間任教，又曾在旺角的東華三院羅裕積小學與慧茵做同事。我主要教美術，除了英文、音樂和體育科之外，我甚麼科目也教。我退休前是屯門東華三院鄧肇堅小學上午校的校長。

涂： 那麼您是何時和怎樣加入「業餘」的呢？

袁：我在六二年加入「業餘」。張清是劇社的始創人之一，由他介紹我加入。王啟初老師也是社員之一。我在「仿林」唸書時，王老師為我們導戲和教授化裝，他是化女妝的能手。張清化古裝和女妝也是一絕。當年他到「培道」和「協恩」化裝，所有女生都圍著他，一定要等到他為她們化裝。保叔的化裝術也是非常高超的。

涂：您為「業餘」演了哪些舞台劇？

袁：我演了很多舞台劇，包括《油漆未乾》（我忘了角色名字）、《金玉滿堂》的胡孝天、《明末遺恨》的余澹心、《浪子回頭》卜莊尼、《生路》的卜偉霖、《鑑湖女俠》的蔣紀、《玻璃動物園》的占姆、《佳期近》的甘伯倫和《秦始皇帝》的李斯（七〇年版）。

涂：您也為「業餘」演過很多電視劇吧？

袁：對，我演過的包括《如意即成》、《絕食世家》、《防不勝防》、《鄭成功》、《父歸》、《白日夢》、《清宮遺恨》（飾演王商）、《戲假情真》、《人間何世》、《之子于歸》、《兩代恩仇》（飾演狗乪仔）、《獨步丹方》（飾演廢柴）、《幽會》、《鍍金世界》、《眼鏡》、《視察專員》、《鋒鏑餘生》、《浪子回頭》（飾演卜莊尼）、《野玫瑰》（飾演王安）、《生死戀》（飾演周劍英）、《午夜傳奇》、《近乎真實的故事》（飾演張深源）、《桃花扇》（飾演候方域）、《青衣魚》、《月落烏啼霜滿天》、《夢幻曲》（分飾張國良和劉醫生）、《諜網》、《翠嶺風雲》、《慳吝人》、《遠親不如近鄰》和《海內存知己》。

涂：《清宮怨》是您的重要作品之一，而且還三次演出舞台劇版，請告訴我您的演出經驗。

袁：六七年，勵志會為籌募經費上演舞台劇《清宮怨》，我和很多「業餘」的社員都被邀請作社外戲劇演出。我在這個版本中與張清都是飾演光緒皇一角：我演兩晚，張清只演籌款演出那晚。我在劇中要表達光緒因凡事要看西太后的臉色，因而內心充滿苦悶鬱結。演此劇時最困難的地方是要背記台詞，例如〈舟盟〉的台詞寫得像文言文那樣古雅，不容易背記，我要麻煩妻子陪我背台詞。慧茵飾演珍妃，她不但戲好，而且記憶力特強，連其他人的台詞也記得。

七三年的《清宮怨》是九龍婦女福利會籌募福利經費的義演，只邀請了「業餘」的慧茵、駱迺琳和我演出。我扮演李蓮英，主要是突出他的奸險。他在西太后面前只會低頭，從不敢抬起頭來看他的主子，甚麼都「喳」。可是，一旦對着其他人時，他便立即變臉，趾高氣揚，權傾朝野。演員都很享受演繹這個角色。后叔曾經演過這個角色，我之後還有梁天飾演。

七七年的《新清宮怨》才是「業餘」的製作。我飾演太監聶八十，兼任舞台監督。在〈辱妃〉那場戲中，我被西太后下令罰打十八大板，要另一名太監小德張清清楚楚地數着，一下一下地打下去。可是，飾演小德張的袁浩泉在導演的指示下起初由一數至七，毫不含糊地打下來；但他打了七下後，即說「十八」，省了中間的十一板。我本來是很認真地演繹受着死去活來的痛楚感覺，怎知觀眾因小德張竟敢當着西

袁報華（右一）在「清宮系列」其中一個角色是《清宮遺恨》的王商，其餘演員包括（左起）曾近榮、鄭子敦、鍾景輝、黃蕙芬、陳有后和譚務雪。（1964，袁報華提供照片）

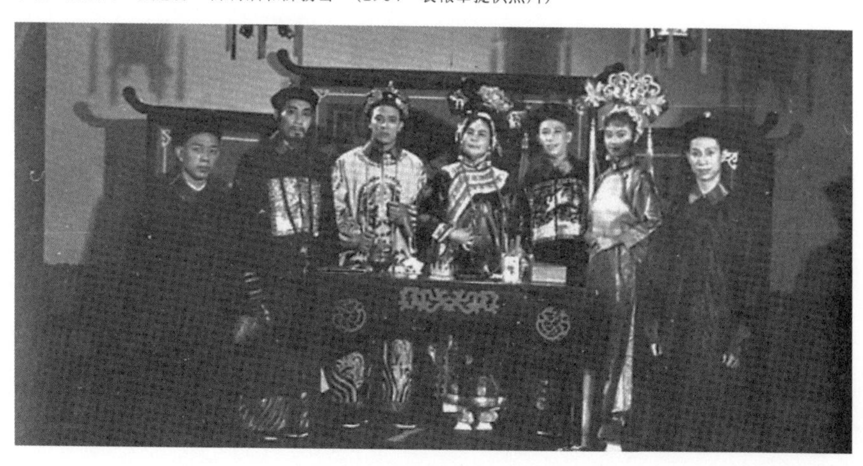

太后面前公然省下十一板，立即哄堂大笑。觀眾的笑聲令我再也禁不住，就在台上痛哭起來。即使回到家中，我仍然在哭。妻子問我為何而哭，我說我本來要演繹的是聶八十受笞刑時肉體上的痛苦，但因導演的處理手法而使到觀眾在不適當的時候大笑起來，令我蒙受藝術上的委屈。我在台上痛哭再也不是表達聶八十肉體之痛，而是袁報華在心靈上受到的傷害。

涂：您可能是中國戲劇史上唯一一位既能演光緒皇，又能演李蓮英的演員。

袁：我演「清宮怨系列」真是百感交集。一方面，我因為我能夠在同一劇本中分別演過光緒皇、李蓮英和聶八十三個角色而感到很圓滿；另一方面，我由第一次的光緒皇，變成第二次的李蓮英，再到第三次的太監聶十八，卻是每況愈下，覺得自己很不濟。

袁報華（左四）在《浪子回頭》中飾演卜莊尼，他演繹這個角色與別人不同之處主要在於掌握他對妻子（殷巧兒飾，左三）深深的歉意。（1965，袁報華提供照片）

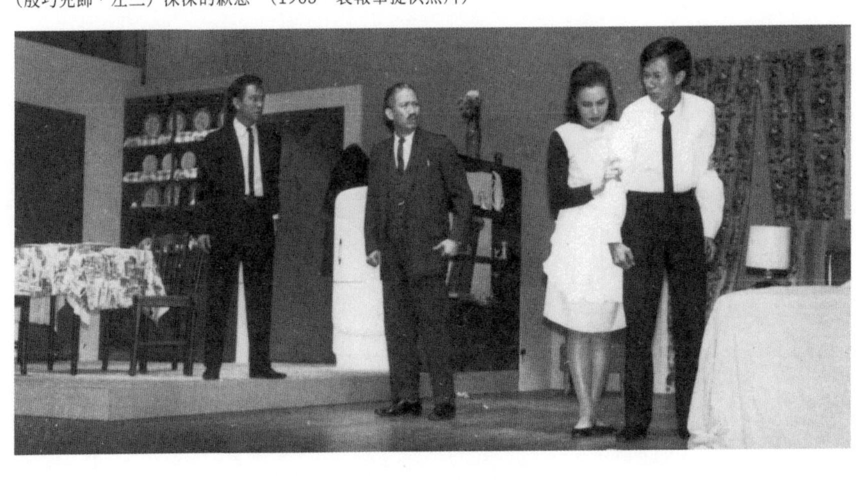

涂：別忘了您在七三年於希爾頓酒店演出的《清宮怨》選段中再次飾演李蓮英。據資料顯示，您在「清宮系列」還有第四個角色——您在《清宮遺恨》中飾演王商，比三個舞台劇版本更早。

袁：那是半小時的電視劇，是《清宮怨》的選段，由鍾景輝和譚務雪分飾光緒和珍妃。

涂：我知道您最喜歡《浪子回頭》，可否談談您演出此劇的經驗？

袁：它是一個反戰的劇目。我飾演的莊尼是一名在韓戰時受傷的中國軍人。軍醫在拯救我時為我注射嗎啡幫我止痛，我自此便染上毒癮。軍醫雖然救了我的命，我的下半生卻被毒癮操控，常常被馮淬汎飾演的毒販「老媽子」敲詐。可惜我的妻子不了解我，我只得將苦痛埋於心中。劇終時，飾演我妻子的殷巧兒目睹我毒發，禁不住拿起電話報警。我從未試過吸毒，全靠想像把一名癮君子的精神狀態演繹出來。我要表達他忍受着身心的痛楚，所以我也很辛苦地創造這個角色，每場戲演畢時也很累。綵排《浪子回頭》初期，當導演開位後，我便開始自行演繹角色，因為他一來不能罩著我的「戲」勢；二來也因為我也曾任導演，知道應該怎樣演繹。我很客氣，每當我看到一些瞄頭時，便告訴導演我會準備三種不同的演繹給他選擇，這是我對導演的尊重。反過來，導演採用與否也會給我意見。若他覺得有甚麼不好的話，我便會反省，從中獲益。這種做法亦較容易達成我想做到的效果，使我、導演和編劇均有自己的創作，我這名演員亦可以將三種藝術創作貫穿起來。不過，也要導演有胸襟，願意接受我的建議才能成事。不然，他會覺得我越俎代庖。

我對莊尼這個角色的演繹與別人不同之處主要在於掌握他對妻子深深的歉意、對自己的遭遇的遺憾，以及那份無助。他只能減輕毒癮，卻不能戒掉，一生繼續受苦。整個劇本的主題是通過描寫毒品令年輕主人翁的餘生陷於不能自拔的深淵，從而側寫戰爭的禍害。我猜想導演未必像我那樣想得那麼遠，但我很享受演出這個戲，覺得大有收穫。所以，即使他不採用我的演繹也不要緊。這個戲沒有分主角或配角，大家都同樣重要，都是希望演好每個角色。對我來說，沒有小角色，所有角色都是重要的。如《新清宮怨》的聶八十只是一名小太監，但我被打時，每下都是用盡全力大聲叫喊，我甚至試過在一個角色內出現了經歷數個不同階段心態的情況。其實，演所有戲也一樣，這也是我做導演時跟我的演員所說的話。

在電視劇《生死戀》中，袁報華（左二）飾演雙腿癱瘓的丈夫，妻子（朱承彩飾，左一）紅杏出牆，戀上小叔，藍護士（雷浣茜飾，左三）卻愛上了他，教二子的母親（黃蕙芬飾，左五）痛苦不已。左四為飾演蔣醫生的鄭子敦。（1966，朱承彩提供照片）

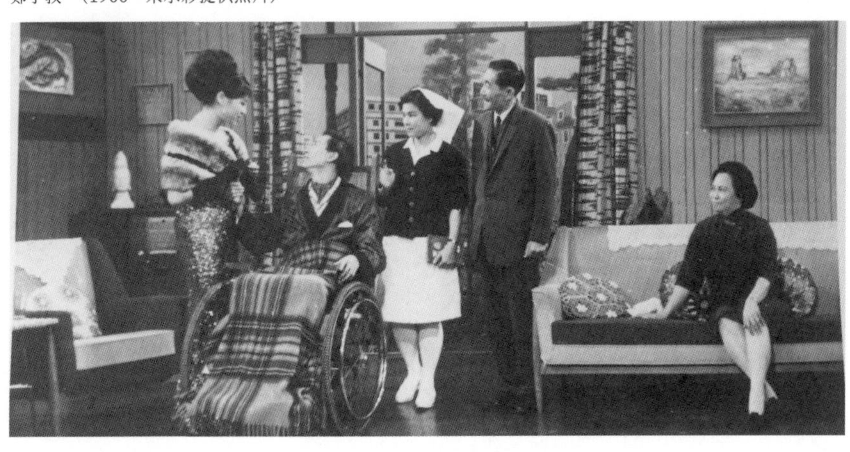

我覺得自己演《浪子回頭》演得很不錯，亦非常高興可以有機會演到這個角色。這個戲由殷巧兒飾演莊尼的妻子、馮淬汎演「老媽子」、黃露演莊尼的弟弟卜保羅，還有后叔等演出，位位都是好戲之人，大家一同合作演了一齣好戲。此劇成功並非單靠一人之力，例如殷巧兒在劇中所穿的孕婦裙子也是由我的妻子借給她。《浪子回頭》在七〇年重演時改名《生路》，據說是因為某些宗教團體對劇名有意見。

涂： 您還有哪些角色較為難忘？

袁： 在電視劇《生死戀》中，我飾演雙腿癱瘓的丈夫，妻子卻與自己的弟弟有戀情，令我痛苦不已。飾演我的母親的黃姨不忍心看到我繼續受折磨，在劇終前將我毒死。她看到我死在輪椅上，終於爆發出來，大叫一聲，跪在台上。這場戲很感人，令我留下深刻印象。此劇版本即是外國翻譯劇《心焰》，牛叔曾在舞台劇飾演

袁報華（中）說他在電視劇《野玫瑰》中飾演的間諜「天字第三號」王安，以為自己很厲害，誰知遇上由梁舜燕(右)飾演比他高級的「天字第一號」，令他氣結。圖左為飾演劉雲樵的陳振華。(1965，梁舜燕提供照片)

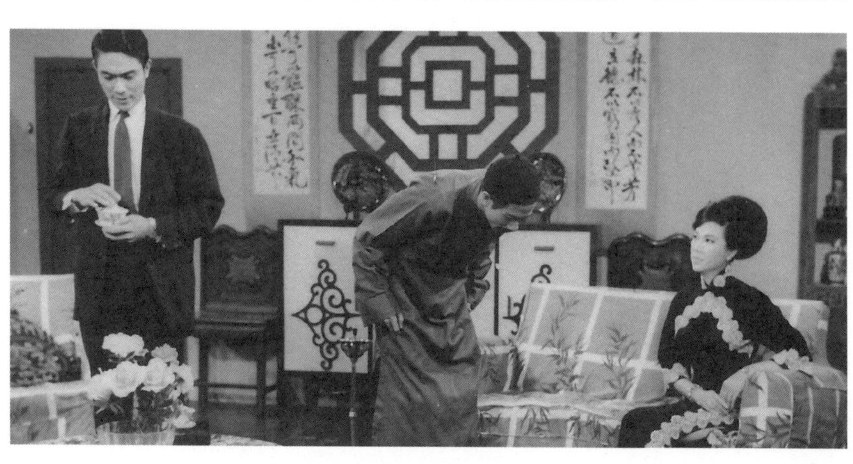

我的角色，他演得很細膩。

我在「仿林」時曾演過《野玫瑰》，在「業餘」時我再演劇中的「天字第三號」王安。此劇又名《天字第一號》，野玫瑰是間諜「天字第一號」。中學時由黃翠裳飾演女主角「天字第一號」，「業餘」版本則由梁舜燕扮演。我很記得最後一場戲，當我和舜燕將警察局長打敗和將市長制服在沙發上時，我和舜燕互相展露身份。我驕傲地對她說：「我便是『天字第三號』。」她卻慢慢地吐出五個字：「天字第一號」，我立時被比下去，非常沒趣，但場面可笑。

劇社三次上演的《陋巷》我均有參演，但飾演不同的角色。六二年的舞台劇《陋巷》由保叔飾演的王式輝是一位沒有實職的代課教師。我演保叔的兒子王偉，是一名肺病患者。七一年的版本我演王式輝的鄰居李權，是一名癮君子，亦是劇中男主角。最後七七年的「無綫」電視

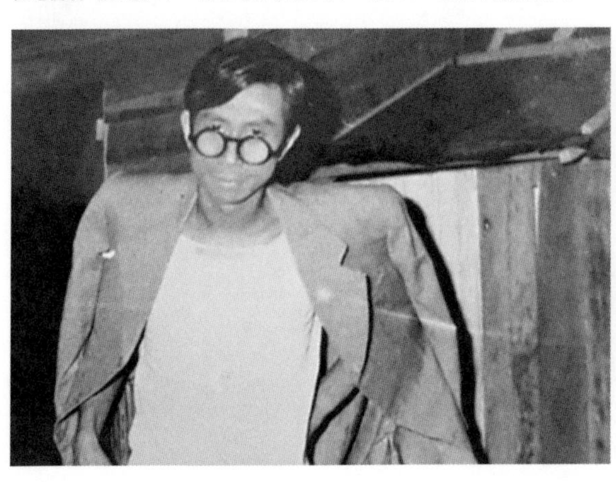

在電視劇《陋巷》中，袁報華飾演王式輝。（1977，袁報華提供照片）

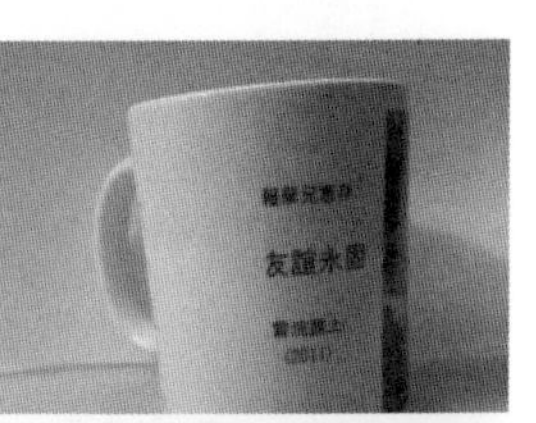

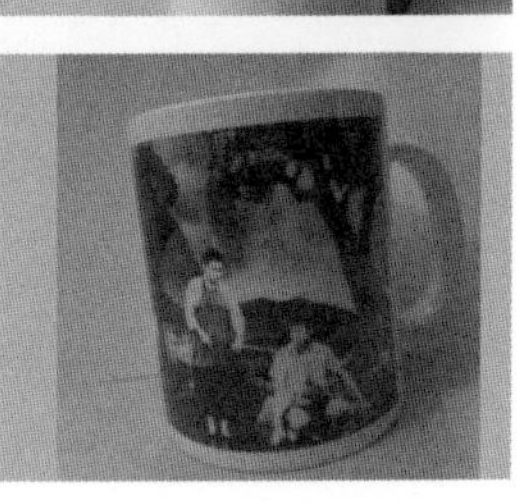

雷浣茜自與袁報華合演《獨步丹方》後，以劇中人物「廢柴」之名暱稱後者，並且在二〇一一年送上燒上二人劇照的瓷杯以誌友誼。

劇版我則飾演王式輝，可算是三代同堂集於一身。《陋巷》的劇本很好，演員不需要多做已經能夠讓觀眾感受到毒品遺害世人。

我也很喜歡我在電視劇《兩代恩仇》中突破的演出。我通常演「青靚白淨」的角色，這次卻演狗乸仔。本來我是演大星一角的，但馮淬汎在那時候剛加入劇社，導演牛叔認為我反正演甚麼也行，便將大星的角色給了他飾演，以便多給新人磨練演技的機會。我演狗乸仔也感到很有趣，因為我要憑演技令人入信是一項考驗。

我也喜歡其他角色，例如我與朱承彩在舞台劇《佳期近》中飾演一對戀人——她是主角卜威廉的姪女卜安娜，我是畫家甘伯倫。保叔在此劇中飾演男主角卜威廉，演得非常好，十分惹笑。我和雷浣茜合演《獨步丹方》，我在戲中的名字是「廢柴」，被她窮追猛打。她說我愈大叫，她便愈入戲。二〇一一年，她送了一隻燒上我

袁報華（左三）表示雷浩然極力讚賞他在《明末遺恨》中飾演的余澹心「有文人儒雅」。此照的其他演員為（左起）胡愛梅、殷巧兒、陳有后和鍾景輝。（1964，鍾景輝提供照片）

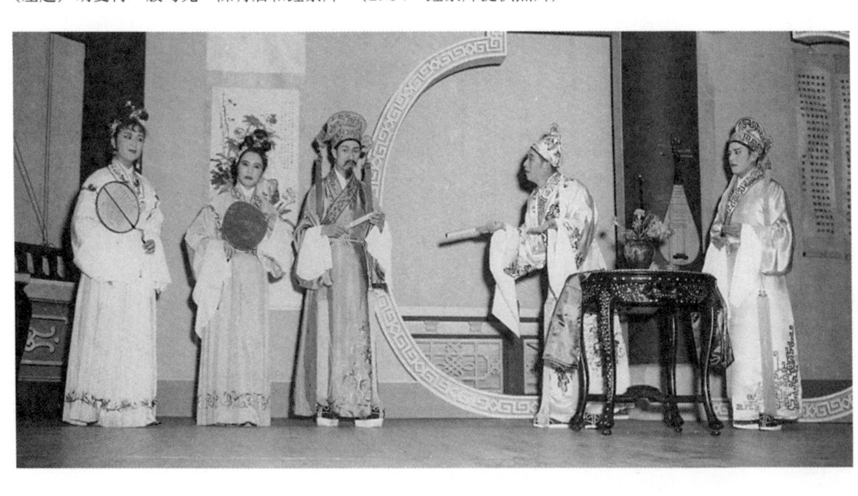

們在《獨步丹方》的劇照的瓷杯給我，杯上寫着「友誼永固」。在《明末遺恨》中，我飾演余澹心，導演牛叔稱讚我有「文人的儒雅」。

涂： 除了演戲之外，您還為「業餘」做了哪些工作？

袁： 我很多時都是演主角，不演主角便演閒角。我若連閒角也沒份演的話，便做後台工作，所以我是所有戲也有份參與的。另外，我亦曾為「業餘」撰寫電視短劇劇本《一千二百元的支票》、《午夜傳奇》、《近乎事實的故事》、《海內存知己》、《諜網》，以及改編《錄音機情殺案》和《鋒鏑餘生》的劇本。我沒有寫舞台劇，因為很困難。香港以前沒有新的舞台劇，演出的都是很舊的獨幕劇和全幕劇，甚至連時裝劇也不多，有的都是鍾景輝從美國帶回來的。

我很懂得組織後台的工作隊伍，每組的工作我都懂得分配，監製的工作我也可以勝任，有時候也會任提詞。飾演閒角的演員很多時候都兼任提詞，因為他們已經熟悉劇本的台詞。提詞共有兩人，都穿着戲服，一個在台右，一個在台左，有時甚至在台後的中間位置亦安排一名提詞人。提詞人由開始至結尾一直將台詞唸出，若演員忘了台詞的話，便會在台上弄這弄那地拖延時間，趁機走近提詞人，好等提詞人將台詞唸給他聽。由於三個「咪高峰」只分別放在前排兩旁和從天花吊下在台中，所以觀眾是聽不到提詞人的聲音。不過，也曾試過一次因為收音效果太好，觀眾聽到兩把聲音唸台詞哩！每個演出必須有提詞人，但我不知道從哪時開始取消了此崗位。

涂：您為什麼會寫起劇本來呢？是導演指示您去寫嗎？

袁：不是，是我自行把想到而又觸動到自己的故事寫成劇本。導演大都會用我的劇本，因為當時鬧劇本荒。只要有人拿劇本出來，他們已經當成是瑰寶一樣。

涂：您有當過導演嗎？

袁：有。牛叔年輕時擅演大情人角色，後來轉做導演，是一名非常優秀的導演。他是我的恩師，不但提攜我，還教我導戲。他對我這麼好，令我感恩不已，哭了幾場。他的太太惠明姨在二〇一〇年慶祝一百歲壽辰，我們一起飛去南卡羅來納州為她賀壽。七一年，我和張清曾聯合導演東華三院為籌募院舍和校舍建設費用而演出的舞台劇《西施》，當時由東華三院主席黃乾亨的太太鄭國璋女士飾演西施，副主席雷治強的太太林麗萍女士飾演鄭旦。雷副主席與我因排戲而熟絡，更邀請我到東華三院的小學教書。

涂：「業餘」有很多導演，如牛叔、譚叔、后叔、保叔，連黃姨後來也當導演，您怎樣看您在「業餘」時前輩們的導演工作？

袁：抗戰時，他們在桂林做抗日工作，以演戲宣傳救國。做得多了，便自成一家。黃姨是演員，后叔專注導演中國戲劇，講究資料搜集，屬舊派導演。我最崇拜牛叔，欣賞他準備的導演計劃非常周到、詳盡和細心。他很尊重演員，給很多機會演員發揮，也肯提攜後輩，我從他身上學習到很多東西。

不過，請恕我對前輩們有些少意見：他們很多時都會用在內地打仗時演的抗戰劇作榜樣，其實那些演法已經不適合「業餘」演戲的時代，因為以前是為了救國，對付日本人；「業餘」的演出則是為了文藝創作。他們多囿於中國劇，不太接觸西洋劇，連莎士比亞的劇本也不曾演出，視野不夠廣，我覺得有點可惜。同時，他們在劇本背景資料搜集的工夫亦不足夠。倘若在這方面多下工夫的話，一定能幫助演員更深入了解角色，令演繹更佳。我想因為我當時是年輕人，喜歡自行探索路向，有自己的一套，亦喜歡接觸外國的戲劇，所以便有這些看法。

涂：King sir 也是「業餘」的導演之一，當時很年輕，您又怎樣評價他的導演工作？

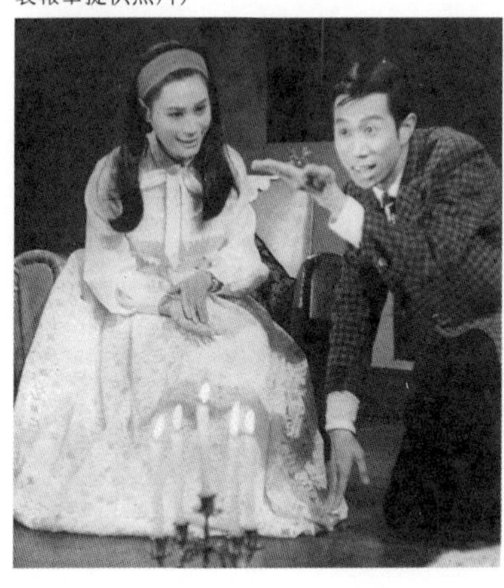
這張劇照留下袁報華（右）最珍惜他在《玻璃動物園》與慧茵（左）演對手戲的時刻。(1967，袁報華提供照片)

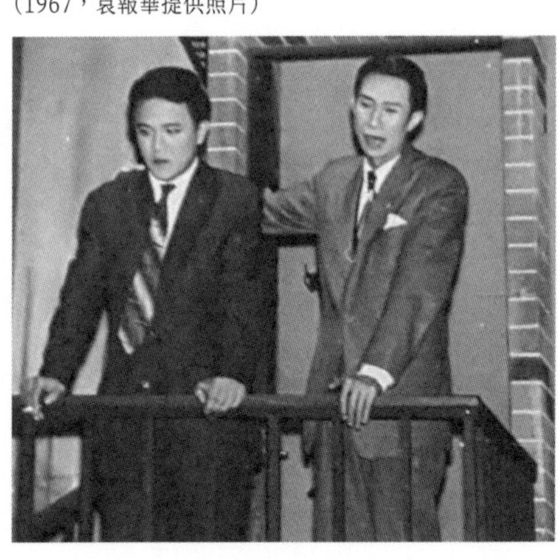
袁報華（右）在《玻璃動物園》中與鍾景輝（左）演對手戲。(1967，袁報華提供照片)

袁： 鍾景輝與我同輩，他的戲劇較新，而且很全面。他在美國唸書，接觸西洋學問，見多識廣，學貫中西，比起我們一直在香港生活的演員，他的視野較廣闊。他在美國時很用心看劇，將優秀的作品引人香港，劇社和香港觀眾的視野都因此而擴闊了，所以我最佩服他。不過，他演《玻璃動物園》的演出水平稍遜於我，因為我覺得他好像有點保留，而我則在情感上去到極至。我還記得當燈光打在我手上那隻玻璃獨角獸之上時，我的整個人已經走出了舞台，只剩下手上的玻璃獨角獸發出閃閃光輝，直射到觀眾席上，好看極了，令我非常享受，我至今還保存着那件道具。若你問我演了這麼多年舞台劇最喜愛是哪場戲，我會立即告訴你是我在《玻璃動物園》中捧著玻璃獨角獸唸一段台詞的那個時刻，令我畢生難忘，我將會帶同它與我一起走到人生的盡頭。

涂： 您又怎樣評價「業餘」的後台工作的表現？

袁： 後台人員融合了老派的前輩們和新派的鍾景輝的指引後，能夠很完整地做好每一個崗位的工作。每次排練前，每一崗位負責人都要交出一個詳細的計劃。舉道具組為例，以前負責道具的人只需將所有道具拿到後台放下，便已經算是完成工作。例如劇本注明人物要有一把扇子，以前道具人員只需找來扇子便可。不過，鍾景輝來到之後，教懂我們對道具要有要求。道具組要在劇本上清楚列明他們找到的是甚麼類型的扇子、誰用該把扇子、何時會用、怎樣去用、道具人員怎樣將扇子遞給演員、誰會在台的另一邊接過演員的扇子等，所有與道具有關的資料必須非常詳細清楚地交代。這種做法，令一個業餘劇團有着專業化的規模，也使我們有高水準的製作。這些排練方法是由鍾景輝引入「業餘」的，所以我很敬重他。

涂： 當時的觀眾對「業餘」的演出有何反應？

袁： 由於當時甚少舞台劇上演，所以只要劇社的海報一經貼出，觀眾都會瘋狂買票，戲票很快便被搶購一空。社員會義務幫忙宣傳，我也曾與黃霑在街上貼海報。我在「仿林」有一位結拜弟弟，他的朋友是皇后戲院糖果部東主的女兒，總會在皇后戲院張貼海報的地方留一個位置給「業餘」。只要劇社有舞台劇上演，市民便可以通過那張海報知道演出詳情了。

涂： 您怎樣評價「業餘」的成績？

袁： 劇社對推動香港戲劇有很大的貢獻。它成立之前，大家演戲都是抱着「柴娃娃」的心態演戲，「業餘」卻是一個職業化的業餘劇團。它誕生後，一切都變得有系統。這是很大的成就，值得我們驕傲。還有，它不只是製作一台戲，而是將各部門的文字計劃，如導演的計劃、道具的計劃等均詳細地記錄下來，所有工作均有指引。這些紀錄可供日後的戲劇工作者參考，是給後輩極佳的指引。可惜的是，我不知道這些文獻現時存在哪兒。後來很多社員都移民，令劇社在七〇年後開始慢慢淡出香港舞台，在七七年後再也沒有舞台劇上演了。我的舞台劇生涯也因此停下來，我之後便去演電視劇。

涂： 您除了「業餘」之外，還有參加其他戲劇工作嗎？

袁： 我曾為香港電台和澳門的綠邨電台播音。我十多歲便跟王啟初老師學習寫劇本，在中學時已經開始為香港電台將一些外國劇本改編成廣播劇，是用來賺錢的工作。我其中一項改編工作是將《福爾摩斯》的三十六個故事改編成三十六集的廣播劇。我亦曾改編偵探小說《亞森羅蘋》成為三十二集的劇本。香港報紙小說的《女飛俠黃鶯》也是由我改編成廣播劇的。

在「業餘」之後，我曾為黃百鳴成立的青藝劇社導演《狂戀》。我當導演時，也是像我當演員時一樣，給三種選擇演員自行挑選演繹。還有，何文匯為香港話劇團導演《王子復仇記》（1978），我在劇中飾演哈姆雷特的父親。

涂： 您是否在「麗的」和「無綫」均曾演出？

袁： 張清在「麗的」我便在「麗的」，他去「無綫」，我也跟了過去。後來他返回「麗的」，我又隨他到「麗的」。張清在「無綫」的時間好像只有數月，但我也演了由依達小說改編的電視劇（編者按：應該是《斗室》（1972））。

我有好些年一邊教學，一邊為我的演藝生活而忙碌。我除了演出舞台劇和排戲，又有兩年多的時間為「麗的」演現場直播處境喜劇《小夫妻》（1964 - 1967），我和慧茵正是劇中的「小夫妻」。本來是每周一集，後來因受歡迎而變成逢星期一和三播映，每集半小時。那時候我剛結婚不久，卻經常不見影蹤，令妻子婚後常常只得一人在家。於是，她也前來陪我排戲，以便爭取較多時間見面。她在排練的地方經常與各位前輩聊天，逐漸與他們熟絡起來。我在此真的要感謝太座恩准我參加這麼多戲劇活動。我的英文名字是 Power，but I' ve got no power in my family。

涂： 您移民到溫哥華後，有沒有演戲呢？

袁： 我在九五年退休後與家人移民到溫哥華，碰到黃淑儀。她邀請我到電台訪問，再參加她成立的至專劇團。我在九六年為她導演了《吾妻正斗》。〇五年，張清逝世，我們待慧茵辦妥他的身後事，便邀請她從洛杉磯來我們家住個多月，陪她散散心。原來她攜來由余比利翻譯的劇本《情書頁頁》（*Love Letters*），我們便以家

這是《青衣魚》的團體照。袁報華（前排左三）的妻子成玉珍（前排左四）雖然不是「業餘」社員，但是經常陪同丈夫綵排和演出，在家時亦協助丈夫背記台詞，所以她與「業餘」社員非常熟稔，與湘漪（前排左五）和張清（前排左七）等更是一輩子的好朋友。（1967，湘漪提供照片）

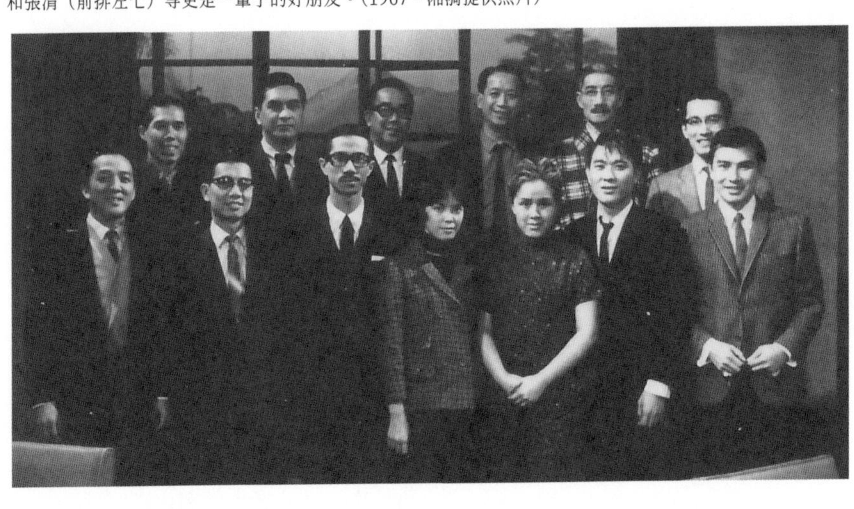

為舞台，演出這個劇。我和慧茵分飾男女主角 Andrew 和 Melissa。我希望我的家人也一起參演，便抽了一段戲讓妻子與兒子飾演我和慧茵的角色。我的其中一名女兒做報幕，另一名任司儀。我們那時住在洋房之內，邀請了三十六名親友作觀眾。演出後，我們更每人送上一碟飯，全屋四十多人一起「吃大餐」。以前我常常要妻子協助我背台詞，沒想到她也可以演戲。

涂： 提起您的女兒，我知道大女兒葭怡曾經演出「業餘」的舞台劇。

袁： 是，她在《秦始皇帝》（七〇年版）中反串，飾演大王弟。

涂： 您認為自己對香港劇壇有何貢獻？

袁： 有很大的貢獻。我希望能讓後人參考我演戲的莊重態度。雖然我演的是業餘劇團，但我

袁報華的大女兒袁葭怡（左三）在《秦始皇帝》中飾演大王弟，飾演太后的湘漪（左一）的女兒李綺澄（左二）飾演二王弟，一起與飾演王后的慧茵（左四）同台演出。（1970，鍾景輝提供照片）

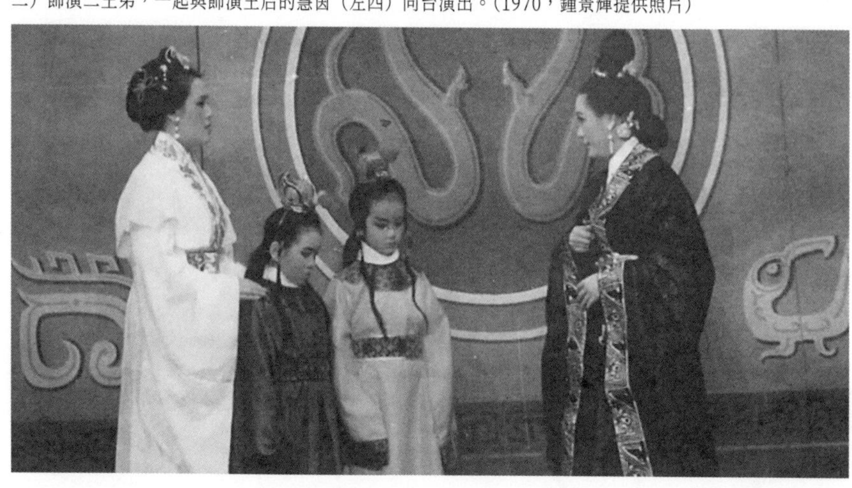

仍然以專業的態度演戲。

涂： 若「業餘」再有演出，您可願意再為它重踏台板？

袁： 我的演戲生命是「業餘」給我的，假如有一天劇社真的再有演出，那怕只是要我飾演一兵一卒，我也一定會返港演出。小蝶，我真的很高興你來訪問我，令我勾起很多美好的回憶，讓我把前塵往事一腦兒傾訴出來。你將我們劇團的歷史寫下，讓更多人記得我們，我真的非常感謝你。

涂： 我藉著撰寫這本書籍認識各位前輩和向眾位學習，實是我的榮幸。我非常感謝各位信任、支持我和不吝賜教，更謝謝您褒獎。

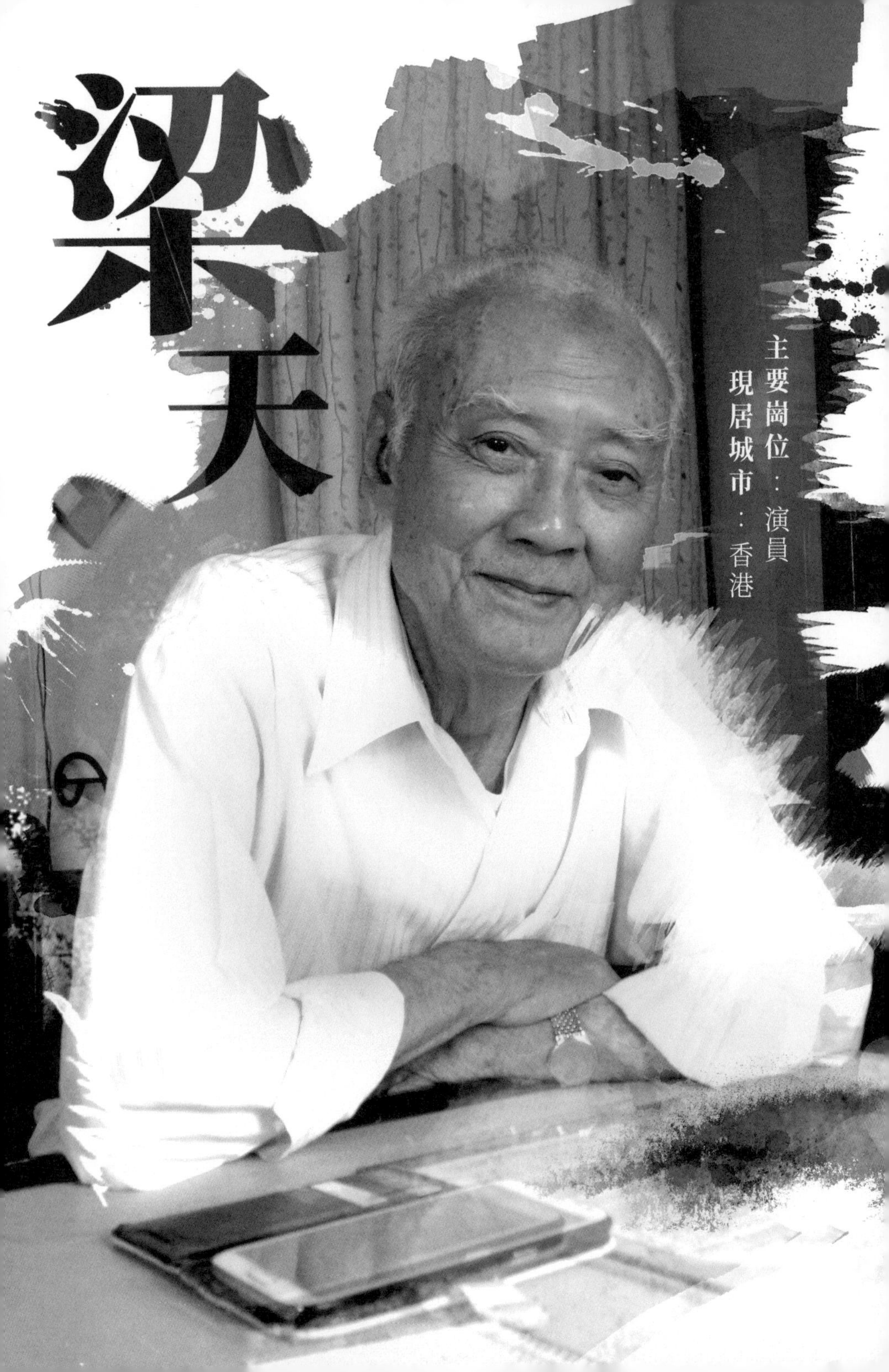
梁天
主要崗位：演員
現居城市：香港

涂：天叔，您可否略為介紹自己？

梁：我於一九三一年出生，本名梁乃輝。六八年，我在澳門綠邨電台兼職播音時的藝名是梁天，因為「天」字連小孩子也懂得。同時，我又在青年會演話劇。

涂：您是如何加入「業餘」？

梁：我與其他社員剛好相反，他們多是先為社員，在「阿King」任職電視台後才正式成為電視演員。我則是在六八年由「阿King」聘用後加入「無綫」，面試前我是不認識「阿King」的。我還記得我在電視台面試時，「阿King」叫我唸一段台詞。由於我慣於在電台講故事，他覺得我唸得很流利，便聘請了我。我的首齣電視劇是《夢斷情天》。我是在加入「無綫」後才通過「阿King」的介紹加入「業餘」演戲。因此，我是很後期才加入「業餘」的，那時大約是六九年。我初加入「業餘」時，是抱着玩玩的心態。後來發覺自己與其他社員興趣一樣，都是熱愛演戲。既然大家志同道合，便一起演出。我不選擇角色，甚麼都演，只要導演認為我適合的話我便演。

涂：您為劇社演了甚麼劇目？

梁：舞台劇方面，我飾演《佳期近》的髮匠阿祖、《生路》的老媽子和《新清宮怨》的李蓮英。至於電視劇，我則飾演《陋巷》的李權、《清宮怨》的李蓮英、《小城風光》

在《小城風光》中，梁天（左）與張之珏（右）分飾父子。(1970，鍾景輝提供照片)

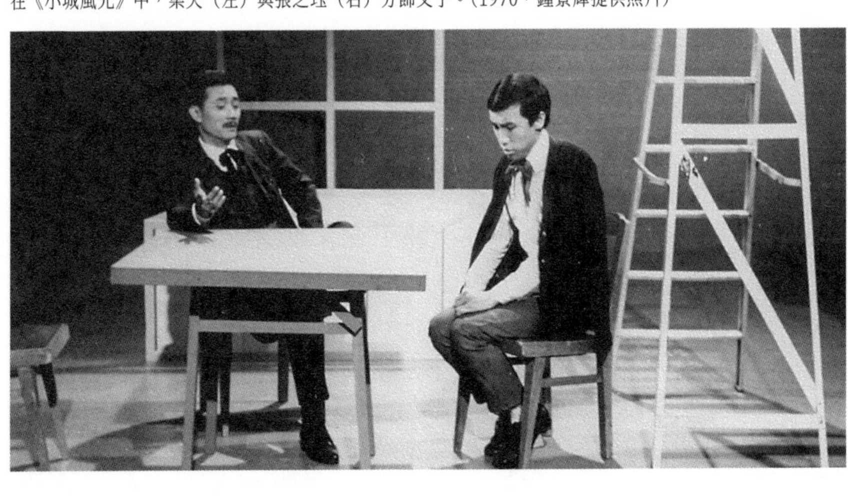

的魏先生、《佳期近》的彭哥頓和《西施》的吳王夫差。

涂： 可以談談您演得膾炙人口的李蓮英嗎？

梁： 我除了為劇社演了兩次李蓮英之外，還有為香港電視劇團的舞台劇《清宮怨》(1973)和「無綫」的電視劇《清宮殘夢》(1975)再演李蓮英。李蓮英在劇中是一名很令人討厭的太監。第一次演出時沒人肯演太監，我便說：「讓我來演啦！」因為我知道自己當時只是一個無名小子，所以我不會挑選角色，無論忠和奸我都演。

涂： 您如何演繹李蓮英？

梁： 我那時在想：有誰見過太監呢？所以我要自行聯想。黃姨演西太后，我與她演的對手戲最多。我的創作設計是：當她坐着而我站在她面前，又或是她站起來走路時，我都不可以比她的視線高。因此，我必須一直彎着腰。這樣，我不

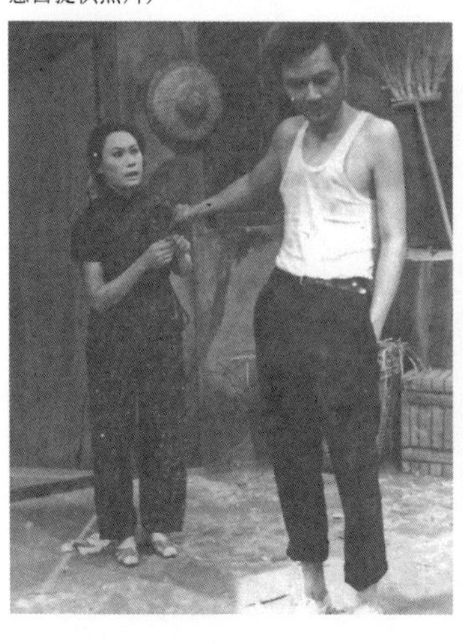

梁天（右）在電視劇《陋巷》中飾演癮君子李權，慧茵（左）飾演其妻子。(1970，慧茵提供照片)

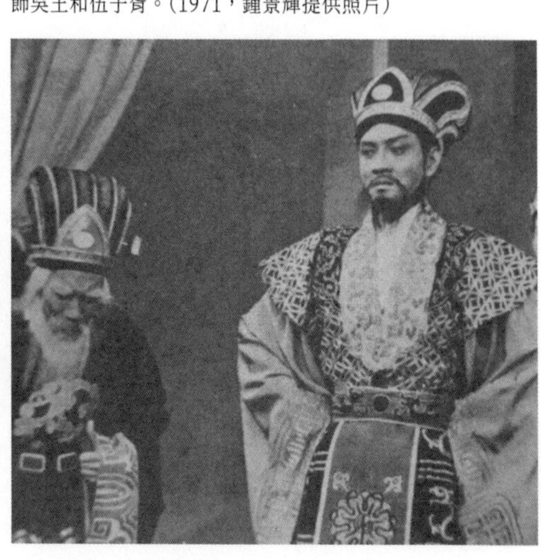

在「無綫」電視劇《西施》中，梁天（右）與鄭子敦（左）分飾吳王和伍子胥。(1971，鍾景輝提供照片)

會比她高，而她又可以看到我的臉。不過，有一點很重要的是，雖然我是必須看着她的眉頭眼額生存的人，但我不可以看她。可是，只要她一動，我便要立即上前聽候差使。辛苦吧？誰叫你當太監呢？不過，我的角色卻連皇帝也看不起。

由於《清宮怨》的戲服漂亮，演員眾多，場面熱鬧，所以數年後「無綫」製作《清宮殘夢》，演出班底中很多演員都是「業餘」的社員，包括黃姨、后叔、敦叔、駱恭叔、保叔數位前輩，還有朱承彩和我。我還記得當電視台正在籌備《清宮殘夢》時，有人問：「誰演李蓮英？」接着便有人回答說：「梁天啦！」我慣演話劇和廣播劇，是毫不介意演奸角的。只要導演覺得我適合，我便會演。劇集播映時，全港哄動，人人都好像在模仿我掃雙袖、跪下大喊「喳」的「打千」動作。那時我走到街上，有觀眾覺

梁天在《清宮怨》系列中飾演李蓮英的劇照和造型照。(1970)

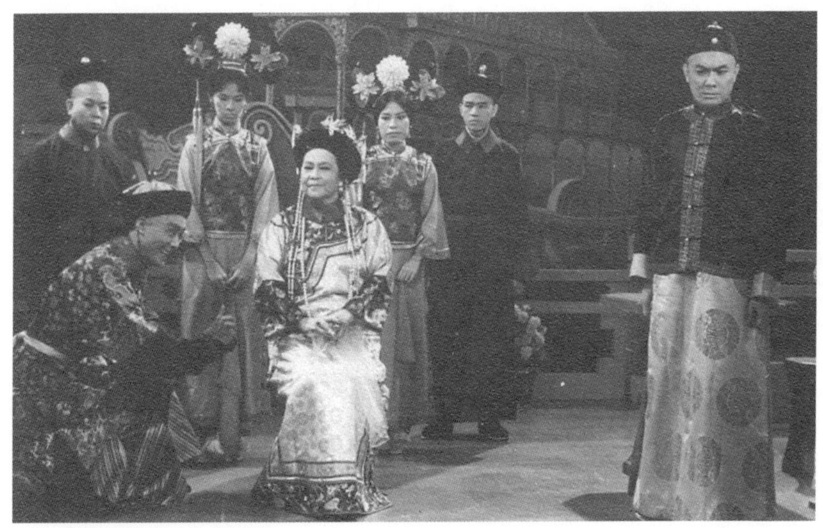

梁天（跪地者）與飾演西太后的黃蕙芬（坐着者）有最多對手戲。二人合力逼迫光緒（陳振華飾，右站者）。（鍾景輝提供照片）

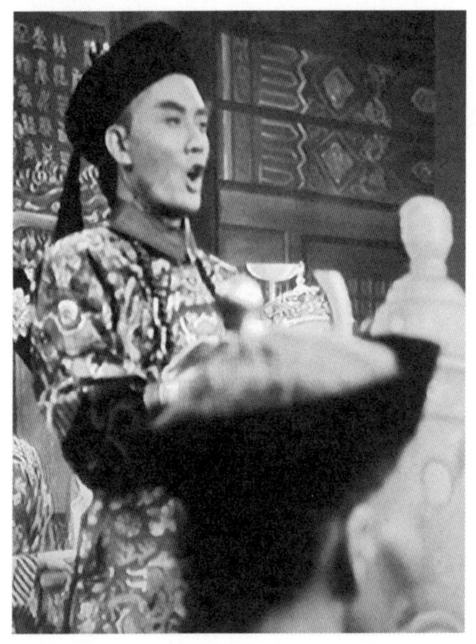

據梁天所說，李蓮英在西太后面前不敢抬頭，只有在向着其他人時才敢昂首。（鍾景輝提供照片）

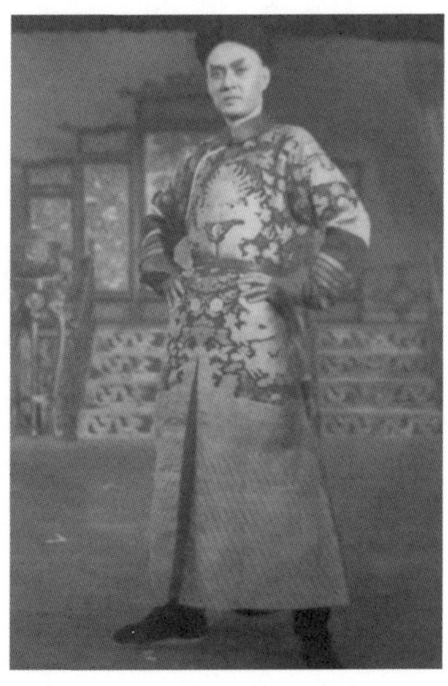

黎榮德為梁天設計的李蓮英造型。（黎榮德提供照片）

得我的角色太壞，便跟我開玩笑說要打我。我很開心演了李蓮英一角。

涂： 您如何看您和黃姨的合作？

梁： 黃姨是話劇出身的前輩，聲音非常洪亮，且很「入咪」。她的丈夫譚國始也是熱愛戲劇之人，他們聯同其他戲劇愛好者一起成立「業餘」。「無綫」演《清宮怨》時，通過「阿 King」邀請到黃姨和一班劇社的演員演出，是很有意思的。

涂： 您在《陋巷》中飾演一名癮君子，您是怎樣演繹的？

梁： 全憑想像。我知道角色的性格、問題和身處的環境後，再創造自己的身體語言去演。

涂： 劇社中誰對您最有影響？

梁： 那時候我和「阿 King」都是住在尖沙咀，他有空便給我講解戲劇知識。我在星期六和日也找他聊天，談戲劇，他一談起戲劇便眉飛色舞。他覺得我對戲劇有濃厚的興趣，可以栽培，便介紹我到「業餘」演戲，並且讓我在電視台演戲和當電視編導，所以我很感激他。

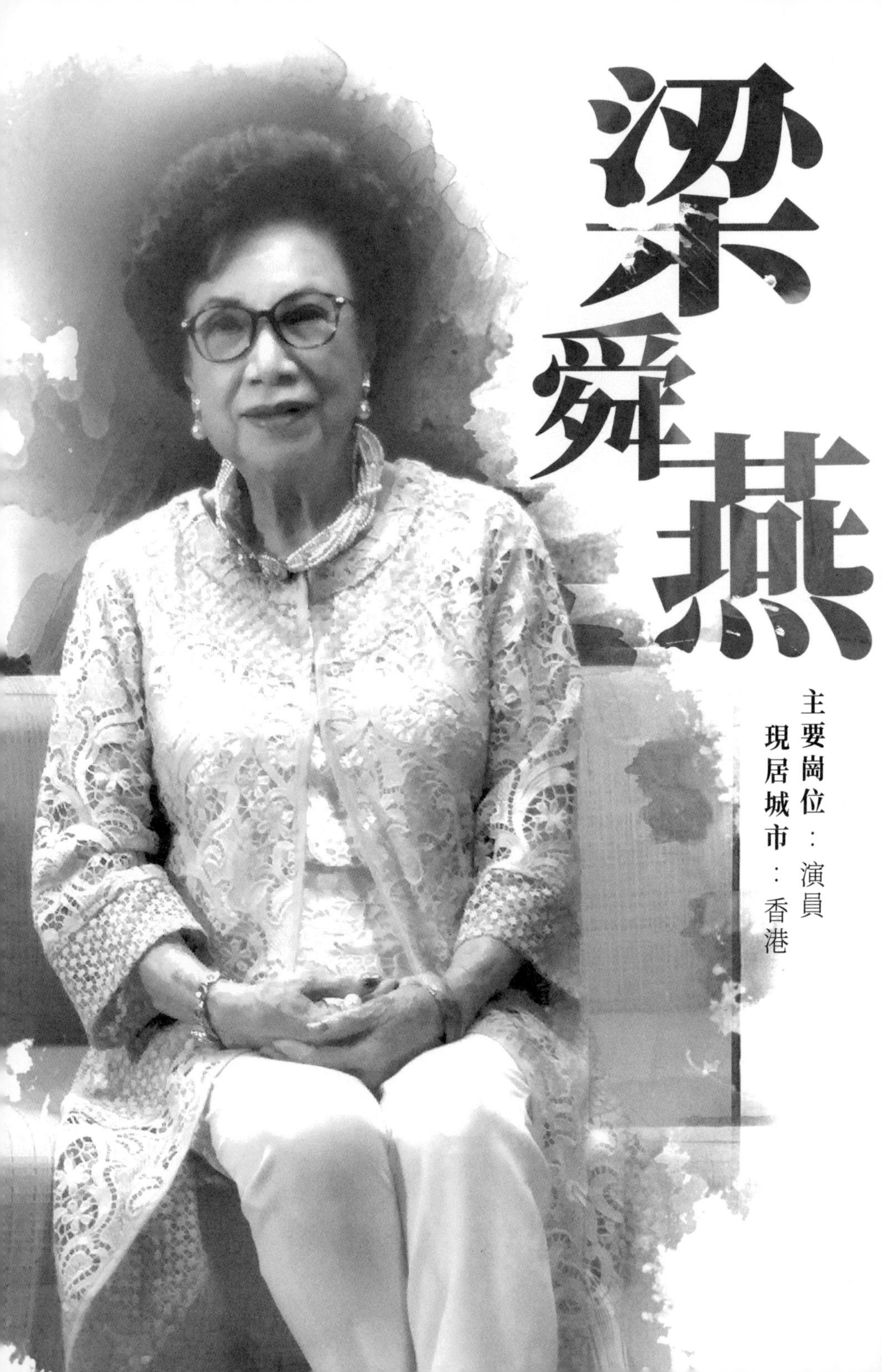

梁舜燕

主要崗位：演員
現居城市：香港

——兼談阮黎明

涂：舜燕姐，您在青年時已經在「春秋」演出舞台劇，比加入「業餘」還要早，可否略述您的背景和接觸戲劇的經過？

梁：我是新會人，於一九三二年在香港出生（編者按：查受訪者的出生年份應是一九二九年），父母育有三女一子，我是長女。第二次世界大戰後，父親在西營盤經營的聯方煙草店生意失敗。我身為長女，十四歲在「庇理羅士」輟學，工作養家，在公餘時自修和補習。我很喜歡話劇，讀書時已在學校參演話劇。當我還未找到工作之前，跟隨一位鄰居叔叔到「春秋」看戲，因此加入了該劇社，首齣演出的舞台劇是意大利著名喜劇《女店主》(1943)。我怎也沒想到劇社竟會讓我這名從未踏足台板的小姑娘飾演「女店主」杜九姑娘一角。我首次演舞台劇即擔演主角，心中當然害怕，只得努力學習。

那時「春秋」的規模很簡單，我甚至要大姐姐們替我張羅旗袍充當戲服。之後，我演出曹禺的《雷雨》和《日出》，分別飾演四鳳和陳白露；在《天字第一號》（劇名原為《野玫瑰》）中飾演「野玫瑰」豔華，以及在《朱門怨》中演大少奶。

梁舜燕（右）在電視劇《野玫瑰》中飾演女主角間諜「天字第一號」豔華，與陳振華（左）演對手戲。（1965，梁舜燕提供照片）

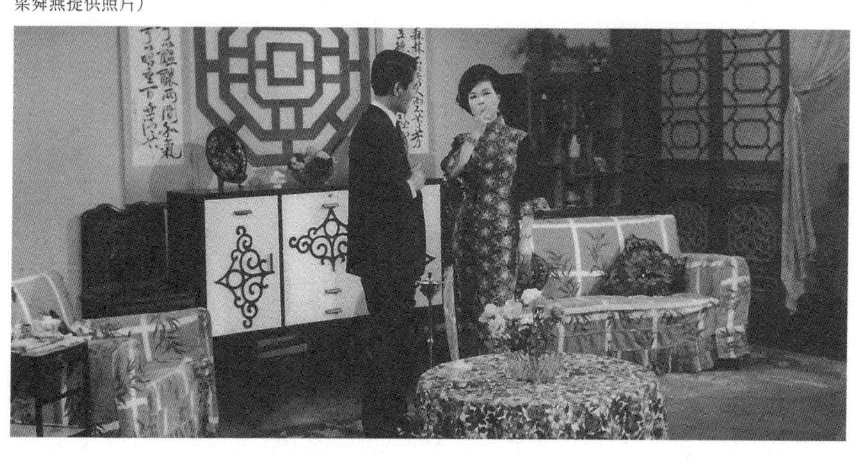

涂：您加入「春秋」學習和磨練演技，不單為香港演藝界培育了一位終身藝人，也為您自己找到終生幸福。

梁：對，我的丈夫 Bill（阮黎明）也是劇社演員，我們藉《女店主》結緣。雖然在劇中 Bill 只是杜九的四位追求者之一，沒有獲得女店主的青睞；但在現實生活中，我卻與他在四九年結婚。之後，我和他共度六十三個寒暑，直至他於二〇一二年三月逝世。

涂：您和 Uncle Bill 為何會由「春秋」轉到「業餘」？

梁：「春秋」到了後期，社員各有各忙，變成沒有甚麼戲可演。那時候，我和 Bill 已通過劇社認識了多位劇壇愛好者。六〇年，前輩雷浩然召集了當時香港話劇界六位老戲骨和劇壇新力軍出席一個戲劇會議。第二次開會時，他們邀請我和 Bill 加盟。我們很榮幸成為九名創社社員其中二人，自此一直在「業餘」演戲至七一年。

涂： 您在「業餘」演過甚麼舞台劇呢？

梁： 我在六一年為「業餘」演《野玫瑰》，飾演間諜豔華。豔華為了探取情報，不惜化身為交際花，並且嫁給敦叔飾演的主席，以便套取秘密。后叔也是間諜，與我一起混入敵方，化身成一名僕人，互相照應。豔華一角可以讓我發揮，她有霸氣的一面，亦有嫵媚的時候，是一名智勇雙全的人物。其實我在這之前已經演了三四次這個角色，「業餘」的版本是我最後一次演出《野玫瑰》，也是我最喜歡的版本，因為在我太年輕時扮演野玫瑰，我覺得沒有味道。我最喜歡豔華與廳長的一場對手戲：廳長欲討豔華為妾，豔華明知廳長早已妻妾成群，便故意調侃他說：「廳長，難道你願意與太太離婚和遣散你的所有姨太太嗎？」她的提問至今仍令我覺得很好笑。

六二年，我參演姚克教授編劇的《陋巷》，飾演白萍一角。白萍本來是大明星，因為吸毒淪落在街上當流鶯。劇中保叔飾演的兼職教師王式輝想找全職教席，一名小學校長來到王式輝和白萍等人居住的貧民窟見他。白萍為了幫助王式輝提高薪酬，故意穿上白色旗袍，裝扮成另一間學校校長的斯文模樣與真校長爭奪王式輝。怎知她被由龐焯林飾演的水兵嫖客認出，事敗後立即落荒而逃，場面非常可笑。Bill知道我對白萍這類人物毫無認識，亦不懂抽煙，便專程陪我到上環永安公司一帶觀摩「花街神女」的面貌和神態。演出後，我很高興我的認真態度得到回報，

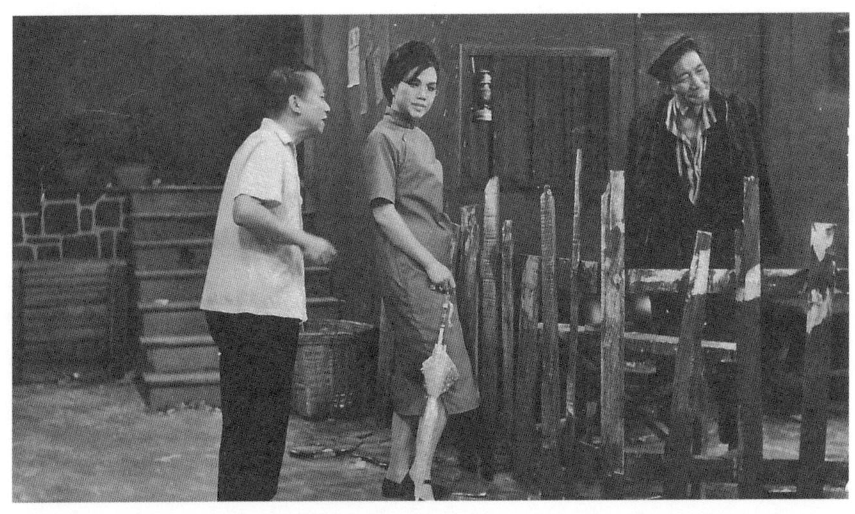

梁舜燕（中）在電視劇《陋巷》中飾演因吸毒而淪為流鶯的明星白萍。左為飾演嫖客的龐焯林，右為鄭子敦，他飾演沉淪毒海的大學教授曾瘦公。（1970，梁舜燕提供照片）

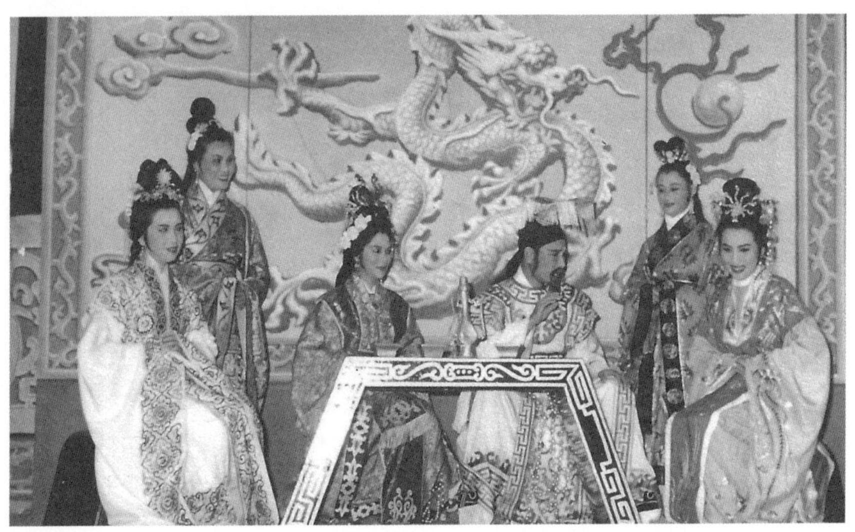

梁舜燕（前排左二）在《長恨歌》中飾演楊貴妃、張清（前排左三）飾演唐明皇、陳勁秀和余國定夫人（前排左一和左四）分別飾演虢國夫人和韓國夫人，後排兩名婢僕分別為羅玉琼（左）和慧茵（右）。（1963，梁舜燕提供照片）

因為我獲得牛叔和很多人的讚美。很多人說我演「爛衫戲」不夠神似，我很高興我在這齣戲的表現證明我是有能力扮演低下層市民的角色。

我在六三年演出姚教授的另一齣名劇《西施》。我本來是飾演配角鄭旦一角的；但不知怎的，在圍讀後，Bill 和一班前輩，包括譚叔、牛叔、黃姨和后叔等一起開了一個閉門會議，之後竟然宣佈換角，由我飾演女主角西施。我當時感到非常不好意思，因為好像將別人的女主角角色搶過來似的，並且令本來飾演西施的女士辭演。雖然那是導演團的意思，我仍感不安，要到數十年後的今天才稍為釋懷。

我能夠演出西施一角，實在感到非常光榮和開心，尤其是可以跟多位前輩同台演出。不過，我與他們一起演戲其實是非常緊張的。我特別欣賞敦叔的演技，他在劇中飾演伍子胥。他真是一位好戲之人，其中〈西施斬胥〉那場戲特別令我震撼。我在讀劇本時不斷問自己：若我是西施，我會否忍心斬殺伍子胥？我在《西施》一劇的場刊中這樣寫道：「西施最初決定在吳王面前使一點手段，惹他把伍子胥殺掉以報仇雪恨的。可是，當她進入吳宮後，看見吳王是一位文治武功，蓋世無雙的英明君主，心裏不期然由蔑視而佩服，由恨而愛，由敵為友。等到伍子胥和吳王衝突時，她對這位忠心耿耿老臣由畏生敬，不忍下手陷害。不是鄭旦從中策劃，便不能去掉伍子胥，使越王復國哩。這也是西施的矛盾的表現。最後西施被捕後，對范蠡說：吳王一天沒有消息，她便等他一天；一個月沒有消息，她便等他一個

梁舜燕（右）與梁天（左）在「無綫」電視劇《小城風光》中分飾魏太太和魏先生，其帶默劇的表演手法至今仍令觀眾留下深刻印象。（1970，梁舜燕提供照片）

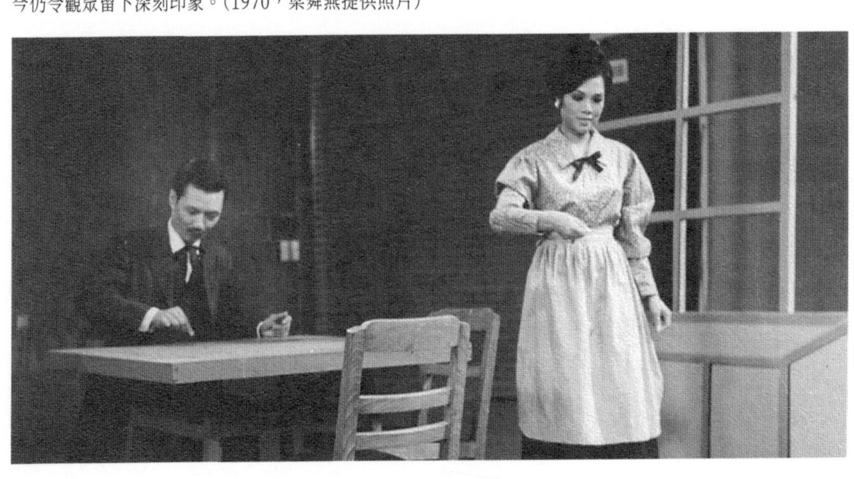

月……由這裏也很明顯的啟示她是一個癡情的女性哩！綜合上面所說的要點，所以我對西施的人物性格也本着這幾點去創造，去表演。」（〈西施和我〉，《西施》場刊，頁19，1963）這便是我當時演繹西施這位有勇有謀、有情有義的美女的方向。最可惜的是當年沒有把演出錄影下來。

同年，我在后叔撰寫的《長恨歌》中飾演楊貴妃。張清在《西施》中飾演吳王和在《長恨歌》中飾演唐明皇，我又是與他演感情戲。現時很多人都以為我與后叔同輩，其實我是比他低了一輩。我演出前輩的作品，當然是戰戰兢兢。

六九年和七〇年，我分別在《佳期近》的首演和重演中飾演年輕寡婦莫愛蓮太太。我也曾參演為「浸會」籌款的俄國喜劇《巡按使》、《金玉滿堂》等劇，班底多是「業餘」的人，但卻不是以「業餘」的名義演出。

涂：我曾經聽您說過「業餘」於六十年代在「麗的」演出電視劇是與 Uncle Bill 有關的，請您解釋事情的緣由。

梁：我自五七年開始加入「麗的」，至六七年離開，身兼多個幕前職位。六二、六三年正值「麗的」中英文台交接之際，當時的新總監 Lan Thorn 個性輕鬆隨和，妻子是中國人。他與 Bill 熟稔，向 Bill 表示「麗的」英文台希望獲得更多觀眾，打算播映一些中文話劇節目，Bill 便將劇社介紹給他。於是，Mr. Thorn 邀請劇社為英文台提供中文戲劇節目，每兩個星期以粵語演出話劇一次，「業餘」因此成為首個在香港電視演出的劇社。劇社在「麗的」英文台演出時節目的監製是杜維（David Tao），話劇的導演多是 King sir 和后叔。後來，到了「麗的」中文台成立後，所有粵語話劇則由張清監製。

涂：換句話說，您是在「麗的」當全職藝人時，在公餘時間參加「業餘」的演出，對嗎？

梁：對，我是先在「麗的」工作，後來才加入「業餘」。King sir 在「麗的」時，我參演的電視劇包括：《快樂旅程》、《打是歡喜罵是愛》、《藕斷絲連》、《各得其所》等。我對《快樂旅程》一劇記憶甚深，因為參演這齣戲的各位演員日後都在演藝界成名，包括 King sir、慧茵、Sunny 哥哥黃汝燊和毛俊輝。

劇社的劇集很多時候都是用上「雙生雙旦」的劇本。「雙生」多是 King sir 和袁報

梁舜燕經常與鍾景輝合作演出，留下不少珍貴劇照。

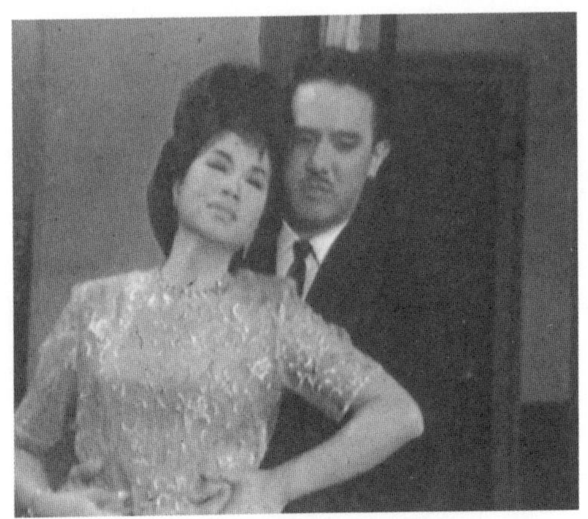

《藕斷絲連》(1964，梁舜燕提供照片)

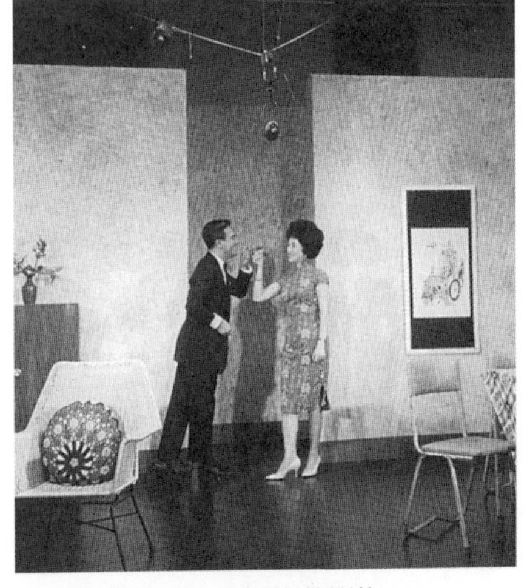

《防不勝防》(1963，鍾景輝提供照片)

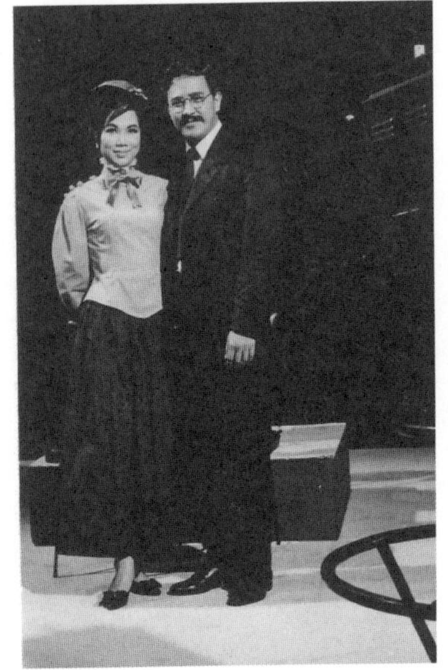

《快樂旅程》(1965，梁舜燕提供照片)

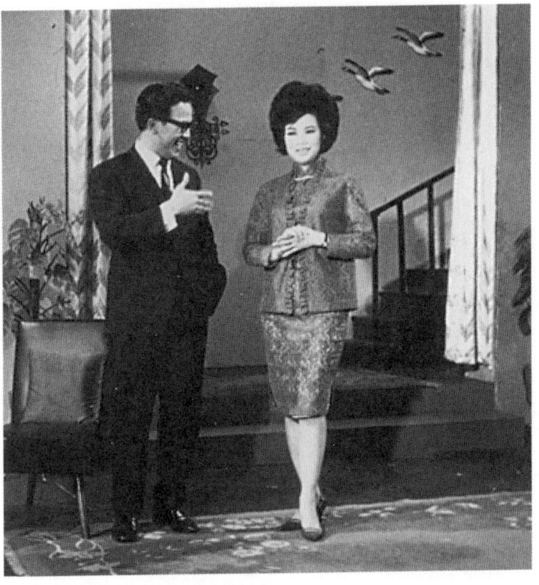

《各得其所》(1965，梁舜燕提供照片)

華，「雙旦」則多是慧茵和我。我和 King sir 大都是演時裝劇，多演情侶和夫妻，有很多對手戲。我們首個一起演出的是翻譯劇《防不勝防》，還有《打是歡喜罵是愛》，之後還包括我們有「大膽」演出的《藕斷絲連》。所謂「大膽」，其實只是他從後面抱着我而已。後來，我跟 King sir 過檔「無綫」，也與他合演《小城風光》，他演舞台監督，梁天與我分飾魏氏夫婦。還有，我在《佳期近》中飾演女主角李多麗太太。

涂： 很多早期的電視觀眾都記得《小城風光》。

梁： 他們回憶小時候看「麗的」的節目時，都不約而同地立即想起《小城風光》，可能是劇中人以默劇方法做一些如燒飯、坐車、擠牛奶、餵飼小雞等動作，令這班觀眾難忘吧。在當時來說，這樣的演戲方法是非常嶄新的。

涂： 演電視劇的壓力大嗎？

梁： 壓力很大，因為所有話劇演出都是現場直播。雖然當時我很緊張，卻不害怕。我非常享受那些演出，因為我十分喜歡演戲。我們為「麗的」演戲根本不是為錢，純粹是因為喜歡戲劇。

涂： 您身為創社社員，是否需要經常開會，推動劇社的發展？

梁： 說來慚愧，我雖然是創社社員，但我自問「不負責任」，只喜歡演戲而不熱衷開會，所以我不是每次都出席會議，反而 Bill 則經常參加會議。我跟在后叔、譚叔、雷 sir、黃姨、King sir 和張清身後，覺得自己是「跟尾狗」。可是，我已經感到莫大的安全感，亦有很多得着，如學到演技，領略人生。

涂： 您與「業餘」社員的感情如何？

梁： 前輩們都很照顧和提攜晚輩，常常教導我們，與我們的感情很好。Bill 與他們猶如兄弟一般，常常與后叔、雷 sir 和譚叔搓麻雀至夜深。我則很感激他們指導我演戲，如姚克教授曾教我在《西施》中的做手，King sir 則教我演戲技巧，其他前輩也會提點我們。

涂： 您當時已經是電視明星，幕前工作繁重，要騰出時間排演劇社的戲會否有困難？

梁： 我從來沒有當自己是明星。雖然我工作忙碌，但我很喜歡演戲，所以總會抽到時間排戲，亦能在電視、戲劇和家庭各方面好好分配時間。只要有導演找我，我便來者不拒，全都接下。因此，與其說是我挑選戲，不如說是導演和戲選擇我。

涂： 您認為參加「業餘」的演出能否有助您在演藝事業上的發展？您在「業餘」的最大得着是甚麼？

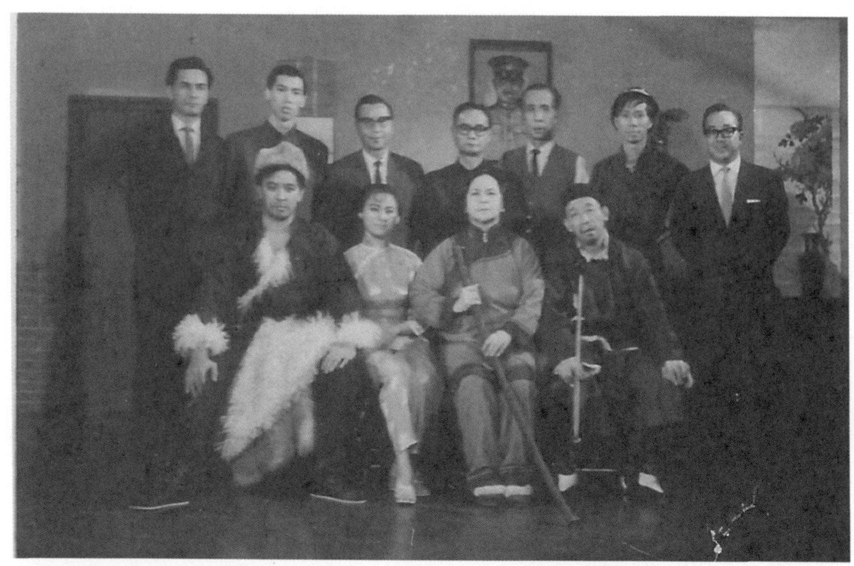

阮黎明（後排左一）與《兩代恩仇》演員和工作人員合照。(1964，鍾景輝提供照片)

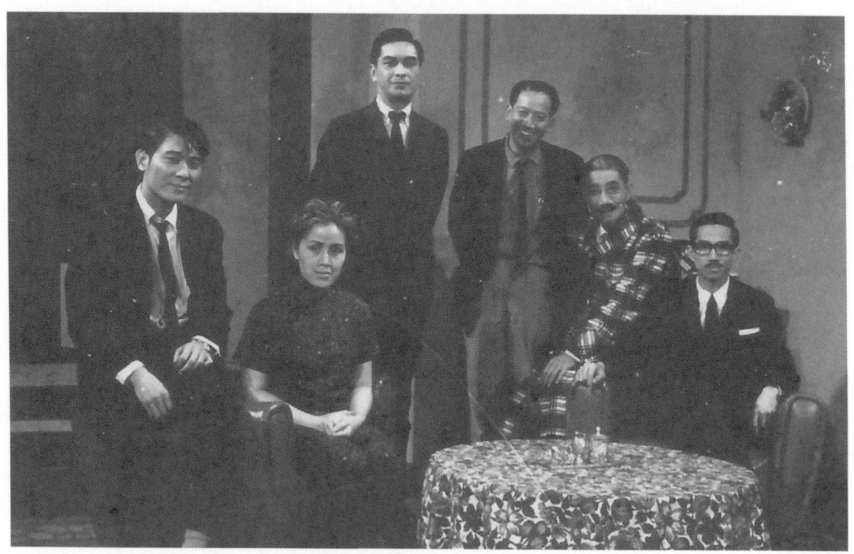

阮黎明（左三）與《青衣魚》眾演員合照。(1967，湘漪提供照片)

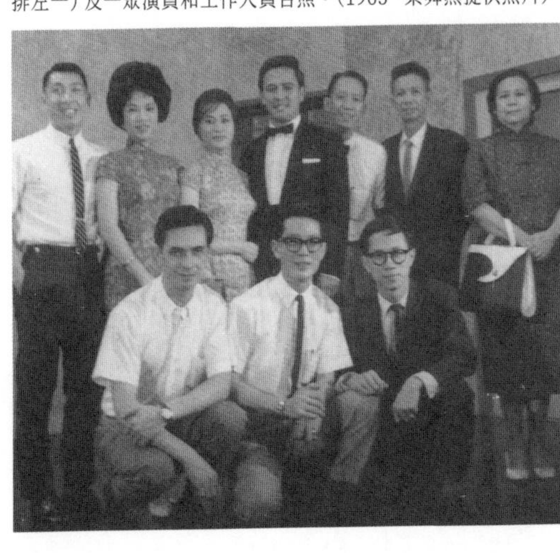

梁舜燕（後排左二）演出電視劇《防不勝防》後，與丈夫阮黎明（前排左一）及一眾演員和工作人員合照。（1963，梁舜燕提供照片）

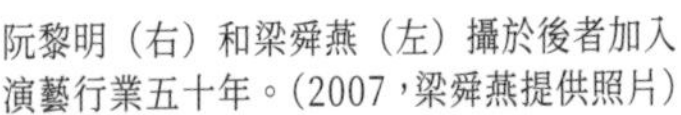

阮黎明（右）和梁舜燕（左）攝於後者加入演藝行業五十年。（2007，梁舜燕提供照片）

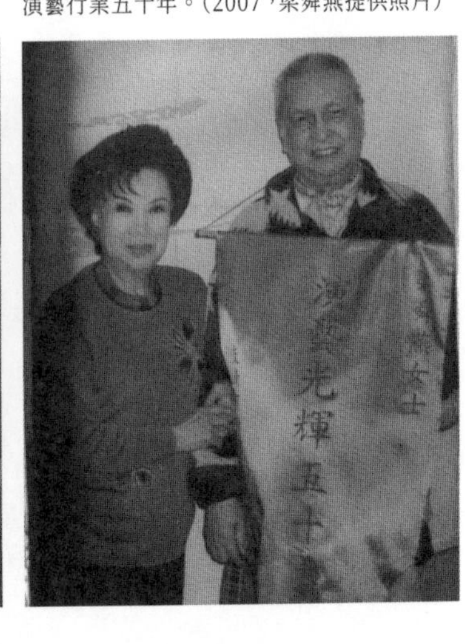

梁： 劇社的演出幫助我提升演技，令我懂得自然地唸台詞和以聲音表達感情，這也是演電視劇需要的。

涂： 可否介紹 Uncle Bill 的背景？

梁： 他生於一九二四年，在香港出生，祖籍中山，外婆是愛爾蘭人。他在駐港英軍中管理運輸，熱愛戲劇。他認識譚叔，所以當譚叔邀請我們加入「業餘」時，我們便一起過來。

涂： Uncle Bill 亦是創社社員，請問他在劇社扮演甚麼角色？他曾參加哪些演出？

梁： Bill 在「春秋」多任導演，到了「業餘」後則多在幕後工作。他曾經在舞台劇《西施》中飾演王孫雒和在《陋巷》（六二年舞台版本）中飾演幫辦。他的幕後工作包括在《鑑湖女俠》、《浪子回頭》（六五年版本）、《我愛夏日長》等任後台主任，以及在《秦始皇

阮黎明（右圖）甚少在「業餘」的幕前演出。他在《西施》中粉墨登場，飾演王孫雒一角，與飾演西施的妻子梁舜燕（左圖）同台演出。(1963，場刊圖片)

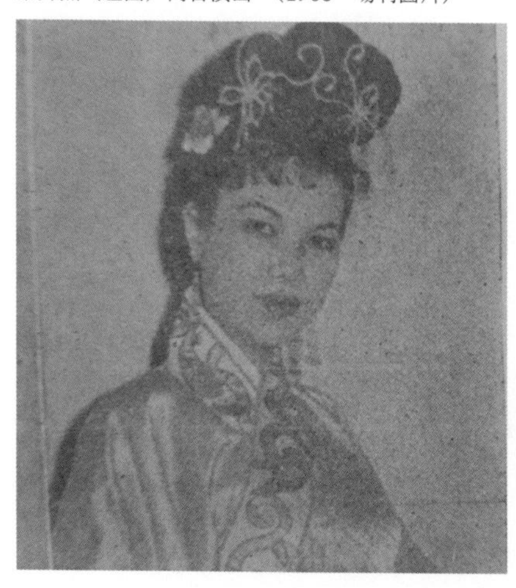

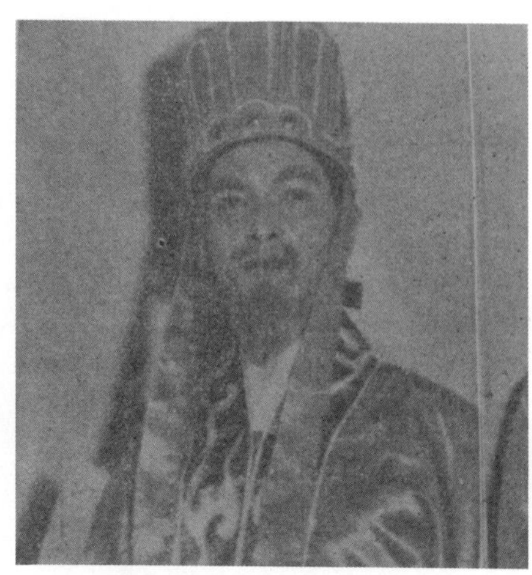

帝》（七〇年版本）、《佳期近》（六九年舞台版本）和《新清宮怨》等任前台主任。他後來在「麗的」演出電視劇《我是偵探》，雖然不是「業餘」的劇目，但卻是由當時在電視台任戲劇節目經理的張清邀請，亦有「業餘」社員參演。

涂： 他為劇社作了甚麼貢獻呢？

梁： Bill將「業餘」介紹給「麗的」，劇集由劇社演員演出，這些演出成就了本是舞台演員的社員成為電視演員，日後在電視螢幕上有更多機會演戲。

梁舜燕（中）在舞台劇《佳期近》中飾演莫愛蓮太太，與飾演彭哥頓的鮑漢琳(右)是一對。左為洪德修。(1970，慧茵提供照片)

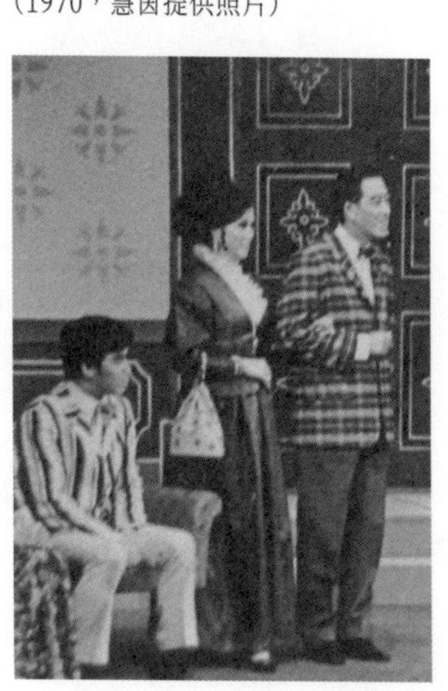

二人主要崗位：演員
現居城市：香港

邱麗冰 陳振華

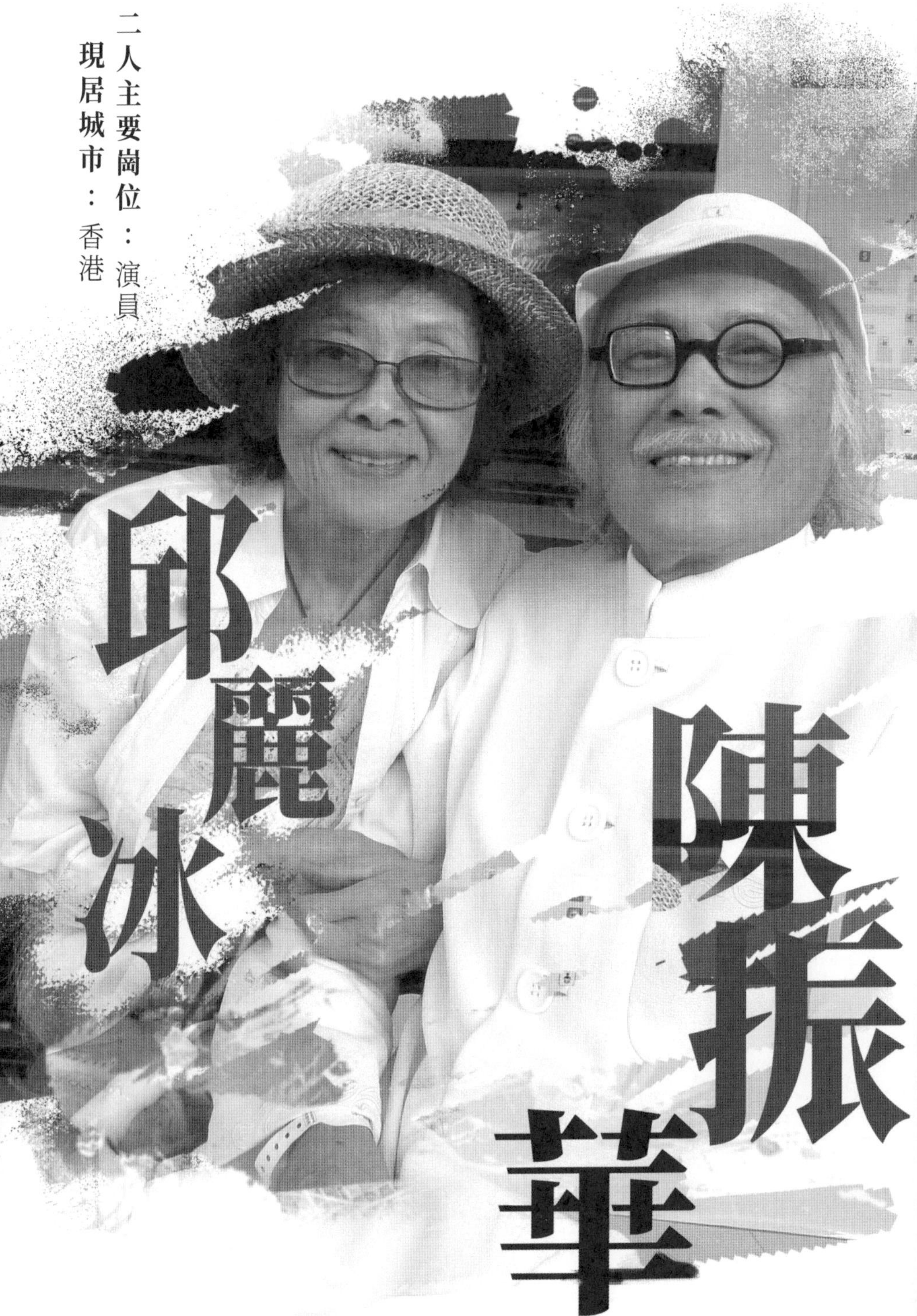

涂： 振華哥、麗冰姐，兩位是否在香港土生土長呢？

陳： 我於一九三八年在台山出生，很小的時候日本侵華，家中沒有食物或藥物，家人和我被逼逃來香港。我在香港讀書至中學畢業，如一般香港人生活。

邱： 我於四五年在佛山出生，父親是牙醫。我襁褓時到香港，父親繼續當牙醫，我在香港成長。

涂： 兩位是如何與戲劇結緣的呢？

陳： 這可要追溯至中國學生周報社的年代了。五十年代，香港有兩份學生報紙，一份是《青年樂園》，另一份便是有台灣背景的《周報》。當時大約是五八、五九年，我還是高中生。我聽說《周報》有籌款演出，由呂奇和馬少芳合演舞台劇《還君明珠雙淚垂》，便進場觀看。我見到呂奇身型高㸌，很是英俊，把我吸引過去，便加入《周報》的話劇組。怎知我加入後，呂奇卻被邵氏兄弟公司羅致，當電影明星去了。《周報》的報社除了出版報章之外，還有很多不同的通訊部，分別舉辦很多免費的文藝活動，如合唱團、舞蹈等。報社的學術組更是人才輩出，組員包括如魯風、石琪、陸離、劉天賜、陳任、吳宇森等，都是學術組組員。我起初參加很多不同的興趣班，後來只參加話劇組。

邱：我中三那年認識《周報》，便報名參加，成為通訊員。報社的其他通訊部請來很多名師當導師，例如梁日昭教吹口琴、黃友棣和何君正教唱歌、趙蘭心教中國舞等。《周報》由胡菊人任社長，每年都為《華僑晚報》舉行大型活動籌款。我們每年為籌款活動綵排時，甚麼也不管，只知道要用心排戲。那時候我還是一名初中生，一星期只有星期日不用上課，但整天的時間都花在排練之上，從早到晚，最後再跟大夥兒一起吃晚飯。即使我已經報名參加很多其他的通訊部，如學術、舞蹈等，但已再沒有時間參加。我雖然忙碌，但仍樂在其中。

涂：您們在哪兒排戲？

邱：《周報》的地址是彌敦道六百六十六號，即位於亞皆老街和彌敦道交界的新華戲院角落的一幢五層高建築物的頂樓。我們排練小型演出和獨幕劇時，便在《周報》的社址內放置數張桌子作舞台，演員就在桌上演戲，然後請其他通訊部的同學觀看。綵排大型舞台劇時，則在九龍塘的友聯出版社內。出版社位於一座三層高的洋房花園的地下，我們就在那兒排戲。至於演出則租賃「九龍華仁」、「伊利沙伯」等中學的禮堂和「港大」的陸佑堂。那時候的「咪高峰」只放在台前中間位置，收音效果欠佳。當時的演員不懂得以丹田發聲，但為了要令台下所有觀眾都能聽到他們的台詞，便得在台上很用力和大聲地說話，將聲音提得很高，聲線非常誇張，現時想來也覺得有點可笑。一些前輩後來到電視台演戲，因為已經成了習慣，仍

陳振華（右）和邱麗冰（左）的生活照。(1967，邱麗冰提供照片)

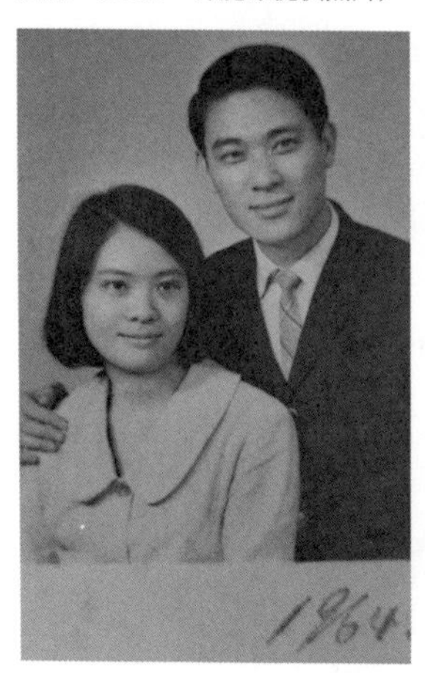

陳振華（左三）與（左起）雷浩然、湘漪、黃宗保、李紹民和陳淦旋參加劇社郊遊活動。(年份不詳，湘漪提供照片)

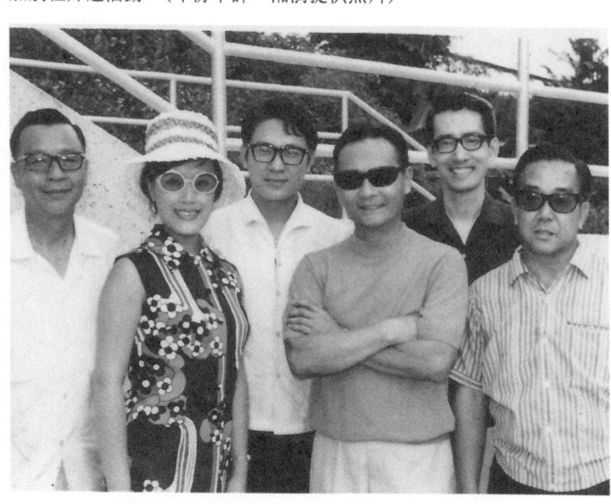

然將嗓門扯得很大，令演出很不自然。那時是有提詞的，由於音響設備很差，所以即使有人躲在舞台上的沙發後提詞，觀眾也不會聽到。每齣劇通常只演三晚，只有《秋海棠》曾分別在陸佑堂和「伊利沙伯」兩次演出。大家花了那麼多心血和時間排戲，但只演出三晚，我覺得很是可惜，卻又令人回味。

涂： 那時排戲的情況如何？

邱： 我們報了名後，逢星期日開會，接着便排戲。話劇組導師佘文炳先生沒有甚麼理論教導我們，只叫我們各人各做一個獨幕劇。佘先生也是年輕人，主要為我們排戲，我們也不知道他是從哪兒出身的。我們那時都是十來歲，不演戲的同學便當幕後人員，如幫忙熨衣服、製作佈景等。佘先生很厲害，專門排大型劇，例如《清宮怨》是七幕劇，他有本領連服裝工作也兼任。化裝則找來陳文輝先生幫忙。輝哥近年

《錄音機情殺案》由陳振華（左）、鍾景輝（右）和慧茵（中）雙生一旦合演一個婚外情情殺案故事。（1964，慧茵提供照片）

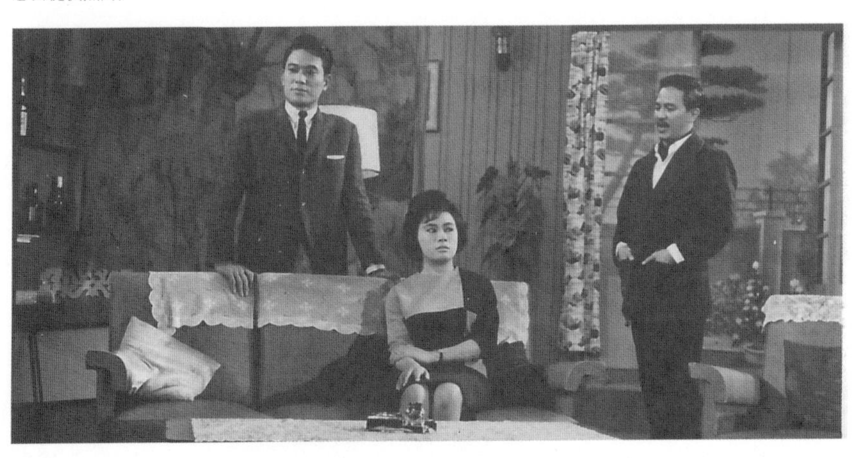

仍認得我，說：「你就是眼睛最大的那名女孩！」後來成為「三狼案」其中一「狼」的馬廣燦也來化裝。我們綵排時，總會請后叔、姚克教授等來給意見。據我所知，以前是不用付版權費的。

陳： 我沒有演過獨幕劇，一開始便演多幕劇，所以不是人人都演過獨幕劇的。我初時完全不懂演戲。當我加入《周報》不久，話劇組正準備排演《樑上佳人》，國語片明星陳厚曾執導此劇的電影版。該劇本來是由另一對男女同學分飾男女主角。但不知怎的，佘先生卻要再選。結果，他在圍選後讓我「執二攤」當男主角。我那時真的嚇了一大跳，實在不知道他為何會改選我。我的挑戰很大，首次演出便擔演一個三幕幽默喜劇的男主角，我只得非常用功地排練，一舉手一投足都依着導演的指示。之後，我除了在《清宮怨》中飾演王商一角之外，在《周報》的九成演出都當男主角，如《油漆未乾》、《父母親大人》、《秋海棠》等。

電視劇《錄音機情殺案》是陳振華（右）加入「業餘」後的首個演出，與鍾景輝（左）同是雙男主角。（1964，鍾景輝提供照片）

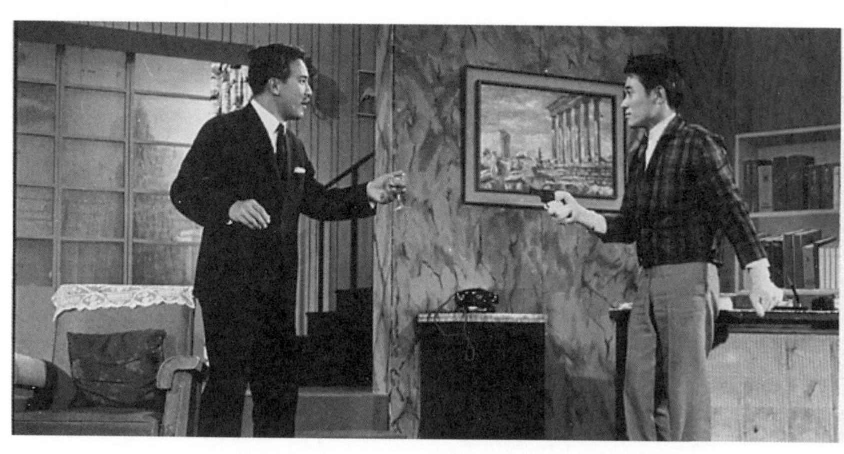

邱：《樑上佳人》是熊式一的劇本。當時很多劇本都是由小說改編，如《清宮怨》、《啼笑因緣》、《家》、《春》、《秋》、《還君明珠雙淚垂》等。以前的人很少直接寫劇本，大多是從小說改編，也有些人會專寫獨幕劇。

我中四和中五時因為會考，曾停止演戲兩年，到了六二年會考後才重返通訊部。當時《周報》正擬演出《秋海棠》，導演挑選我演梅寶，那時我甚至不知道此劇的故事內容。

涂：兩位一直在《周報》的話劇組演戲，後來怎樣成為「業餘」的社員？

邱：話劇組每次綵排《清宮怨》，都會邀請該劇的編劇姚克教授前來觀劇和給予意見。姚教授總是穿着一襲長衫到場。可能因為他的原故，令「業餘」開始知道《周報》有一班學生常演舞台劇。

《周報》上演《秋海棠》後，在劇中飾演秋海棠的師兄的鄧達樵加入了「業餘」。當他知道「阿King」想為「業餘」導演一齣名叫《錄音機情殺案》的電視劇，並安排在「麗的」播映時，便告訴「阿King」振華曾為《周報》的話劇組演出秋海棠一角，並介紹振華認識「阿King」。「阿King」覺得振華很適合飾演該劇的男主角，便邀請他加入「業餘」。其實「阿King」曾看過振華演戲，因為《周報》在演出前定要我們演一次給前輩看，請他們給意見。

陳： 我並不是「業餘」成立時加盟的首批演員。《錄音機情殺案》是六四年的製作，當時「業餘」已經成立三年了。此劇是我為「業餘」演出的第一齣劇，由慧茵姐做女主角，我和「阿King」均是男主角。劇中慧茵姐與「阿King」是夫妻，但「阿King」對妻子不好，是一名做盡壞事的反派人物。我是慧茵姐的外遇，二人計劃謀殺「阿King」。此劇是翻譯劇，我們都穿上洋服：我穿格子「飛機褸」，「阿King」則穿西裝、戴手套，更黐了小鬍子。慧茵姐梳了高髻，腳踏高跟鞋，像當時電影女角的打扮。

涂： 您通過鄧達樵先生向King sir推薦演出《錄音機情殺案》，當時的心情如何？

陳： 我之前已演過很多舞台劇，所以完全不害怕演電視劇，但卻不知道自己原來演得很舞台化。剛才你們提到慣演舞台劇的演員習慣在演戲時扯大嗓門，我演《錄音機情殺案》時也犯了這個毛病。「阿King」曾多次私底下跟我說：「你像平時說話般唸台詞便可以了。」他的意思是叫我不用那麼誇張和用力。

涂： 當時的舞台和電視演出有何分別？

陳： 演電視劇不用太遷就鏡頭，因為錄映廠內有三部錄映機，可以捕捉演員不同的角度。廠內只有一個佈景，跟舞台劇沒有太大的分別。不過，當時很多粵語片的明星也不敢演電視劇，因為電影是分鏡頭拍攝，而非如電視劇般整場戲攝製，也不用將全劇的台詞一氣呵成地背誦。同時，他們亦不習慣現場演出。我們有時也會錄映劇集，但演員依然要演得很小心。以我們拍一小時的電視劇為例，可能有一場戲長達二十分鐘。若演員演至最後一句才出錯的話，全體便要從頭錄映，因為當時沒有剪接。所以，只有我們這些慣演舞台劇的演員才能勝任，因為演電視劇真的很考工夫。到了後期，開始有剪接，演員才輕鬆得多。

邱： 振華在「業餘」演的電視劇都是由「阿 King」導演，只有小部份是由張清任導演，但錄播編導一職則全是張清擔任，因為他在「麗的」當戲劇節目監製。由於張清也是「業餘」的創社人之一，便找來「業餘」的社員支持他的粵語話劇節目。我們由六二年演至六七年，直至「阿 King」過檔「無綫」才停止與「麗的」合作。「麗的」沒有古裝戲服，演古裝電視劇時，清哥便找黎珠夫婦負責。黎氏的天台有很多戲服，「業餘」要甚麼戲服，珠嫂都會拿來租給我們，並協助我們穿上。

涂：當時錄映廠的情況如何？

邱：「麗的」位於六國飯店旁的麗的呼聲大樓的其中一層，我們在「麗的」的休息室內排戲。電視劇的綵排也如舞台劇一樣，都是三面觀眾。演員進了錄映廠後，也不用理會錄映機的運作。我記得張清坐在錄映廠上面的控制室，不斷叫着如「A，pan 左；B，pan 右」等指令，下面三部錄映機便不斷在廠內推來推去，分別亮起紅燈。拍攝時，大家不可以停下來；拍攝後也沒有剪接。演員只需記着自己的台詞和走位一直演下去，直至編導叫停。

陳：我們排戲時，張清一直在控制室內看着鏡頭，並且指示 cameramen 運作。換句話說，他在綵排時已經構思正式錄映時如何運用鏡頭拍攝。

邱：演員是完全不用理會錄映機的，清哥只是叫我們在每場最後一個鏡頭望着某方向待鏡頭淡出而已。全劇沒有廣告，我們要在晚上八時至九時直演一小時。每次演畢後，我都非常享受那一刻——可以收工了！我們慣演話劇，不會覺得很大壓力，我反而很喜歡那種一氣呵成之感。

涂：演電視劇和演話劇的最大分別是沒有現場觀眾。

邱：對，我們在錄映廠內只是對着 cameramen 演戲。還有，演電視劇是有酬勞的。不

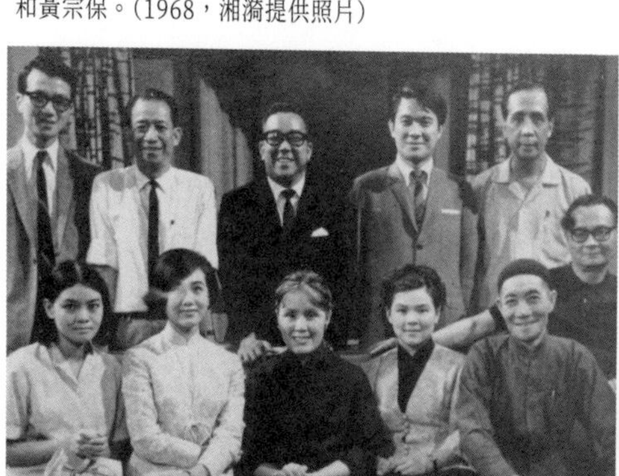

邱麗冰（前排左一）與《善惡邊緣》的演員和工作人員留影。照中人是（前排左二起）葉妙泉、湘漪、雷浣茜、鄭子敦、（後排左起）李紹民、陳有后、陳淦旋、陳振華、黃澤綿和黃宗保。（1968，湘漪提供照片）

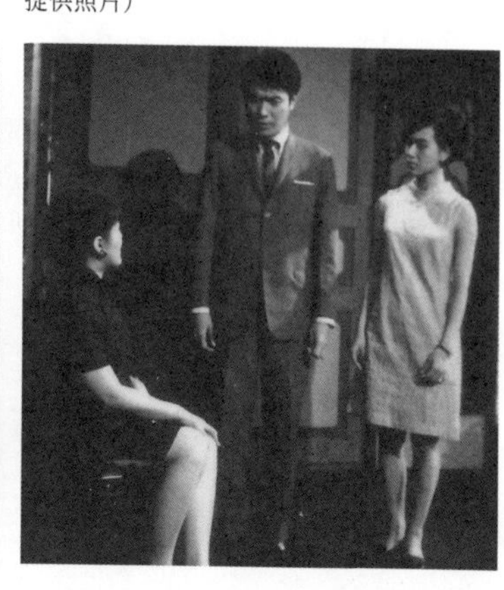

陳振華（中）在《善惡邊緣》與湘漪（左）和葉妙泉（右）的一場戲。（1968，邱麗冰提供照片）

過酬勞很少，只有數十元，但已經包括車馬費、綵排費和演出費用。幸而我們這班「戲劇發燒友」都有薪酬不俗的正職，才能支持下去。

陳： 我們很多社員都是教書的。我當時也是教師，曾教中學和小學的中文和英文科。我最後一間教學的學校是伯南中學，並兼任教務主任。

邱： 那時候當教師是不用有甚麼學歷的，只要有一張中學畢業證書便已經可以找到教席。在「業餘」的日子中，振華放學後便在晚上排戲。其實人人都是那樣，如后叔、慧茵姐、報華等都是日間教書，晚上排戲。我們一星期大約綵排兩三次，所以我們常常見面。

涂： 兩位還有哪些演出的印象最難忘呢？

邱： 由於時間配合不來，我沒有演出舞台劇，只演過電視劇《野玫瑰》和一些我也記不起名字的劇目。我不太喜歡將自己的樣子呈現人前，只愛做播音，這可能是受到父親的古老思想影響吧。幸而當時家中沒有電視機，所以他不知道我偷偷演出電視劇。我那時剛唸畢中學，身型又嬌小，在劇社的演出多是演入世未深，跟在女主角身後的年輕女子角色。令我印象最難忘的首選是電視劇《野玫瑰》，那是我首次演電視劇。該劇由舜燕姐飾演女主角「野玫瑰」，即是間諜「天字第一號」。振華飾演她的情夫，莫自定飾演「野玫瑰」丈夫與前妻所生的女兒，我扮演莫自定的近身侍婢。我是全劇第一個在鏡頭出現的演員，編導由十倒數至一時，我的心彷彿已經要跳出來似的。那時我真的很驚慌，因為所有電視觀眾都會即場看到我。報華知道我是新人，在演出前跟我說：「阿冰，不用害怕，鎮定些便行了。」演出時，他更全程以眼神看顧着我。跟報華演戲真的很好，他令新人很安心。現時回想此事，我的心仍然在急跳，那些氣氛令我特別緊張，幸而我在熟習後便不再害怕。

涂：振華哥，您在「業餘」時，曾演過哪些舞台劇呢？

陳：我曾演出《陋巷》，那是一個為宣傳禁毒而籌款的舞台劇，我飾演一名衣衫襤褸的流氓周紀良。我在《鑑湖女俠》中飾演李定國和在《佳期近》飾演侍應。

涂：您是怎樣揣摩不同類型的角色呢？

陳：我是靠導演的指引、自己用心閱讀劇本和對戲劇有濃厚的興趣。

陳振華（前排左二）在《鑑湖女俠》中飾演李定國。（1965，邱麗冰提供照片）

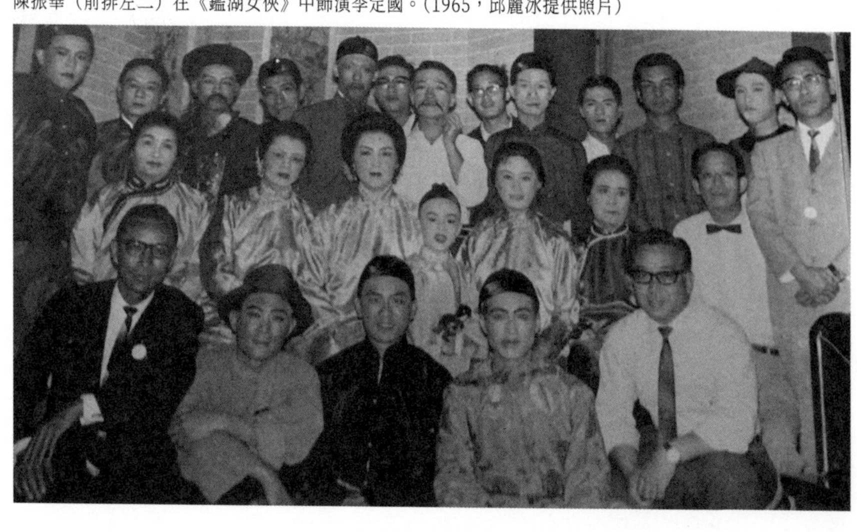

涂：您在「業餘」演了那麼多戲，哪些戲是您最喜歡的？

陳：這個問題我回答不來，因為很多戲我都很喜歡。我從不挑選角色，亦沒有甚麼心得，只是有適合我的角色我便去演。我也喜歡「阿 King」為劇社導演的一批翻譯劇。

邱：「阿 King」最初推出翻譯劇時，電視觀眾不太接受，因為觀眾都是慣看粵語片。

涂：振華哥，您多演哪種類型的話劇呢？

陳：在「業餘」時多演時裝劇，後來在「無綫」和麗的電視則以民初劇為多，因為當時的市場盛行民初劇。

涂：兩位有否同台演出？

陳：在《周報》時，麗冰只有十多歲，常常飾演我的女兒，例如在《秋海棠》中，我演秋海棠，

《翠嶺風雲》是一齣抗日劇，二圖是邱麗冰到錄影室探班時留影。左圖照中人是（前排左二起）鄭少萍、湘漪、邱麗冰、陳有后、（中排左起）嚴國鋃、陳淦旋、羅彪、陳振華、袁報華、鄧達樵、盧山、（後排左起）袁報鑾、鄭子敦和黃澤綿。右圖為該劇男主角陳振華（左）與妻子邱麗冰（右）合照。（1968，湘漪和邱麗冰分別提供照片）

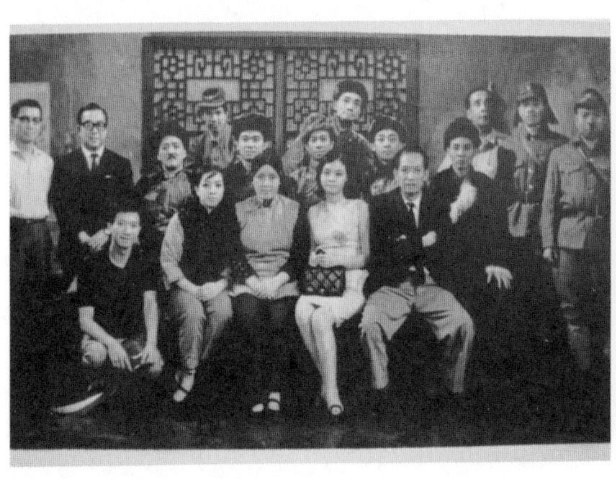

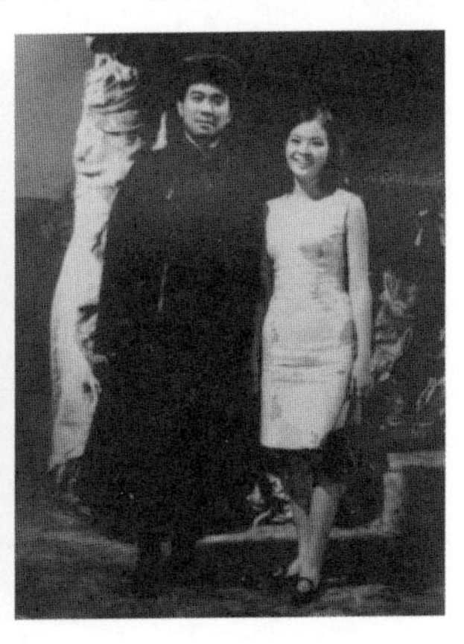

她演我的女兒梅寶；在《油漆未乾》中我們也是飾演兩父女。

邱： 我們是在《周報》認識，但話劇組分了很多組，我們各自排戲。到了大家一起排演呂奇曾演出的《還君明珠雙淚垂》時，我才與他演對手戲。他在戲中飾演一名對孀居的弟婦有非份之想的奸角，我則演女主角寡婦。在「麗的」的《愛情三部曲》中，我們曾演過一次情侶。

涂： 振華哥，您在劇社演戲時，怎樣與對手交流？會否被他們影響？

陳： 我沒有特別喜歡與誰演戲，只要導演認為我適合與誰演戲我便去演。一個劇團是一個整體的組合，是由不同崗位的社員組成。我身為演員，只負責演戲。不過，我有時也會被對手影響。例如報華與我排戲時常有互動，對我有好的影響。他是我們的前輩，排戲時很認真，會

（左圖）《野玫瑰》是邱麗冰（前排左一）首次演出的電視劇，也是她與陳振華（後排左四）在「業餘」唯一的合作。其餘演員包括（前排左二起）梁舜燕、莫自定、（後排左起）黃霑、鄭子敦和袁報華。（右圖）劇中陳振華（左）與梁舜燕（右）分飾劉雲樵和「野玫瑰」。（1965，梁舜燕和邱麗冰分別提供照片）

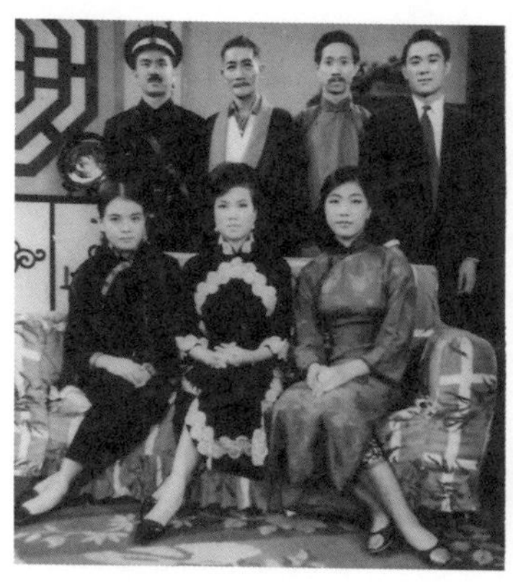

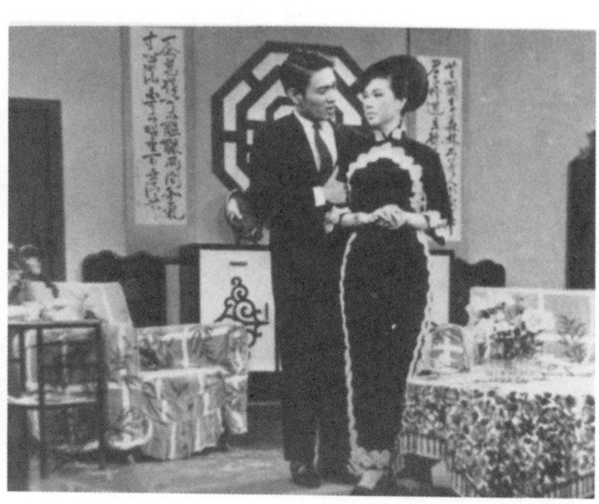

提點我們，教導我們，對我們有好的影響。可是，我最初與馮淬汎演對手戲時真的感到很糟糕，因為他在排戲時好像非常馬虎，唸對白亦沒有情緒，一副很不在乎的樣子。還有，他可以說了一句話後便不瞅不睬地走開，他的表現令我很擔心。不過，當正式演出時，他的演技竟然有超水準的表現。日子久了，我知道他只是一名脾性較特別，不太會與對手交流的演員，便不再擔心了。

邱： 馮淬汎外號「阿緊」（編者按：馮本名簡稱「阿瑾」），實際上是「你緊佢唔緊」。他很有性格，我行我素。他不理睬你並不代表他不喜歡你，有時他會在你前面向你鞠躬，喊你的名字，挺逗趣的。

人稱「鍾大哥」的香港電台「播音皇帝」鍾偉明也是「業餘」的社員。我最欣賞他特別為劇社製作了一個區別L音和N音的廣東字表，使

陳振華（右）與殷巧兒（左）在《諜網》中分飾男女主角。（1967，邱麗冰提供照片）

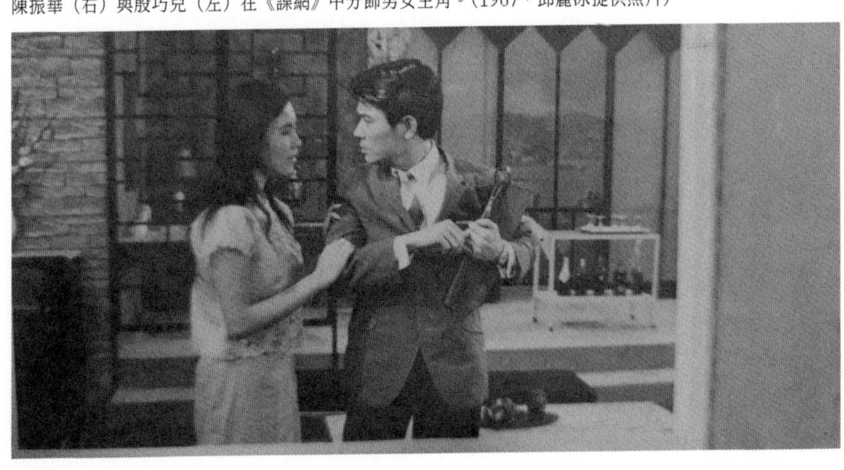

演員能正確地讀字。例如我們從中學懂正確地唸「姓呂嘅女仔去旅行」，不會有懶音。

「阿 King」那時很有趣，很愛說話，常開玩笑，很詼諧的。他常在化妝間跟后叔、保叔等捉弄我，我覺得他很「口花花」哩！他又愛模仿女演員，笑得我們打跌。他跳舞也很棒，我們上夜總會時他常跳牛仔舞。

袁昌鐸專門為我們拍攝劇照和工作照，更將照片送給我們。

涂： 袁先生此舉為「業餘」保留了珍貴的圖片和史料，我也是憑觀看那些照片而想像劇社當年的情況。

邱： 有時劇社上演大型演出，需要很多演員飾演閒角，「阿 King」便會叫他在「浸會」的學生幫忙跑龍套、跳跳舞，讓大專生有機會接觸戲劇。

陳振華在「無綫」電視劇《清宮怨》中的三個造型。當年《香港電視》以《清宮怨》的劇照為封面照片。(1970，鍾景輝提供本版所有照片)

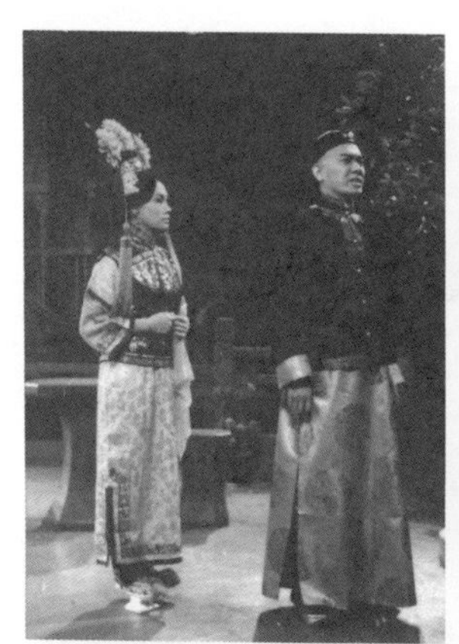

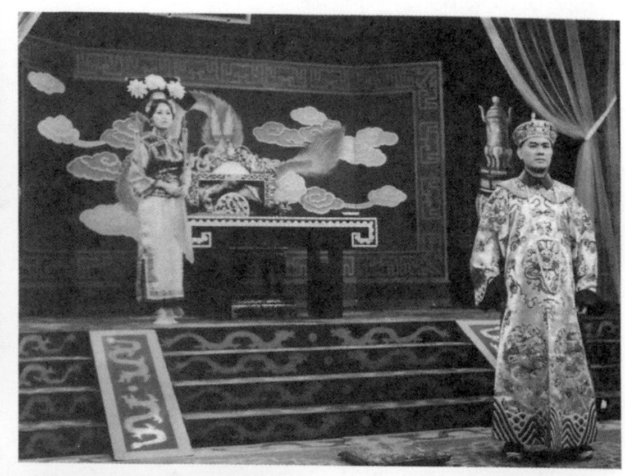

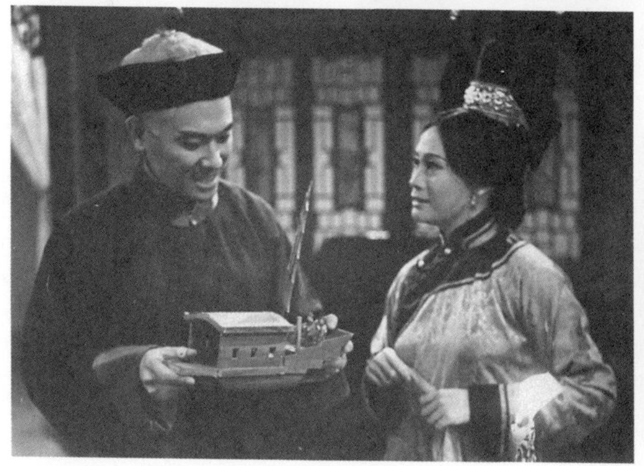

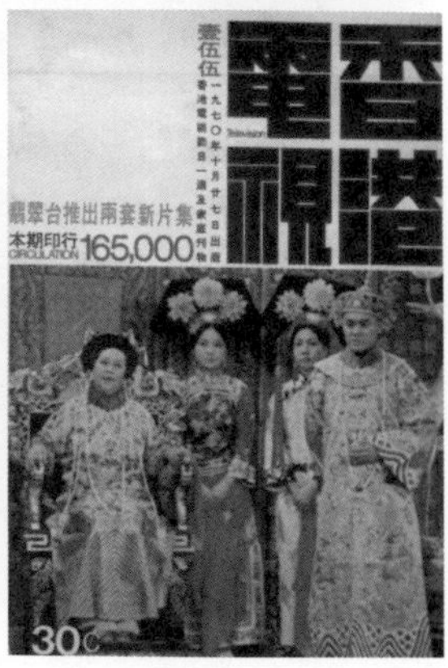

陳振華（左一）與朱承彩（左四）在姚克編劇的《紅葉》中分飾男女主角蕭寒和林櫻，二人之間為飾演高士奇的馮淬汎（左二）和小雲的周勵娟（左三）。（1965，邱麗冰提供照片）

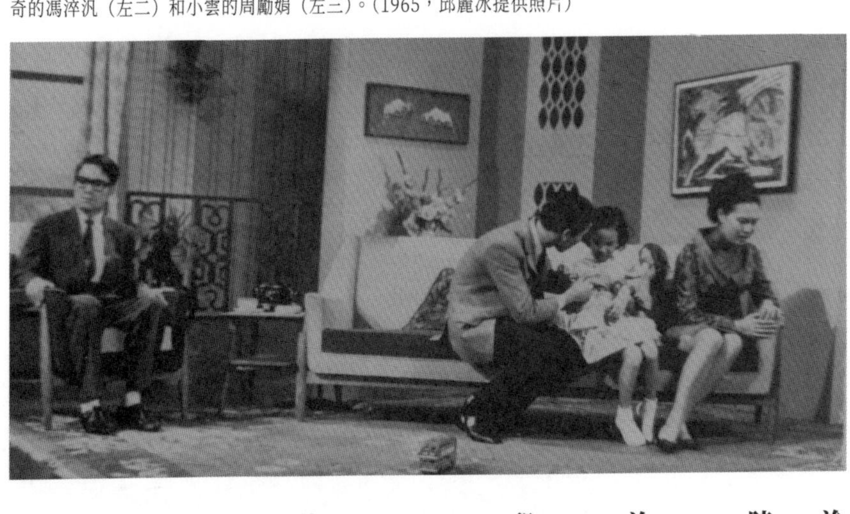

涂：有沒有想過到其他劇團演戲？

陳：我從來也沒有想過，只是「業餘」有戲我便演，而且其他劇社亦並非我那杯茶。

涂：兩位覺得「業餘」有甚麼吸引您們的地方，令您們一直為它效力？

邱：「業餘」的一班前輩就是我們的偶像，台前幕後人才濟濟，都是劇壇精英，大家是兄弟班。振華在《佳期近》客串當侍應，即使只是捧餐，也很開心。

陳：我在「業餘」內所有事情都很開心。

邱：我是後輩，不會多言語或有意見，但都很開心。我們都不會計較，總之大家有戲便一起演。當時香港人生活簡單，夜晚又沒有卡拉 OK。一班人一起排戲，一起宵夜，便已經很開心。劇社的名字真的取得好，我們都是業餘，不計較錢。可惜我很早結婚，生了小孩後要照顧家庭，沒有花很多時間為劇社演戲。到了「無綫」開台後，「阿King」當了「無綫」製作經理，振華和劇社很多社員都跟他過了「無綫」。我因為要照顧家庭，沒有過去。振華當時在旅行社工作，只是兼職為「無綫」拍劇。他的首個劇集是處境喜劇《太平山下》，只是偶然客串演出非固定的角色。

陳：我曾做過很多行業。除了教書和在旅行社工作之外，我亦做過會計、保險等工作。我初期為「無綫」拍劇是以自由身身份工作，並沒有簽約。「無綫」在七〇年製作的首齣大型古裝劇《清宮怨》也是由「業餘」演出，「阿King」監製兼編導。我演光緒、慧茵姐演珍妃、黃姨演慈禧太后、梁天演李蓮英。七三年後，我曾分別簽約「無綫」和麗的電視，演出劇集包括《啼笑因緣》、《芸娘》、《梁天來》、《董小宛》、《半生緣》、《李後主》等，都是飾演男主角。我在麗的電視工作數年後，當全職掌相師至今數十年。雖然我轉了行，其實從未離開戲劇，因為我偶然會演出「無綫」和香港電台的電視劇。麗冰則一直在「工聯會」教授「番鬼佬講唐話」，即是教學生為西片配音。

邱：我們的大兒子在「演藝」學了三年戲劇，最後選了配音為職業。小兒子是振華離開電視後才出生，所以不知道父親曾是電視小生，只知他是從事掌相命理行業！

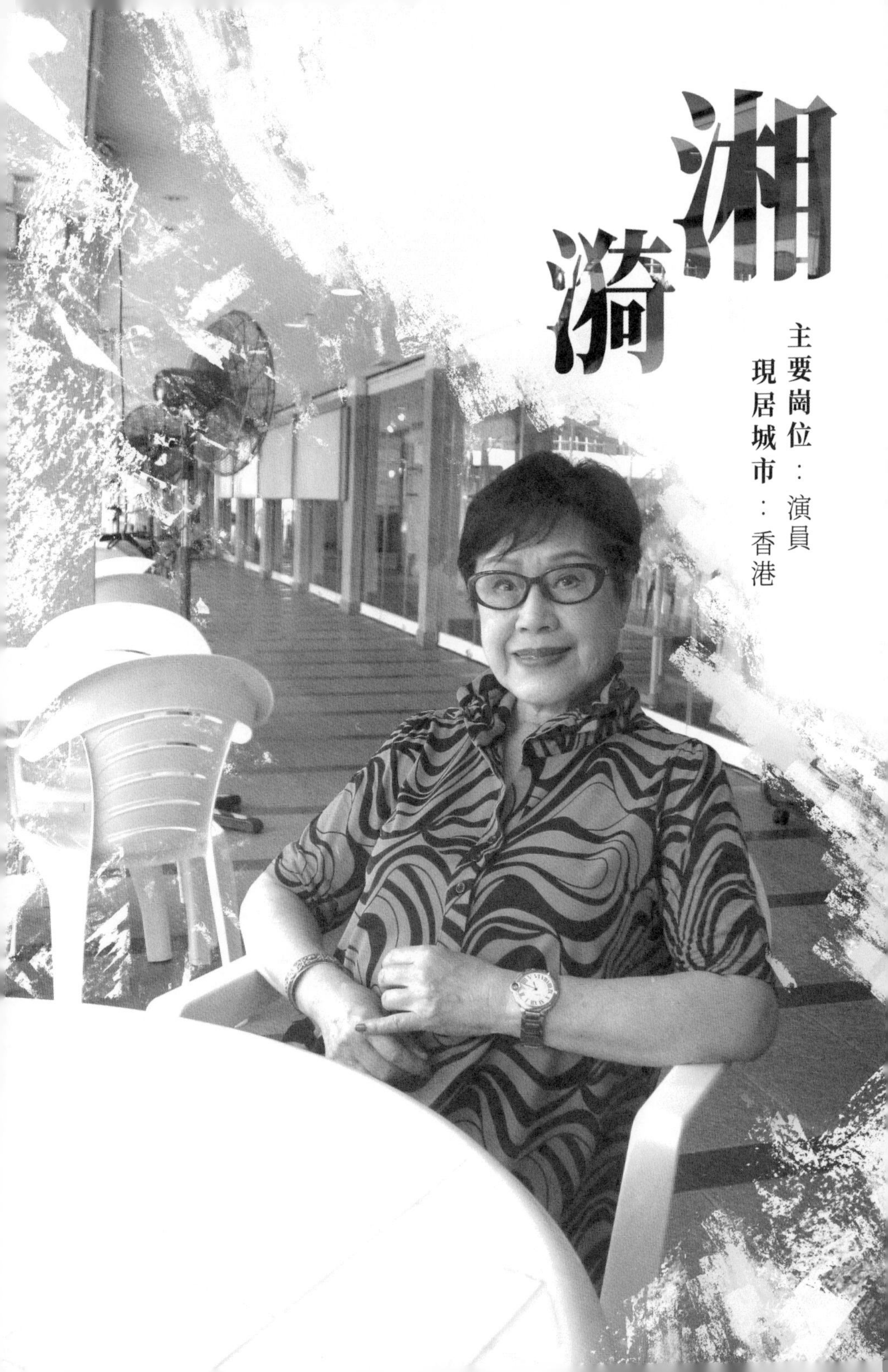

湘漪

主要崗位：演員

現居城市：香港

涂： 湘漪姐，您是如何開始演藝工作呢？

湘： 我於一九三七年生於上海一個廣東人的大家庭，爺爺是雙妹嘜的創辦人。我兩三歲時與家人來港。我大約九歲時，到麗的呼聲一個由鍾偉明先生主持的兒童劇播音。暑假時，我又到香港電台播音。到了十六七歲，我早上上課，下午有時為電台的廣播劇錄音。十八九歲畢業後，我有較多時候播音。當時與我一起演廣播劇的前輩有譚一清、馮展萍、李平富、艾雯、凌芝、梅梓等，我一邊演出，一邊從中向前輩學習。由於我一定要下午才到電台錄音，所以我只參演可以在下午錄音的廣播劇，前輩們都因此取笑我：「大小姐未能起牀」。

我自小喜歡演戲。可是，我生於大家庭，父母反對我當演員，要我做護士。不過，我最後還是做了演員。我的藝名湘漪是播音界前輩艾雯為我改的。她本來想着若她有兩名女兒的話，一叫周湘，一叫周漪。不過，這兩名女孩沒有出現，所以她將「湘漪」一名送了給我。

涂： 您是怎樣加入「業餘」呢？

湘： 我從播音工作認識了張清、馮淬汎等演藝人士，經張清介紹加入「業餘」。我在劇社演出的舞台劇都不是飾演主角：我在《佳期近》中飾演文家廚娘；在《秦始皇帝》（七〇年版本）中飾演秦始皇的母親太后，我的女兒李綺澄也有份演出，反串飾演

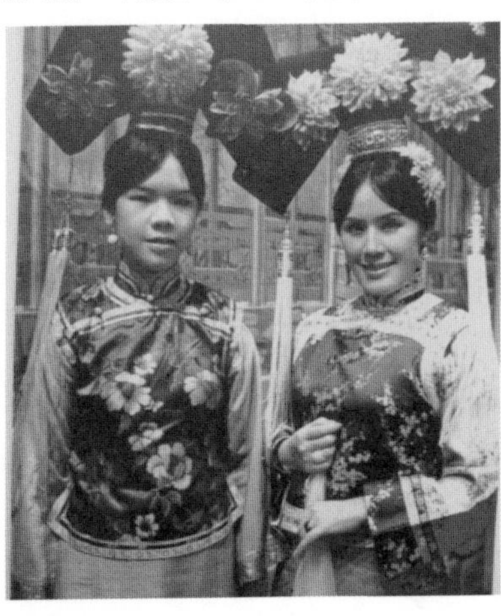

湘漪（右）在電視劇《清宮怨》中與妹妹梁翠豔（左）一同演出。（1970，湘漪提供照片）

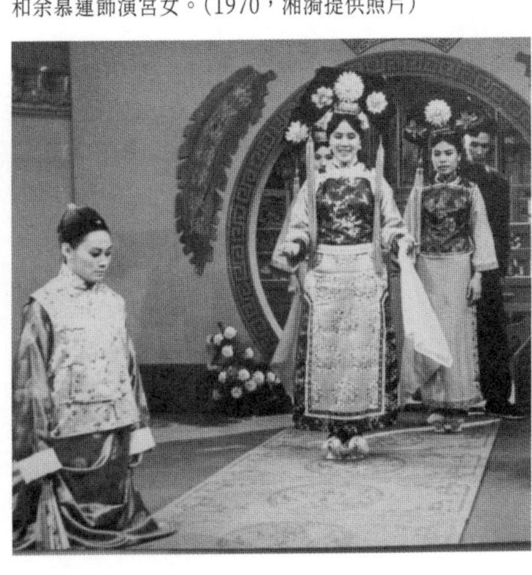

《清宮怨》一幕：（左起）慧茵飾演珍妃、湘漪飾演皇后和余慕蓮飾演宮女。（1970，湘漪提供照片）

二王弟一角。還有，我在《陋巷》（七一年版本）中飾演妓女白萍。我不懂抽煙，但白萍卻是老煙槍，我也只得學抽煙，黃霑還飾演我的恩客哩！六七年，勵志會籌募福利經費，我與很多「業餘」社員一同幫忙，演出《清宮怨》，我飾演瑾妃，不過那不是以「業餘」的名義演出。

涂： 您以「業餘」的名義演了哪些電視劇？

湘： 我在「麗的」大約每兩三個星期演出一個電視劇。我首齣參演的電視劇是《青衣魚》，是一個外國劇改編的農村戲，我飾演一名老婦。我在第二齣電視劇中飾演一名小仙女，造型很是嬌俏可愛，可惜我忘了劇名。之後我的演出還有神怪故事《靈猴魔爪》、關於中國游擊隊的《翠嶺風雲》和間諜故事《夜光杯》等。在《靈猴魔爪》中，我飾演一名老太婆，敦叔飾演我的丈夫。那是一個「三個願望」的故事，夫婦最後的願望是兒子復生，很是感人。我在額頭

湘漪曾參演不少「業餘」的演出。她的丈夫李紹民熱愛攝影，為她拍攝很多劇照，多年來她亦保存下來。可惜因年代久遠，她已記不起以下圖片的劇名。(此版所有照片由湘漪提供)

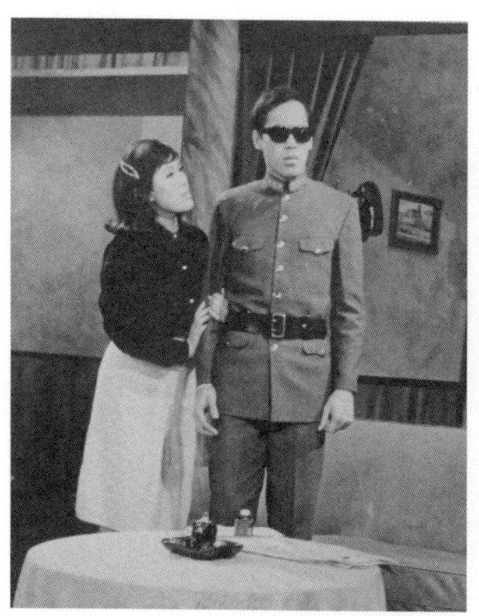

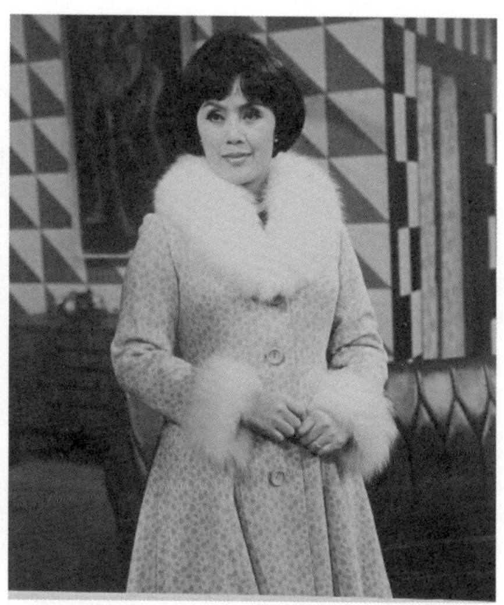

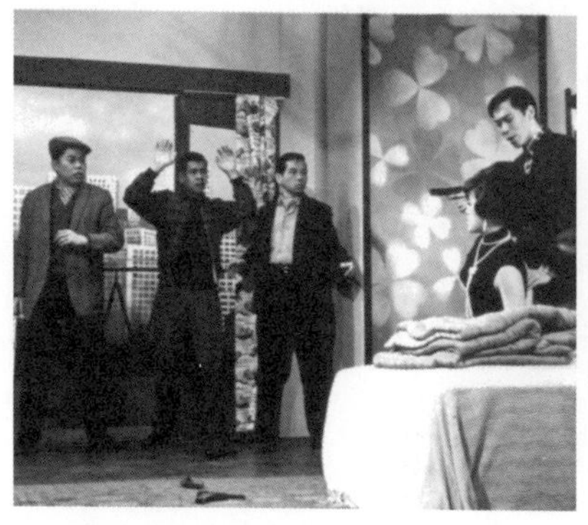

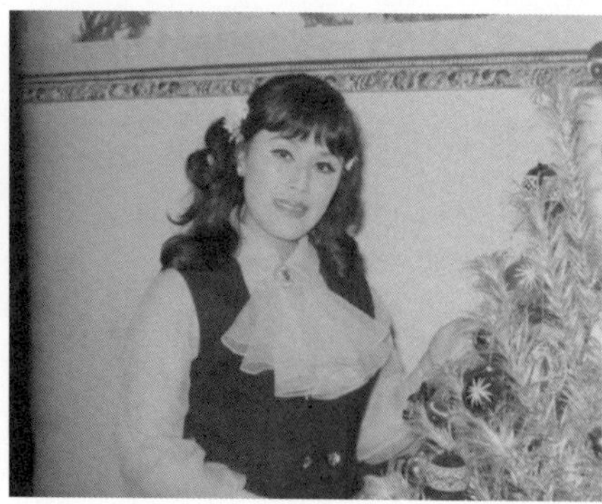

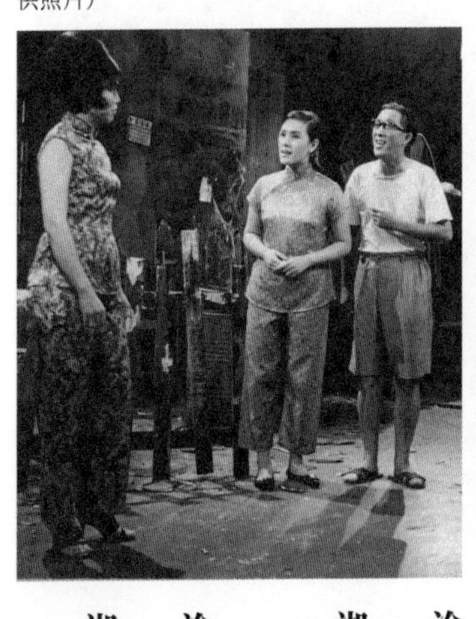

在電視劇《陋巷》中，白萍一角由梁舜燕（左）飾演，湘漪（中）和鮑漢琳（右）分別扮演錢妙英和王式輝。（1970，慧茵提供照片）

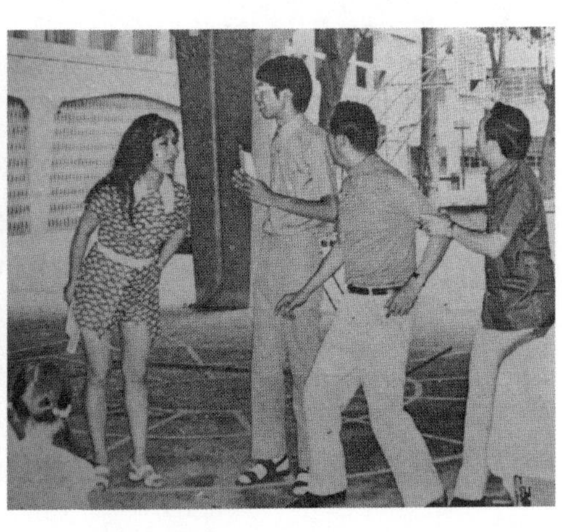

在舞台劇《陋巷》中，湘漪（左一）飾演妓女白萍，與飾演扭計華的陳有后（左三）有對手戲。圖為綵排情況。（1971，場刊照片）

包着金頭帶，化裝師用黑色油彩塗在我雙頰上，令我看起來瘦些。他又將我的臉塗到像個大花臉，很不好看。我跟「阿King」到「無綫」後，曾演《陋巷》。不過，我在電視劇版本中不是飾演白萍，而是城寨居民錢妙英。還有，我在「阿King」導演的《清宮怨》中飾演皇后。

涂： 您那時尚很年輕，為何常演老角？

湘： 很多人不肯演老角，我卻甚麼角色都願意演。社員都說只要有我便可以演出有老角的戲。

涂： 在「業餘」的電視劇中，您與誰人合作最多？

湘： 最多的是袁報華、鄭子敦和陳振華，與「阿King」的合作則多是他擔任導演，我演他的戲。

涂： 您在電視台還有甚麼演出？

湘： 除了「業餘」之外，我還在六三年為「麗的」演過一齣只有十五分鐘的喜劇《俠盜羅笨漢》，

湘漪不介意演老角，常常在劇社飾演老婦角色。(此版所有照片由湘漪提供)

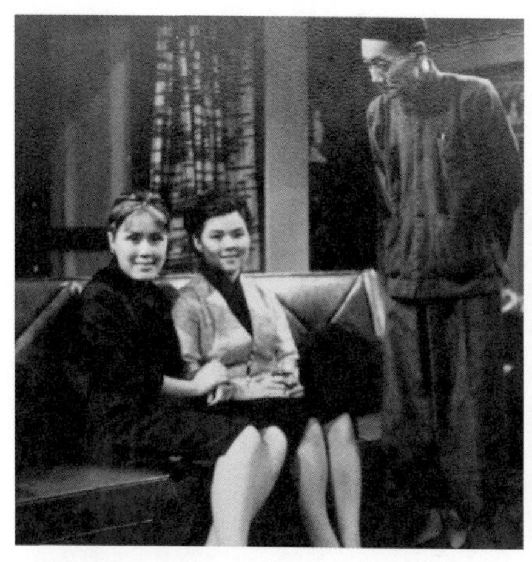

《善惡邊緣》：(左起)湘漪、雷浣茜和鄭子敦。(1968)

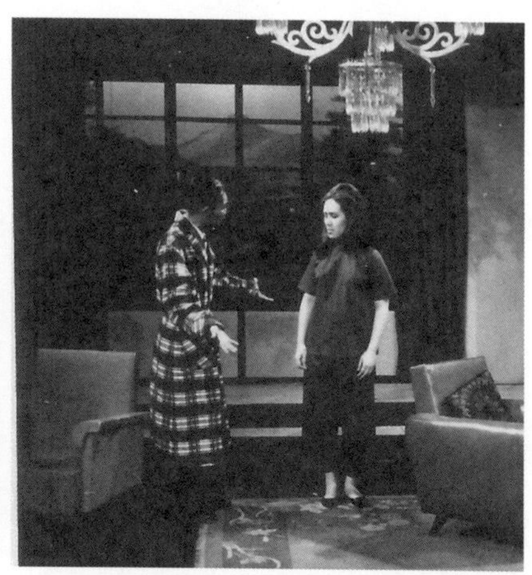

《青衣魚》：這是湘漪（右）加入「業餘」後的首個演出，與鄭子敦（左）演對手戲。(1967)

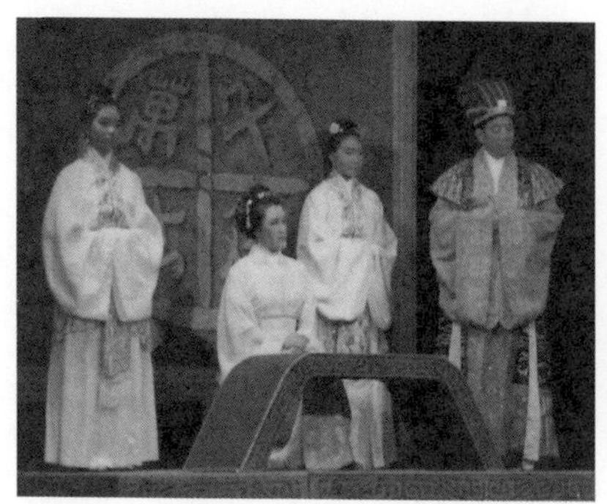

《秦始皇帝》：湘漪(左二)在《秦始皇帝》飾演太后。(1970)

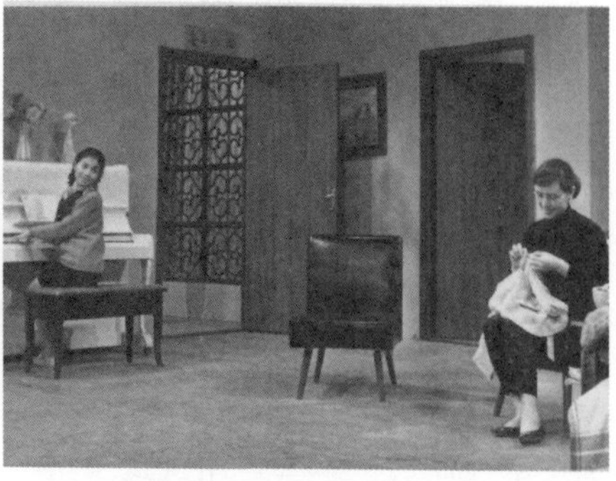

《親情似海》：湘漪(右)飾演禤素霞(左)的母親。(1969)

演員有譚炳文、孔令正，我飾演譚炳文的女朋友金花。另外，還有《四千金》、與「業餘」的社員袁報華和慧茵合演的《小夫妻》及其他話劇節目等。

我甚麼也喜歡學，例如配音。可是，當我正式配音時，人家覺得我在搶他們的飯碗，因為我連續三齣電視劇都是為主角配音，其中一齣是《天羅地網》。半年後，我覺得足夠了，便不再配音。

涂： 您是怎麼將角色演繹出來呢？

湘： 我從來沒有學過演戲，都是從導演和前輩身上學習。黃姨是我的演技師父，跟我對台詞，又將我的台詞逐句指正。當時演戲的會堂很大，她又教我用聲。她更會站在台下叫我跟着她唸台詞，一舉手一投足都領導着我。當時我很年輕，不敢有自己的意思。她一邊演，我便一邊跟。她如何做表情，我便如何模仿，一舉一動都是依樣葫蘆地演，甚至連每一個字的抑揚頓挫也完全依着她的指示來演，就像倒模一樣。雖然我沒有機會發揮，但我很感謝她如此認真指導我，令我可以從她身上學習。提起黃姨，不知怎的，每次我想起她在《玻璃動物園》中說：「起身喇，精神爽利」這句台詞，便忍俊不禁地笑出來。

涂： 黃姨教您用聲是否針對當時舞台音響設備不足？

湘： 當時學校的舞台燈光只有數盞射燈，沒有甚麼效果。音響設備也同樣欠佳，沒有

湘漪在劇社亦扮演很多美豔婦人的角色。(此版所有照片由湘漪提供)

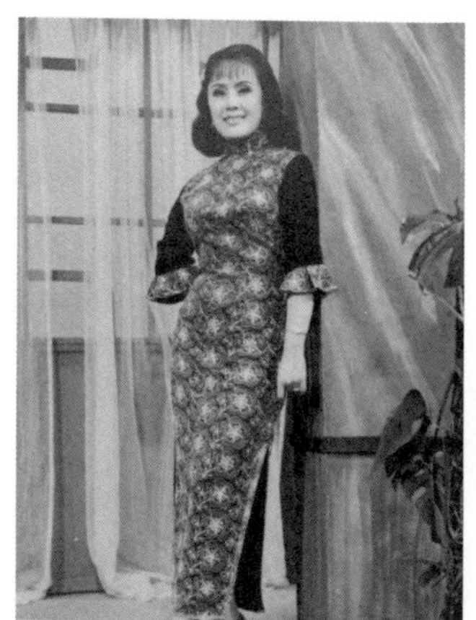

《夜光杯》：飾演鄭麗麗。(1970)

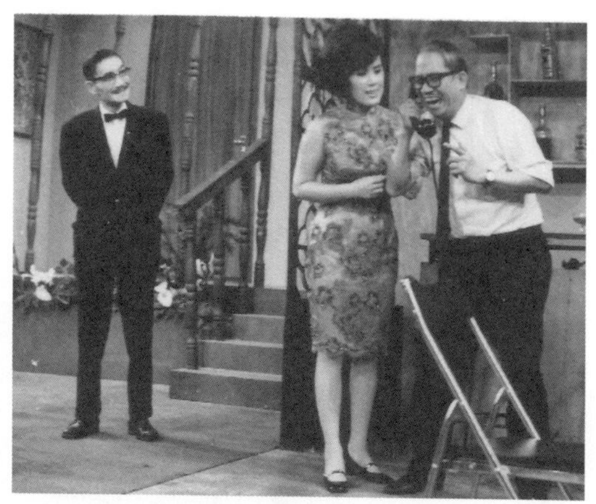

《海內存知己》：湘漪（中）與鄭子敦（左）和陳有后（右）兩位前輩同台演出。(1969)

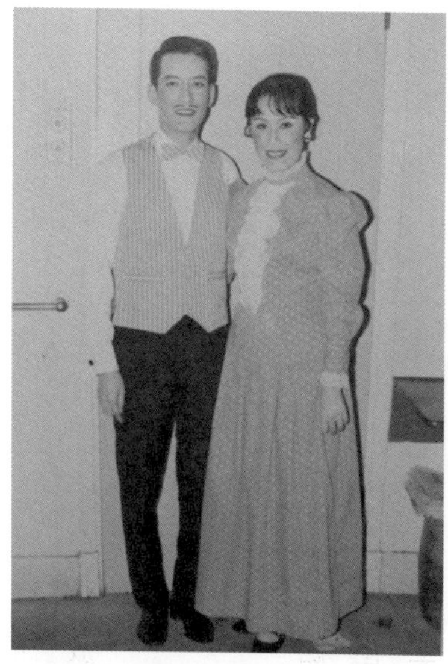

《佳期近》：湘漪（右）與客串侍應一角的丈夫李紹民（左）合照。(1969)

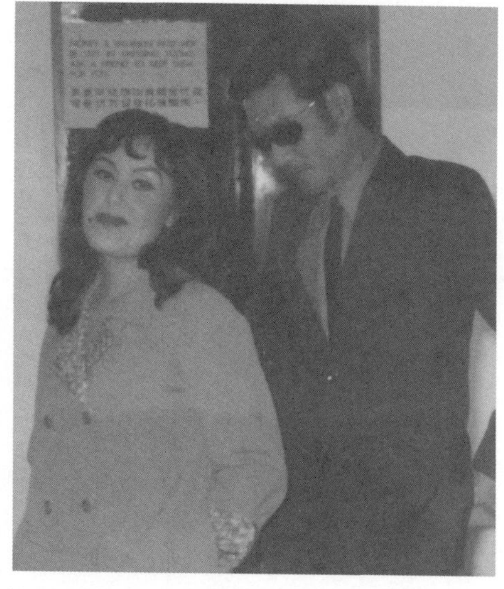

《生路》：湘漪（左）飾演波斯貓，與飾演老媽子的梁天（右）留下罕見的佻皮一刻。(1970)

「無線咪」。可是，我們站在台上，卻要說話清楚得連二樓的觀眾也聽到，所以我們的聲音和發音都必須非常清晰。幸而我習慣播音，懂得咬字清楚和將聲線放遠的竅門。我的聲音很獨特，連從沒見過我面的電話接線生也認得我的聲音。

涂： 您的家人都支持您演舞台劇嗎？

湘： 結婚後數年，我生了四名女兒，便沒有時間排戲了。女兒長大後，丈夫李紹民和女兒都很喜歡到錄影廠看我錄影。他們都認識我的朋友，沒有阻礙我的演出。李紹民很多時候都會請大家吃宵夜，甚至在《佳期近》客串飾演其中一名侍應。有時，劇社會找「出血顧問」資助製作經費，李紹民和我的契爺都樂於解囊資助。

涂： 您與劇社的社員除了演戲之外，還有沒有其他連繫？

湘： 黃汝燊也曾在劇社演戲。七十年代時，他組織了青春豆合唱團，劇社的慧茵、袁報華、劉滌凡、陳曙光和我，還有光藝影業公司老闆何裕業等，都讓子女加入合唱團。當時十多名小孩子一同學習唱歌，上電視表演，有時還會做慈善演出。

我七二年移民夏威夷，「阿 King」邀請我回來演《武則天》，我說我只可以拍五集。之後，「阿 King」想替東區婦女會籌款演出，興建會舍，我也婉拒了他。《武則天》用上很多「業餘」演員，如后叔、敦叔和少萍父女、梁天等。後來，「佳視」製作《武則天》，我再演武后，袁報華演李世民，馮淬汎演唐中宗，都是「業餘」的班底。

涂：您為甚麼那樣喜歡演戲？

湘：我喜歡一大班志同道合的人聚在一起演戲、玩樂和吃飯那種親切的感覺。因此，導演們甚麼角色也叫我演，令我有份參演很多戲。雖然有時我只是演一場戲或客串一個角色，但我仍然會在總綵排時乖乖的坐在一旁從頭至尾觀看。戲劇吸引的地方在於我今天飾演花甲老婦，明天卻是一名十多歲的小仙女，讓我過一個豐盛的戲劇人生。所以，我甚麼角色也願意演，即使給我一個閒角，我也已經很開心。

涂：您怎樣看您的劇友？

湘：劇社內人人平等，一視同仁，沒有誰會特別高人一等。我們都是但求開心，從不計較戲份多寡而熱愛戲劇的人。每次總綵排時，我晚上七時一定坐在排練室內。我即使生病也要去，因為我一到排練室便精神起來。那時候一個戲排練數月，大約每星期綵排兩三次，大家見面的機會很多。我們沒有人會在排戲中途先行離去，因為沒有興趣的人根本就不會來。既然是自願來的，自然很希望逗留至完場。

我們一班人很開心，很多時候一起吃飯，開派對，「阿 King」更會跳牛仔舞。不說你一定不知道，我學了三年調酒，是有牌的調酒師。后叔、慧茵、報華、劉滌凡、陳曙光、羅彪、盧山等常來我家試酒，他們的家人也常在我家聚會。那真是一段開心的日子。

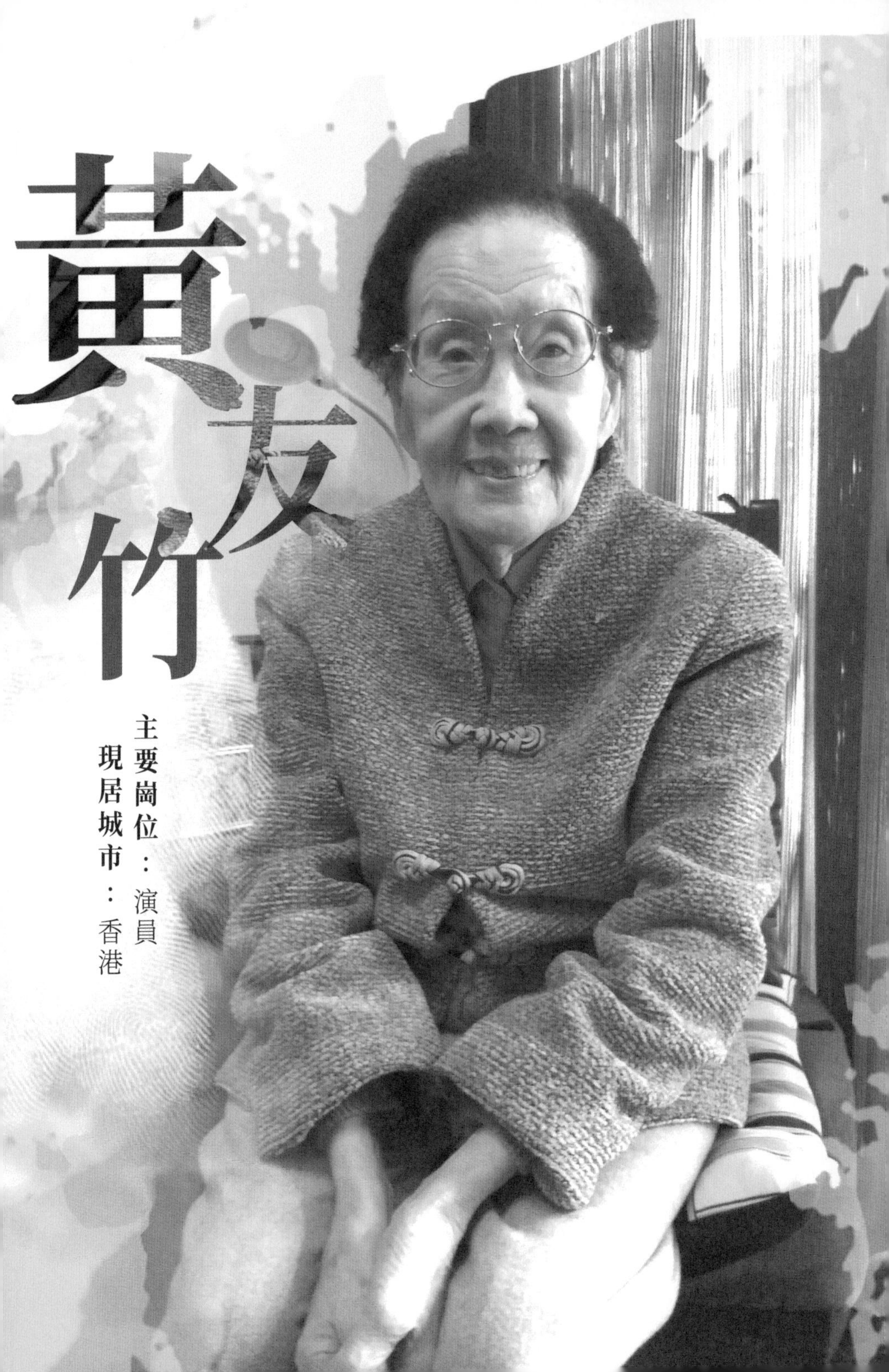

黃友竹

主要崗位：演員

現居城市：香港

涂： 友竹姐，請略略介紹您的背景。

黃： 我在一九三一年於廣州出生。我數歲時，日本人攻打廣州，家人帶我來香港。我的家族龐大，父親和母親分別有二十名和十九名兄弟姊妹。和平之後，我入讀「聖士提反」。

涂： 您為何對戲劇有興趣？

黃： 因為我的姑姐是黃蕙芬，姑丈是譚國始，表妹是譚務雪，都是熱愛戲劇的人，我深受他們影響。還有，「聖士提反」是一間很前衛的學校，校長英純貞女士在四九年已經在校內成立戲劇小組。我受姑姐影響，加入小組，姑姐後來亦在「聖士提反」任教。五一年，學校以郭沫若的《孔雀膽》參加校際中文組戲劇比賽，由姑姐導演，我飾演女主角阿蓋公主，我們獲得該屆冠軍。

涂： 您之後有甚麼演出經驗？

黃： 五二年至五五年，我在官立文商專科學校唸書，並在五三年演出郭沫若的另一劇目《虎符》，那是以魏國信陵君為救趙國而令如姬盜取虎符的一段歷史寫成的劇本。我在劇中飾演女主角如姬。

五五年，我以中英學會社員的身份參加第一屆香港藝術節，在胡春冰編劇的《紅樓夢》中飾演王熙鳳。翌年，我已從「葛師」畢業，為「葛師」的校友會演了喜劇《可敬的葛靈敦》(*The Admirable Crichton*)，我飾演羅慕崇。我另一齣參演的是「中英學會」在第二屆香港藝術節演出的《西廂記》，我飾演紅娘，表妹務雪和鍾偉明分別飾演歡郎和白馬將軍。五八年，我在第四屆的香港藝術節參加「中英學會」的《美人計》，即是劉備過江招親的故事。該劇由胡春冰編劇，我飾演孫夫人。六一年，我在官立小學教學，參加光明劇社的《錦扇緣》，目的是為了紀念該劇的編劇胡春冰逝世周年和響應《華僑日報》救童助學運動而演出，我在劇中飾演穆美眉。六二年，「中英學會」創組十周年，我再演《紅樓夢》，亦是飾演王熙鳳。

我由五五年至六一年一直是「中英學會」的委員和演員。

另外，我在六十年代分別為《兒童報》創刊四周年導演兒童劇《五姊弟捉賊》、聖十架劇社導演聖劇《野火燒不盡》和東華三院小學導演兒童劇《上課前》，以及為秀茂坪新區街坊福利會的《國魂》任舞台監督和主持香港青年協會的戲劇訓練班等。

涂：您的正職是甚麼？

黃：我是教師。我由五六年一直教了三十三年書，直至八九年才退休。我曾在數間官立小學教學，都是教中文、英文和一些閒科。

涂：您有沒有受過戲劇訓練？

黃：初時沒有。後來，我在演畢《西廂記》後和加入「業餘」前的空檔上了姚克教授主講的兩個校外戲劇課程：「導演概論」和「演員修養」，學了基本的戲劇理論。

涂：您為何加入「業餘」？在劇社中演了甚麼舞台劇？

黃：六一年，我仍然為「中英學會」演戲。當時，姑丈和姑姐都是「業餘」的創社社員。劇社開排創社劇《秦始皇帝》，姑姐叫我飾演太后一角。由於姑姐叫我，我完全沒有理會「業餘」是一個怎樣的劇社便加入了。之後，我再演出劇社的舞台劇《我愛夏日長》和《金玉滿堂》。

我在六八年以「業餘」社員身份演出舞台劇《陋巷》，此劇已經是第二次被搬上舞台。這個版本較為特別，因為它是一個合作劇，由十二個劇社聯合製作和演出。除了「業餘」外，其餘十一個劇社包括「劇藝社」、「中英學會」、「青年會」、「港大」戲劇社、「羅師」戲劇組、香港工業學院劇社、「世界」、香港戲劇協社，以及三間來自「中大」的戲劇組織：崇基劇社、新亞戲劇學會和聯合劇社。我是由編劇姚克邀請我演出錢妙英一角，首演是由陳勁秀飾演。

涂：我從場刊中看到被委派代表「業餘」參加《陋巷》演出的社員還有飾演梁彩的黃姨、

由姚克（中排左十）編導的《陋巷》全體照。照中「業餘」社員包括（中排）殷巧兒（左四）、鄭子敦（左八）、黃友竹（左十一）、黃蕙芬（左十三）和黃澤綿（後排左六）。（1968，黃友竹提供照片）

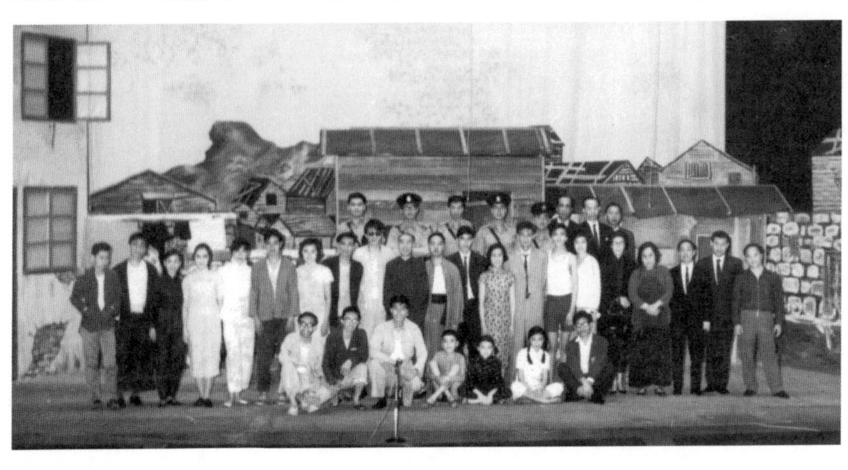

曾瓔公的敦叔、王式輝的報華哥（A角）、白萍的巧兒姐和矮腳虎的龐焯林先生。巧兒姐更是同屬「業餘」、「聯合」和「世界」的社員。

黃： 現時回想起來，我覺得《陋巷》的場刊編排有點奇怪。因為它只介紹了上列後九個劇社，每個劇社都有半版至一版的篇幅。可是前三者，即「業餘」、「劇藝社」和「中英學會」卻完全沒有篇幅介紹。照說這三個劇社都是當時的明星劇社，社員陣容強盛，規模不小，但卻沒有在場刊內有任何介紹文字。坦白說，若非你來訪問我，我也不會重新翻閱這本場刊，亦不會發現這點。

七五年，我在香港心理衛生會主辦的「心理衛生周」中演出《親情》，飾演劉亞鳳。雖然《親情》不是「業餘」的製作，卻有很多社員參加，例如張清和袁報華任導演；姑姐、駱恭、黃汝燊、胡宏達、莫耀棠、余慕蓮、袁昌鐸、胡志雄、張清的兒子張廣暉等當演員；鍾偉明、余炳坤、黃澤

黃友竹（左三）獲編劇姚克邀請在十二劇社合作演出的《陋巷》中飾演錢妙英。（1968，黃友竹提供照片）

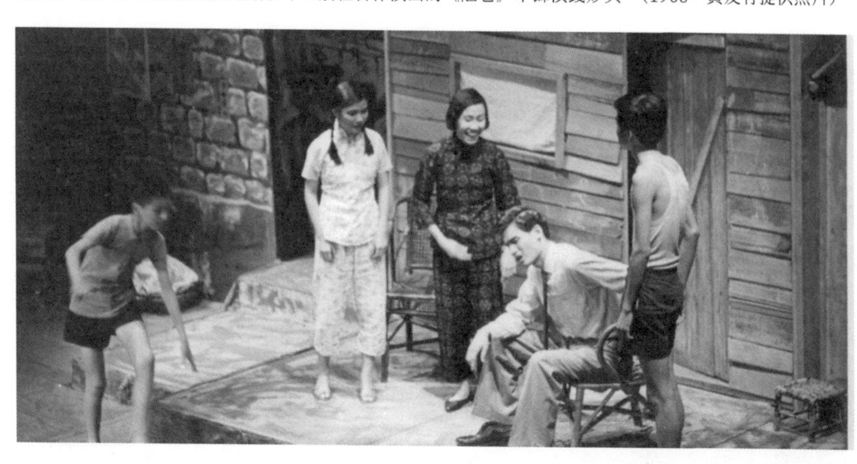

綿、王啟初、章經、務雪的弟弟務成等都是幕後人員。

涂： 您為劇社演過電視劇嗎？

黃： 我只在六六年演過法國喜劇《油漆未乾》的粵語版本，由黃澤綿邀請我演出。演電視劇是有報酬的。我是公務員，不方便在正職以外從事有薪酬的兼職工作。因此，如果我非演不可的話，是要向政府申請。所以，我沒有演出電視劇。演舞台劇則不會有報酬，我可以不經申請便自行演出。

我答應演出《油漆未乾》理由有二：第一，我很喜歡那個劇本；第二，我從未與「阿 King」一起演戲，是次可以與他合作。他在劇中飾演哈醫生，我飾演他的妻子哈太太。除了我們二人外，還有鄭子敦、殷巧兒、曾近榮等其他演員參演。這是我唯一演過的電視劇，我要改藝名為湘雲才能「偷雞」演出。

《油漆未乾》是黃友竹（右）唯一參演的電視劇，因為可以與鍾景輝（左）合作。（1966，黃友竹提供照片）

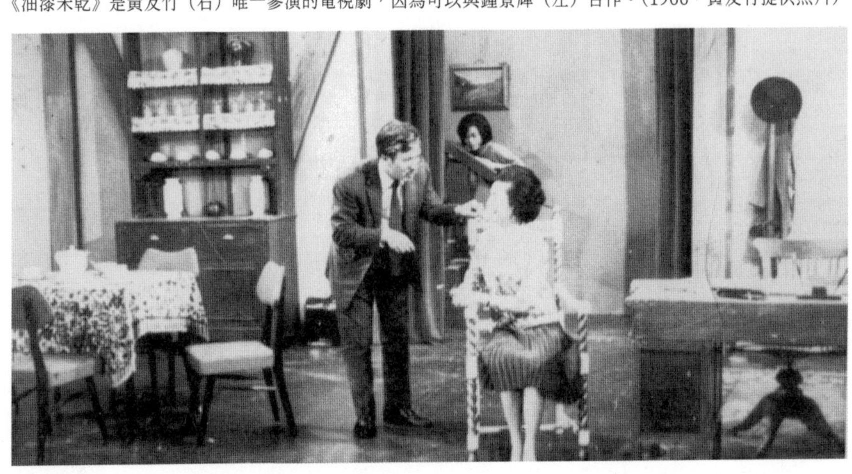

涂： 您為「業餘」演戲時仍然年輕，為何常演老角？

黃： 我可沒有想過這一點，因為我演戲從不計較戲份多寡和角色老嫩，最重要是可以發揮，否則只是浪費時間。事實上，我在「中英學會」時都是演年輕角色，到了「業餘」後才多演老角。《陋巷》場刊這樣介紹我：「是話劇界的奇才，能者無所不能，經其訓練而踏上舞台者不計其數。既能演老角，亦能演少女，造型肖妙，使人拍案叫絕。」可見我是老嫩角均演。

涂： 那麼您覺得您在「業餘」能否發揮？

黃： 當然能夠發揮，例如我在《秦始皇帝》中飾演太后，就是一個重要角色。

涂： 你的太后角色就是電視劇《皓鑭傳》中的女主角李皓鑭，即是秦始皇的生母。

黃： 是的，所以她是一個重要角色。排練時，姚克因為知道我不慣扮演強而辣的角色，特別給我很多

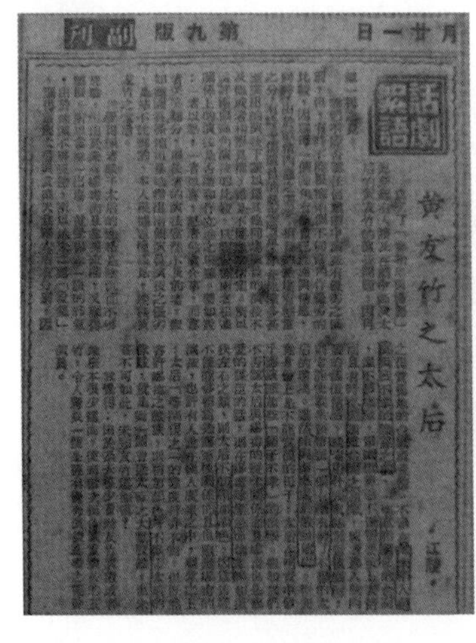
副刊　第九版　月廿一日

話劇絮語

黃友竹之太后

黃友竹仍然保留着報章當年評論她在《秦始皇帝》中飾演太后的文章。（黃友竹提供剪報）

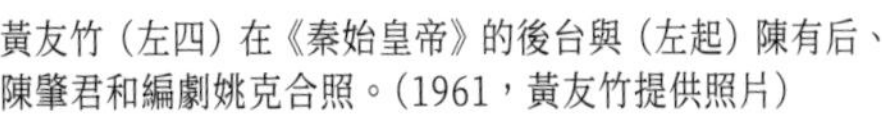
黃友竹（左四）在《秦始皇帝》的後台與（左起）陳有后、陳肇君和編劇姚克合照。（1961，黃友竹提供照片）

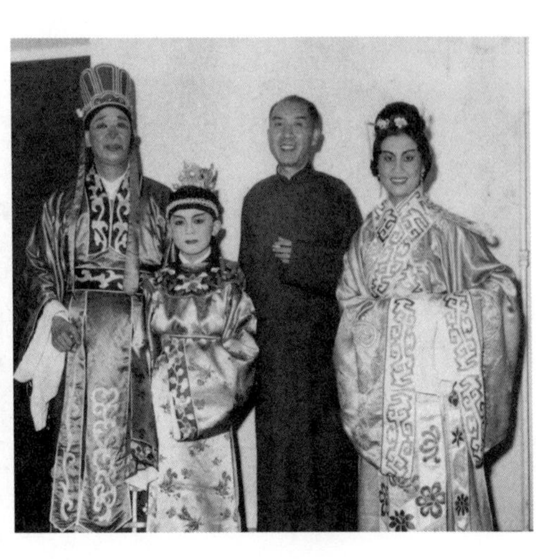

意見。他向我解釋太后的性格特質，也教我掌握的方法。姑姐也常常指導我，又幫助我背台詞。太后的角色在開場與結局時有很大的對比。劇初時，她高高在上，大權在握；結局時，她被兒子奪回兵權，成為階下囚，一生的變化很大。所以，我要仔細地依照劇本演出，將這名起伏一生的皇帝生母在不同階段的不同心情呈現觀眾眼前。

在我演過的眾多舞台劇中，《秦始皇帝》的太后和《紅樓夢》的王熙鳳給我最多發揮演技的機會。《西廂記》的台詞用上很多詩詞，導演熊式一教授每次排戲都仔細地聽我逐句台詞背唸，令我在文學修為上大有裨益。

涂：您對哪個劇的印象最深呢？

黃：《秦始皇帝》。我很記得當我們差不多排練完畢時，姚克卻認為第四幕寫得不夠好，堅持重寫。於是，他在我們排練首三幕戲時，坐在一旁重寫第四幕。

黃友竹（左一）在《秦始皇帝》這場戲中與姑姐黃蕙芬和表妹譚務雪（坐着右中二人）同台演出。（1961，黃友竹提供照片）

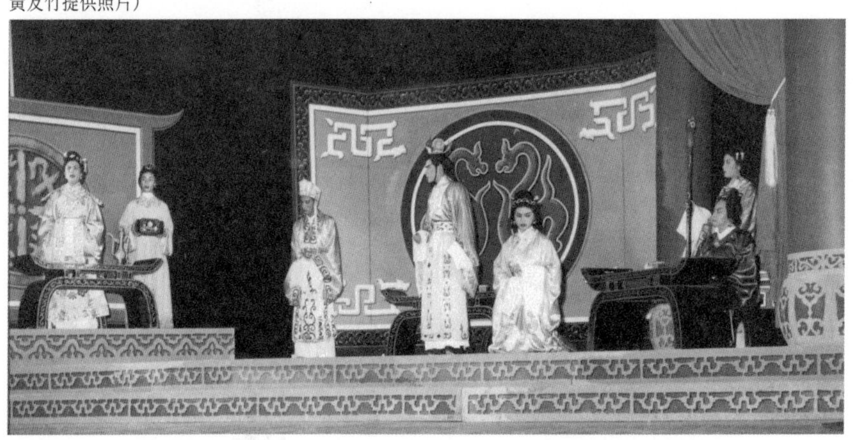

我們看過新稿後，都覺得震撼力比舊稿強得多，戲劇效果和台詞更是好到不得了。張清立即代表我們答應姚克重新排練，大夥兒便盡力抽時間綵排。我真的很喜歡這個劇本，至今仍不捨得將它丟掉。

涂： 您對您在《我愛夏日長》和《金玉滿堂》（首演）的演出又有甚麼印象呢？

黃： 相對於《秦始皇帝》的太后，我覺得我分別在二者中飾演的九嬸和孝天嫂容易扮演得多。歷史劇很難演，因為人人都對歷史人物有印象，如大家都知道太后是一個怎樣的人物。要令觀眾覺得你演到他們心目中對該歷史人物的印象是很考工夫的。九嬸和孝天嫂卻是虛構人物，沒有固定性，觀眾不知道她們是怎樣的人物。我只要依着劇本的指引去演，已經可以有很大空間塑造角色。

涂： 您後來為何停演？

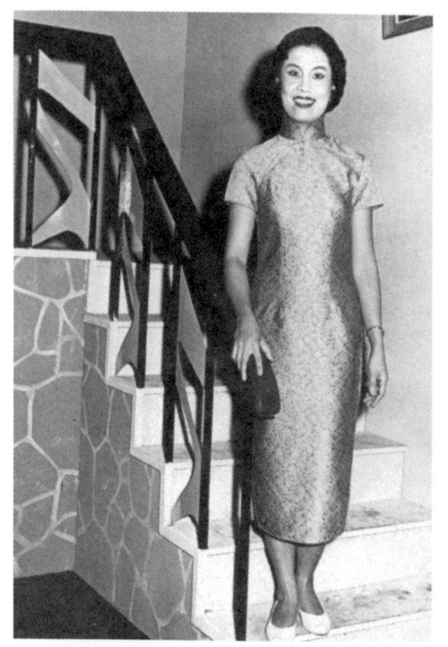

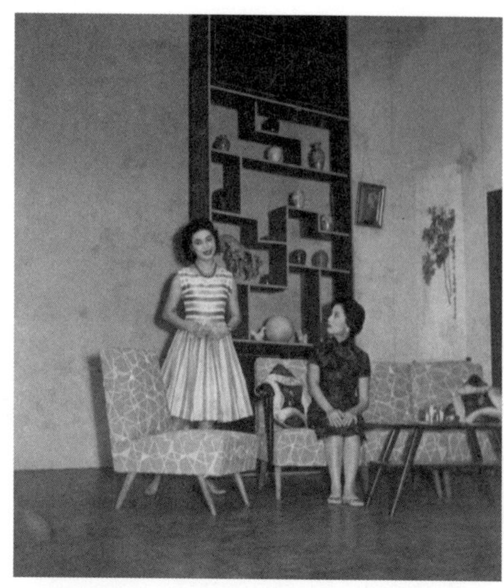

黃友竹在《我愛夏日長》中的造型照（左圖）和她與表妹譚務雪（左）在劇中演對手戲（右圖）。(1961，黃友竹提供照片）

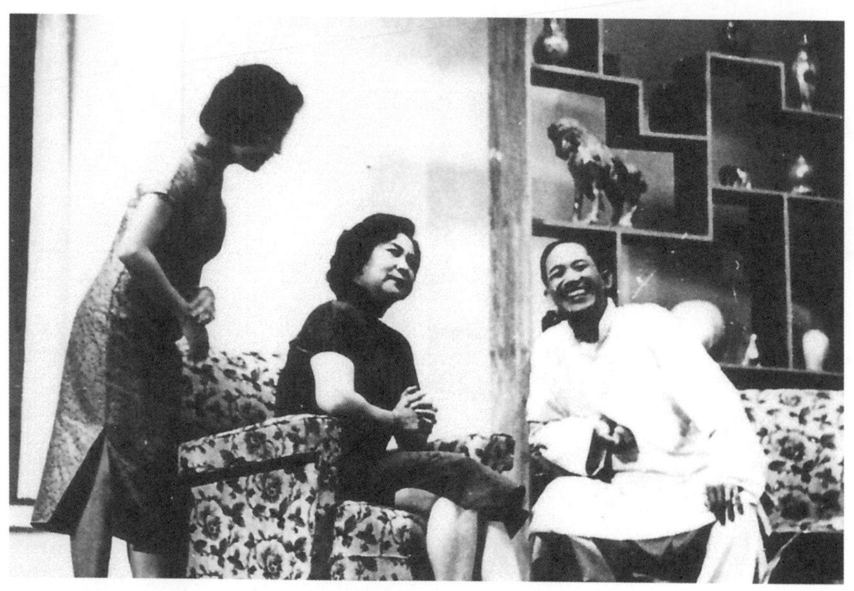

黃友竹（左）在《我愛夏日長》中與她的姑姐黃蕙芬（中）有對手戲。右為陳有后。(1962，譚務雪提供照片）

黃友竹（左二）在《金玉滿堂》的首演中飾演孝天嫂，重演時該角由雷浣茜飾演。（1962，黃友竹提供照片）

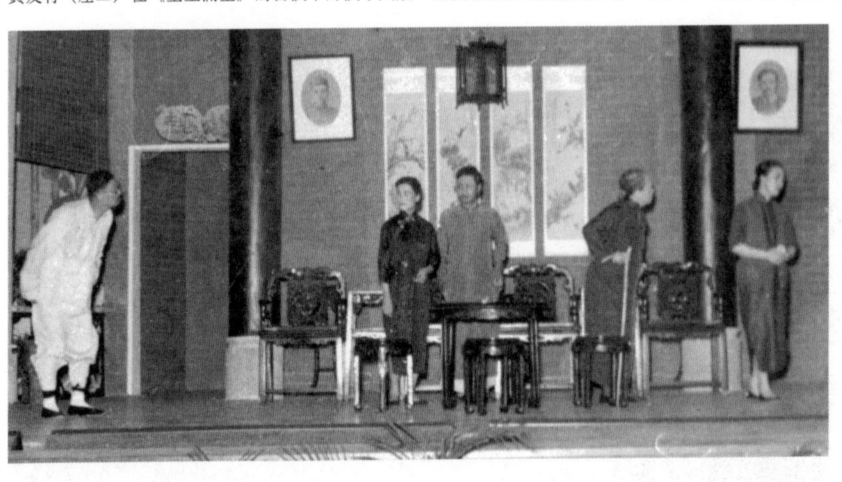

黃： 因為我後來除了日間教書外，晚間亦在香港政府教育署的成人教育組兼職，當中心主任及訓練導師，教導輔導員。所謂輔導員，全部都是在職教師。如果他們想加入成人教育中心當輔導員的話，便必須先就讀輔導員訓練班。我的職責便是訓練這班未來輔導員，使他們將來可以在中心教戲劇組。那時候，港九和新界有十多個中心，每個中心都有戲劇組。換句話說，我要做的是為成人教育中心訓練在中心教授戲劇的教師。後期我集中所有時間在這方面的工作，沒有時間參加舞台劇演出。直至姚克邀請我演出《陋巷》，才再多踏一次台板。

涂： 您對「業餘」有何感覺？又有甚麼得着？

黃： 我除了演戲外，並沒有參加「業餘」的其他劇務或活動。我眼中的「業餘」有很多前輩，「中英學會」那邊可沒有那麼多。「業餘」除了姑丈和姑姐外，還有譚叔、牛叔、后叔、初叔、保叔等。這些前輩全是姑丈和姑姐的好朋友，亦是我的前輩。我演出《秦始皇帝》和《我愛夏日長》時，劇組特別多前輩，使我有很多向他們學習的機會。我們後輩跟他們演對手戲，從中可以學習和提升演技。《秦始皇帝》排練最久，我與后叔最多對手戲，他與敦叔都用心教導我。當我演得不對時，前輩都會指正我，令我獲益良多。

我在五五年參演《紅樓夢》時認識飾演賈蓉的張清，當時他仍在唸中學。我與他在劇中有很多對手戲。我們直至他離世前一直保持聯絡，友誼常在，我到洛杉磯旅行時也去探望他和慧茵。我與鍾偉明和「中英學會」的何沛充、莫紉蘭也是志同道合的好朋友，數十載的友誼一直延續下去。

涂： 您的退休生活如何？

黃： 我至今已經退休三十多載。退休前期，我在聖公會聖十架堂屬下的社會服務中心任管理委員會主席，為教會做侍奉工作共十五個年頭。直至二〇一二年，我因為腰患才辭去職務。二〇一〇年，我獲香港華人基督教聯會頒發「十大傑出長者」榮譽。

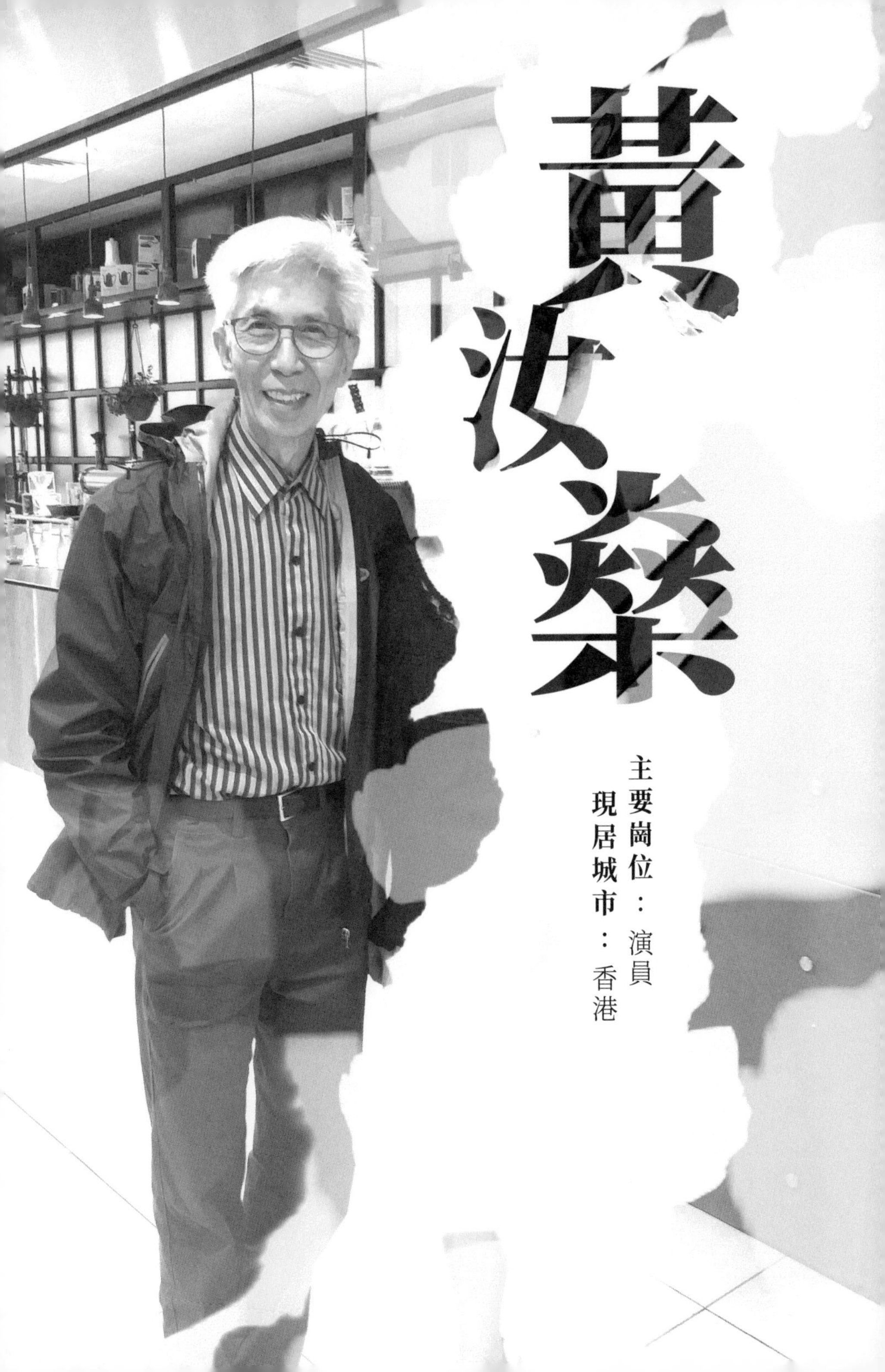

黃汝燊

主要崗位：演員

現居城市：香港

涂：Sunny哥哥，請告訴我您的戲劇背景。

黃：我是廣西梧州人，四名兄姊都在香港出生。家人因為逃避日本侵略逃難回鄉，所以我是於一九四三年在廣西出生，後來才來港定居。我唸大專時，香港並沒有專業劇團。大概除了King sir和張清之外，沒有人以演戲賺錢養家。我們很幸運，在「浸會」唸書時，剛好是King sir在那兒學以致用，教授戲劇，也讓我們學到他的戲劇知識。他在「浸會」培訓了很多戲劇精英。

我一年級加入浸會劇社，與Fredric毛俊輝同任委員，我們都很活躍。我唸社會系，Fredric唸英文系，我和他志趣相投，一起排演過很多戲，他是我在大專時最好的朋友。一次，King sir上演《小城風光》，我和Fredric爭演喬治一角，連校長也來禮堂看我們遴選。雖然最後由Fredric演喬治，我則演酗酒的詩歌班領班，但這已經是我很大的榮耀。Fredric到美國唸書時，我曾經探望他，二人結伴看舞台劇。

涂：您在「業餘」演過甚麼劇呢？

黃：我在「業餘」第一個演出應是電視劇《快樂旅程》，我在劇中分飾多角，包括加油員、旁白、彈結他的歌者。Fredric也有份演出。我曾在舞台劇《佳期近》中飾演侍役山姆。這個戲很有趣，人人都可以參加客串飾演侍應。

黃汝燊（後排左四）不常演出電視劇，《女大當嫁》是他其中參演的製作。（1969，湘漪提供照片）

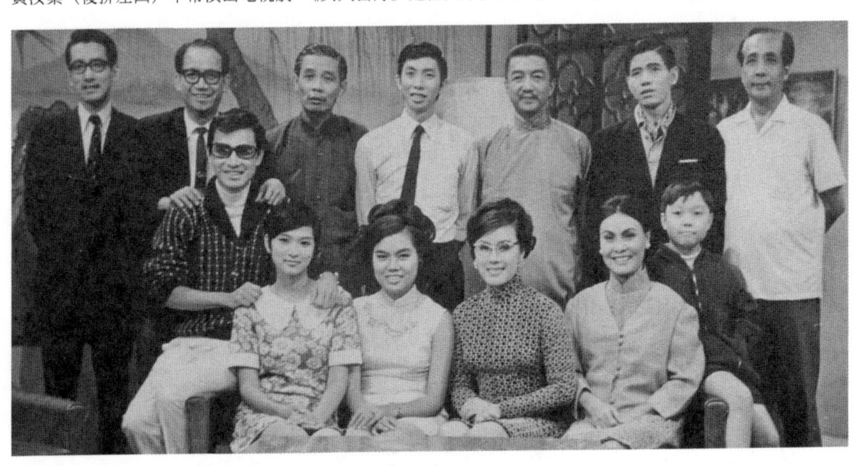

涂： 我找到一份六九年十二月二十九日《華僑日報》〈劇影藝術〉版的剪報，有一篇由伊妮撰寫，名為〈看《佳期近》的演出〉的劇評。作者在文中對您的演出有這樣的評價：「……我比較喜歡黃汝燊的侍役山姆。他出場雖少，可是他那戲劇化的舞蹈身段卻非常美妙。」作者對您的表現很是讚賞。

黃： 謝謝你找到這份剪報。我還曾經演出由敦叔當導演的電視劇《黎明時份》，是一齣民初戲，我飾演男主角，內容講及抗日戰爭時兒女私情的糾結。我的角色在黎明時份告知愛人暫時分手，因為我要北上參與抗日戰爭，是一齣非常感人的戲劇。敦叔是「業餘」的前輩，我現在回想起參與過程的點滴，感到獲益良多。

涂： 根據前輩們留下的劇目表，此劇應該不是「業餘」的演出。您在劇社時有甚麼感受？

鏡頭最前的是黃汝燊，四名演員（後排左起）梁舜燕、毛俊輝、（前排左起）小演員姓名不詳和鍾景輝坐在兩排，象徵一家人坐在車廂內的前後排，一起展開一段旅程。（1965，梁舜燕提供照片）

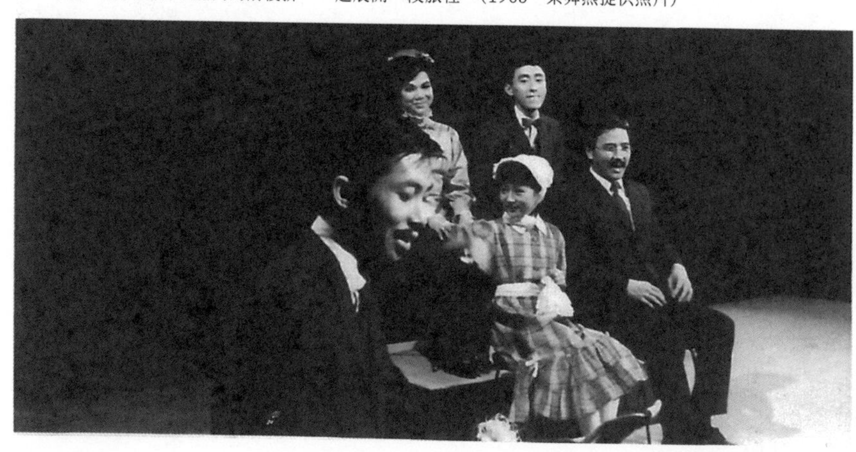

黃：若說「浸會」是培養我的演藝事業的溫牀，那麼我在劇社時則恍如置身於一個大家庭之中，這不是很多行業能夠給予我們這種感覺的。我覺得自己有藝術家的氣質，但卻不代表我是一名好演員。不過，我很享受那種經歷，那怕只飾演一個小角色。我喜歡演群戲，因為可以讓很多人一同參與。我們並非單單在幕前演出，幕後如佈景、雜務，甚至拉幕我也喜歡做。我只要有份參與，即使在幕後看着社友在幕前演出，也是同樣開心。

涂：在「業餘」內，誰是您特別感恩的前輩？

黃：King sir很提攜後輩，如Fredric、余比利、劉達志、黃柯柯等，他都認為是可造之材。六七年，King sir介紹我認識蔡和平，後者告訴我「無綫」還有兩個月開台。他欣賞我能唱能演，且有組織能力，欲邀請我加盟《歡樂今宵》。雖然我很想接受他的邀請，但我還有一年才畢

黃汝燊（中排左三）在《佳期近》中飾演侍役山姆，獲得劇評人讚賞。（1970，慧茵提供照片）

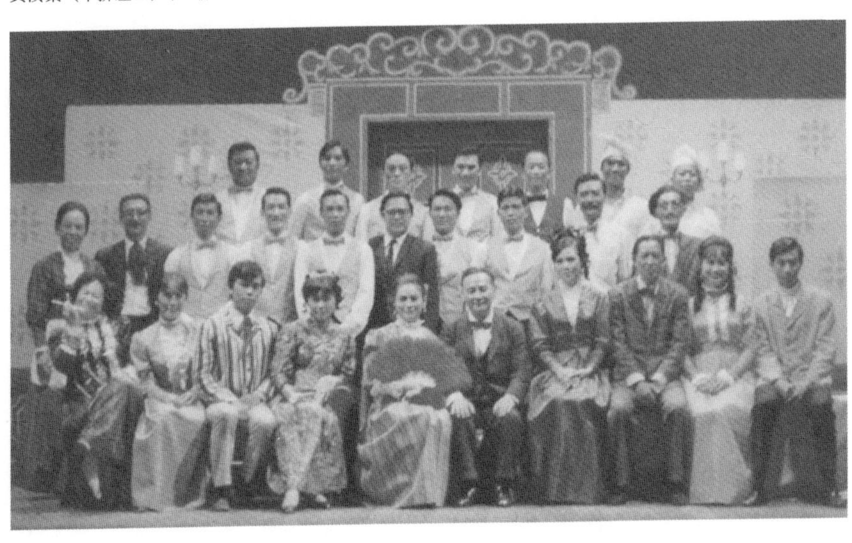

業，所以我寫了一封郵簡給當時正在紐約大學修讀電視製作的 King sir，請他指點迷津。King sir 回信時表示那是一個好消息，但他身為我的師長朋友，卻另有看法。他這樣寫着：「若你是女孩子，你進入電視圈後可以嫁金龜婿；但你是男孩子，一定要完成你的大學課程這個人生階段。否則，當有一天你們不再合作時，你會因為沒有畢業而很難找到工作。若他真的愛惜你的話，日後你再去找他吧。」King sir 給我的忠告我一直銘記在心，我很感激他這番影響我一生的語重心長的說話。到他在「無綫」上班後，我在他首齣執導的處境劇《太平山下》中演戲，扮演梅欣和容玉意的歌劇演員租客，讓我有機會在廣大的電視觀眾前表演唱歌和演戲。我很感激 King sir 給我機會。

另一位令我感恩的是張清。張清對我很好，是我的啟蒙老師。我在「浸會」唸書時，學費每月六十元。我家本是大地主，來港後不再富有，那筆學費對我來說實是一大負擔。張清明白我的處境，每個月叫我到他的綜合節目《青春俱樂部》唱兩首歌，我便有一百五十元酬勞，足夠交學費了。我更是因此而認識了一班「青春豆」的父母，自此與他們結下數十載的情緣。張清又邀請我在「麗的」的其他節目唱歌，讓我發揮唱西班牙和意大利歌曲的才能。張清永遠不會給我們壓力，又能讓演員發揮，從來不會做一個要演員變成機器人的導演，令演員沒有生命力。我八三年移民美國後，他仍然給我很多機會，讓我學到很多，我至今仍對他心存感激。

涂： 您怎樣看劇社？

黃： 當時香港沒有很多人認識話劇。市民若要看舞台劇的話，便只有在學校或社區中心的舞台。「業餘」在「麗的」演出後，觀眾便可以透過電視看到話劇。當時「業餘」的數名導演輪流執導那些電視劇，與演員一起為了興趣而去耕耘這塊田地。

劇社的舞台劇產量不算多，因為當時公眾演出場地只有香港大會堂，市場未夠成熟。若要大力開拓市場，未必是一個好時機。另一方面，劇社多在電視演出，讓很多年輕社員有機會演主要角色，間接孕育了一班演員。

我們沒有會址，也沒有制度，任何人都不用進行任何篩選程序便可以成為社員。

我在劇社感到很舒服，我們沒有人視在劇社演出為職業，大家都當演出是興趣。我們沒有爭執，這種精神很難得。

現時生活節奏更快，除非是專業劇團，否則沒有人會有閒情逸致演出業餘話劇。「業餘」當年成功，是全靠天時地利人和，可惜這個時機已經過了。所以，我會說「業餘」是時代的產物，是那個時代才能培養到這種演出形式——大家樂意義務演出，即使報酬只是一頓慶功宴。

涂： 可否談談您與劇社一些社員和他們的下一代有着的深厚緣份？

黃： 當時，后叔、慧茵和報華在同一間小學教書，慧茵與報華每星期一次放學後便一起到「麗的」演出《小夫妻》。後來，他們和劇社的湘漪、劉滌凡、陳曙光等一同將他們的孩子交給我，讓我教他們唱歌和跳舞。這班小孩子組成「青春豆」，經常唱歌表演。長大後，雖然大家都不再住在同一個城市，但友情仍在。二〇一六年底，他們有感父母年紀開始老大，便相約在香港再見。慧茵的兒子張廣暉移民洛杉磯三十九年後才因是次「青春豆」的聚首活動而首次返港。我和報華見面時，大家感觸得抱頭掉淚。匆匆數十年過去了，大家都經歷過起跌得失，這班人至今仍是我的好朋友，帶給我燦爛的人生片段。他們提攜我，照顧我，陪伴我度過我人生的黃金時期，真是非常甜蜜。

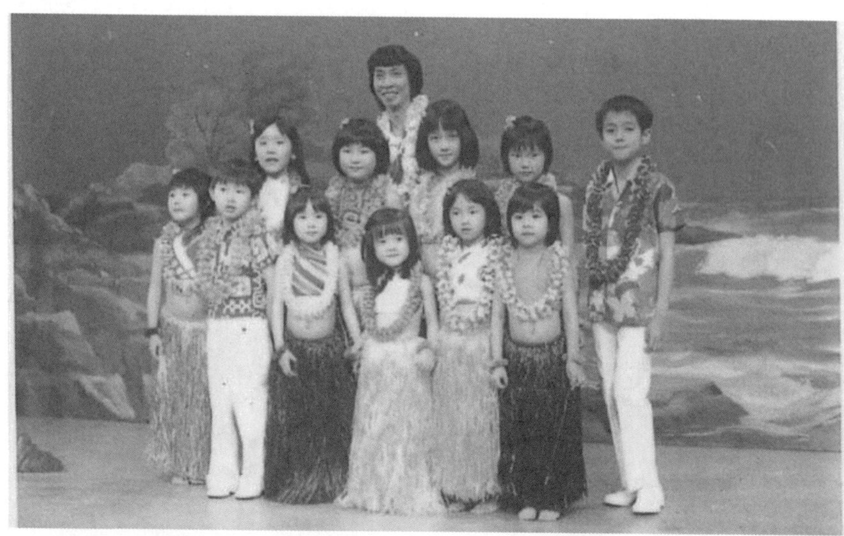

六七十年代，「業餘」社員的子女參加由黃汝燊（後立者）領導的青春豆合唱團。小團員包括陳曙光女兒陳嘉明、張清和慧茵兒子張廣暉和女兒張翠珊（前排左一至三）、劉滌凡女兒劉麗詩（前排左六）湘漪女兒李綺澄（後排左一）、袁報華兩名女兒袁葭怡和袁葭恂，以及袁昌鐸兒子袁嘉華（後排左三至五）。（約 1970 年代，袁葭怡提供照片）

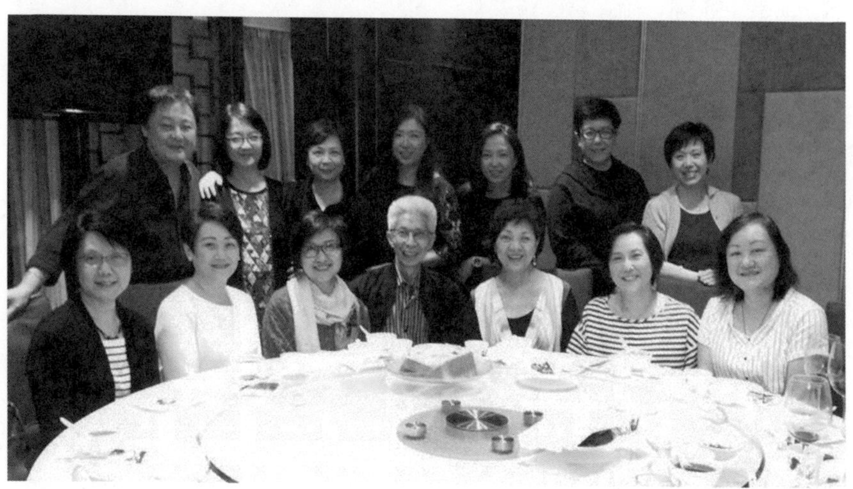

「青春豆」團聚照。照中「業餘」社員的子女包括張清和慧茵兒子張廣暉、袁報華女兒袁葭怡、劉滌凡女兒劉麗詩（後排左一至左三）、湘漪女兒李綺澄（後排左六）和陳曙光女兒陳嘉明（後排左七）。（2016，袁葭怡提供照片）

黃裔華

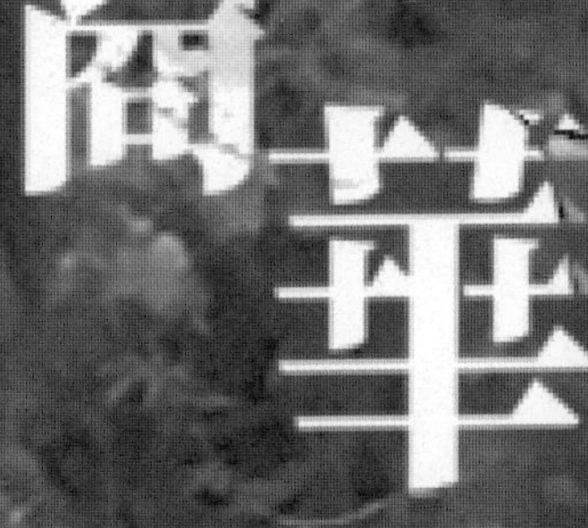

主要崗位：演員

現居城市：加拿大多倫多

——兼談黃澤綿

涂： 裔華姐，我很遺憾沒有機會認識令尊馬叔，但很想知道他的故事，可否請您告訴我？

黃： 你這個問題令我回想起不少家父的生平軼事。家父於一九一〇年出身於廣州一個富裕家庭，本名佐朝，國學老師給他取名澤綿。我的曾祖父是英國鐵行輪船公司的買辦，早年已和外國人做生意。祖父是他的唯一兒子，繼承很多家業。祖父。祖父有一位正室和兩名姨太太，家父是正室所出，排行第四，所以下人稱呼他為四少。他上有一兄兩姊（一姊早歿），下有兩個妹妹，而庶母三太太則育有一個弟弟和三個妹妹。三祖母（即三太太）和姑姐們都稱讚家父十分尊重和疼愛她們，對待姑姐們有如自己的同胞姊妹，並沒有看不起她們是庶出。家父對待下人亦彬彬有禮，一點西關少爺的架子也沒有，常常走到廚房找大廚阿林偷師學燒菜。他所燒的小菜如紅燒鳳尾魚、釀鯪魚、釀大蜆、老少平安和蘿蔔糕都十分美味。

父親年輕時也是一名熱血青年。一九二五年六月二十三日，廣州發生「沙基慘案」。當時有很多市民和學生遊行到英法租界的沙基示威，父親也帶同六姑姐前往參加。正當遊行人士聚集在沙基對面的沙面時，英軍突然向他們亂槍掃射。當時父親和六姑姐躲在一棵樹下，突然嗤的一聲，一顆子彈從他的頭頂飛過，他才猛然醒覺：

「原來洋鬼子送給我們這道『蓮子羹』的『蓮子』是真的！」便立即拖着六姑姐拚命跑回家去。回到家裏，自然被祖父痛斥一番。據報道說案中死了五十餘人，重傷一百七十人，故稱「沙基慘案」。

由於黃家家境富有，祖父自父親小時候便請了一位很有學問的中文老師到家裏專門教他國學。到了中學時代，父親進入了一所貴族學校讀書。那是一間英文專科學校，好像現時的國際學校一樣，培養了他十分優良的中英文修養，使他日後有能力編寫許多劇本、翻譯和改編英文劇本。

大學時，家父原本在內地的「中山大學」唸理科。沒想到一次正值期考時，祖父被匪徒綁票。當時伯父在香港讀大學，七叔則在上海聖約翰大學讀書。家父是廣州家中唯一的男丁，所以要四處奔走，張羅贖金贖回祖父，因而錯過考試，要留級重讀。家父不想留級，知道廣州嶺南大學的理科很有名，便轉學到「嶺大」讀化學工程至畢業。我也不清楚家父畢業後是否一直從事教學工作，只知道他來港前，曾在「廣州一中」任職校長，是牛叔的繼任人。

涂： 馬叔在香港的生活如何？

黃： 家父到香港後，在「聖保羅男女校」獲得一份教職。本來他有一位「嶺大」的同學想與他合夥開漂染工廠，因為父親在大學選修化學工程，而當時香港的製衣業

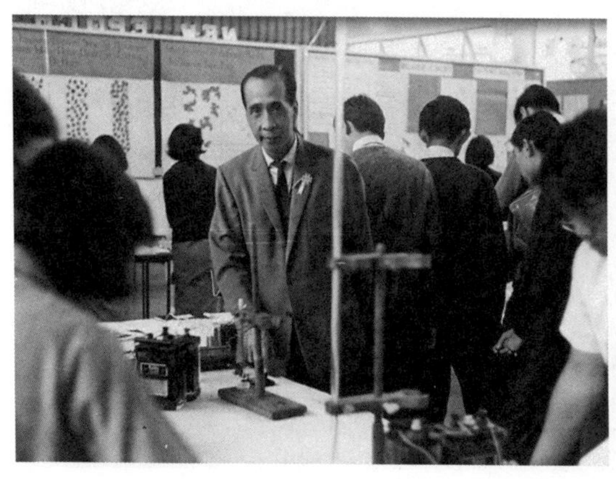

黃澤綿在他任教的「聖保羅男女校」的開放日即場向學生示範物理實驗。（五十年代，黃裔華提供照片）

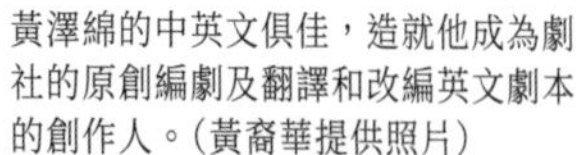

黃澤綿的中英文俱佳，造就他成為劇社的原創編劇及翻譯和改編英文劇本的創作人。（黃裔華提供照片）

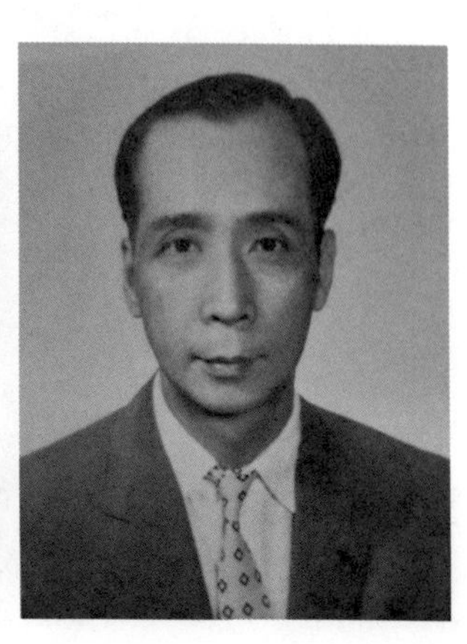

開始蓬勃，應該是一個很好的發展機會。可是父親礙於要養育我們四兄弟姊妹，母親又罹患肺病，故不敢冒險創業；而教書則是一份穩定的職業，所以他只好放棄大好機會，一直在「聖保羅男女校」執教鞭，直至六十二歲才退休。校長羅怡基博士外表十分威嚴，學生和老師們對她十分敬畏。其實她內心慈祥，對父親這位老同事、老臣子特別敬重體恤，對我們幾兄弟姊妹也十分關懷。父親教的科目是化學、物理和微積分數學，香港很多知名人士如譚惠珠、鄧惠瓊等都是他的學生。我也曾是父親的學生。記得他在上物理課時，常常製作很多小玩意和小教具吸引我們學習的興趣。最近舊同學聚會，有一位經營科研事業很成功的同班同學對我說：「黃老師是我的啟蒙老師。我經過他的教導，才有今天的成績。」有一次，伯父買了一套化學器材，給我正在讀中學的堂弟在家做化學實驗的小玩意，希望引起他對科學的興趣。

四位志同道合的好友在大學畢業時留影：（左起）雷浩然、黃澤綿、朱祖誠和譚國始（約三十年代，黃裔華提供照片）。

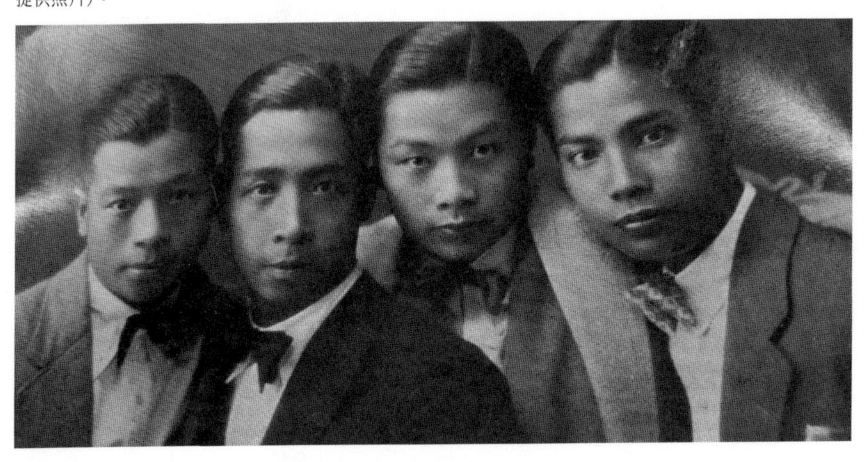

父親和我到訪時，他一時技癢，教堂弟做一個製造火藥的小實驗。兩叔侄玩個興高采烈，房子霎時冒出火花和火藥味。這邊廂堂弟高興得拍手大笑，那邊廂伯娘的臉色卻一陣紅、一陣青、一陣黑，生怕燒了她的房子，但又不好意思說出來。父親就是這樣一個對任何事物都充滿熱忱的人。

涂：馬叔是怎樣與戲劇結緣的呢？

黃：家父在「中山大學」讀書的時期，已結識了譚伯、黃姨、牛叔、朱伯（朱祖誠）等一班志同道合的戲劇「發燒友」。他們一起合作演出不少話劇，感情深厚得有如親兄弟。四九年後，很多人從國內移居香港，他們亦先後來港，在香港繼續搞話劇。父親來港後的一大嗜好自然是與「業餘」的眾位手足一起創作。六一年，譚伯、黃姨和牛叔更與多名戲劇愛好者正式成立「業餘」，父親亦獲邀加入。由於他的中英文俱佳，劇社的改編工作常常落在他的身上。須知原創的劇本即使再好，也未必完全適合在香港的舞台上演出，而且還要限在兩小時半內演畢，所以便有濃縮和刪減劇本的必要。有時，家父亦需要將台詞改得較為口語化，方便操廣府話的演員唸出。

涂： 我知道馬叔加入「業餘」前已經有三十多年的戲劇經驗。他除了是編劇能手，亦參與劇社的導演工作。

黃： 是的，父親曾為劇社的舞台劇《金玉滿堂》和《長恨歌》擔任聯合導演，亦曾導演在「麗的」播映的半小時現場直播電視劇《各得其所》、《視察專員》、《靈猴魔爪》、《慳吝人》、《親情似海》、《善惡邊緣》、《女大當嫁》等。他常常都與演員們在演出前用心排戲，大家都排得很純熟細緻，即使現場演出也不會出岔子。

涂： 您對馬叔哪些創作特別有印象呢？

黃： 在家父眾多導演作品中，最令我留下深刻印象的是《靈猴魔爪》，即是W W Jacobs的超自然短篇小說 *The Monkey's Paw*。此小說自一九〇二年面世後，至今仍然經常被人改編成電視、電影和舞台劇。六七年，父親將小說的舞台劇版本改編成一個半小時的電視劇，在「麗的」播映。他選擇這個劇本是因為它是一齣短劇，演出的時間正好適合「麗的」電視劇只有半小時的播映時限。故事內容與三個願望的魔咒有關：猴爪子的主人被賦予三個願望，雖然願望成真，夫妻倆卻付出沉重的

黃澤綿（後排左一）是《慳吝人》的導演。（1969，慧茵提供照片）

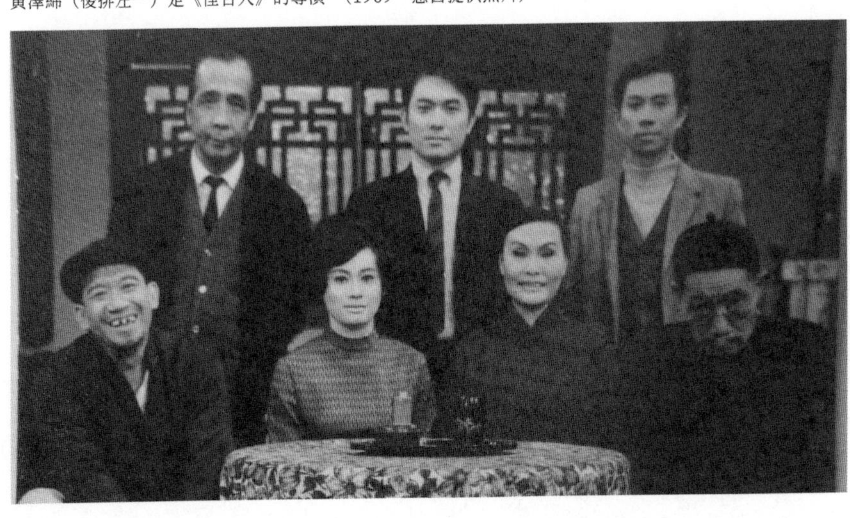

代價——丟了兒子的性命。全劇充滿詭異氣氛，但又非常感人。由於當年「麗的」是黑白畫面，令演出更添神秘感覺。原著中兒子的角色沒有出現，只交代他當兵去了。這可能是家父覺得播映時間有限，便只保留兩個主要角色。劇中一對夫妻由敦叔和湘漪姐分飾，他們演技精湛，戲味濃厚，令人感動，使我印象深刻。我深深的記得敦叔在劇中的最後一個鏡頭——他失去愛子，老淚縱橫，淚水掛在滿佈滄桑縐紋的臉孔上。導演特別用了敦叔的「大特寫」作全劇的最後一個鏡頭，效果異常精彩。演出之後，家父開心了好幾天。因為他事前為此劇花了很多心血，演出成功令他覺得他的努力沒有白費。我記得在演出前夕，家父在家一邊親手縫製該劇的主要道具——猴子爪，一邊問我：「這隻猴子爪造得像真嗎？夠怪異嗎？」這一切情景至今仍歷歷在目。

黃澤綿（右一）是《視察專員》的導演。(1965，雷浣茜提供照片)

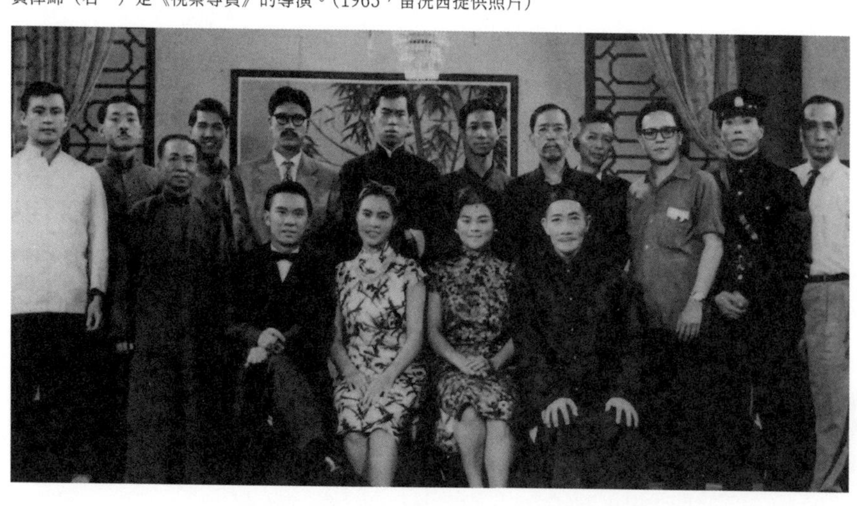

另外，他任聯合導演的舞台劇《金玉滿堂》也令我留下深刻印象。可能我常常跟着家父出入排練室吧，在他耳濡目染之下，儘管那時我大約只有十歲，亦已經開始懂得欣賞戲劇。黃姨在劇中飾演老夫人，她的演技真是入木三分。尤其是最後的一幕，她演得更是異常感人，掀起了整個劇的高潮。我每次看到這一幕都有不同的感動位，令我十分難忘。此外，張清哥哥飾演「敗家仔」的角色也令我印象深刻，因為他在劇中的「二世祖」形象與我平時所認識的那位既正氣又平易近人的大哥哥迥然不同呢！

父親還有一齣他參與的舞台劇令我印象猶新，便是在五七年十二月在「九龍華仁」禮堂上演的《清宮怨》，是姚克教授的名劇。該個製作不是由「業餘」主辦，而是勵志會為籌募福利經費的演出。但是，台前演員有多位都是後來「業餘」成立後的社員，包括清哥飾演光緒、陳勁秀飾演晉澧后、后叔飾演李蓮英、保叔飾演王商、駱恭叔飾演袁世凱、鍾大哥飾演聶十八和慧茵姐飾演春壽。整隊化裝隊伍亦都是「業餘」的社員，包括父親、初叔、后嬸、報華哥、婉清姐和那時以湛森為名的黃霑。

家父除了參與化裝之外，主要的職責是劇本改編。雖說《清宮怨》已是一個舞台劇本，但是由於姚教授是安徽人，以白話文寫劇本，所以這個劇向來在國內亦是以國語演出。它一旦被搬到香港舞台演出，自然需要以粵語演繹。所以，將台詞修改成口語化的工作便落在父親身上。改編的另一個原因是要因應香港舞台演出時間的長短。還有，兼任導演的姚教授將劇本重新分場分幕，改變了場景的更換。基於以上種種原因，便需要有專人將劇本改編。

改編的工作十分艱巨。父親每星期都要和一班技術顧問到姚教授家裏開會，將一幕幕已經改編的手稿給姚教授批閱。由於姚教授是原創者，一切的改編必須得到他的同意。父親接納了姚教授的意見後，又要回家再三修改，直至全劇完成。我記得他每次開會之後，翌天甫放學回家即埋首執筆疾書，至夜深也不肯就寢。這樣寫了一個多星期後，又是開會之日。開會後，他回家又再繼續埋頭苦幹。如是者一次又一次的改寫，直至全劇完成為止。

涂：馬叔為這個首次粵語演出的《清宮怨》版本付出那麼多心血和時間，怎麼在場刊

黃澤綿為「業餘」導演了多齣電視劇，《女大當嫁》（左圖）和《親情似海》（右圖）是他的其中兩齣作品。（二劇均在 1969 年播映，二照均由湘漪提供）

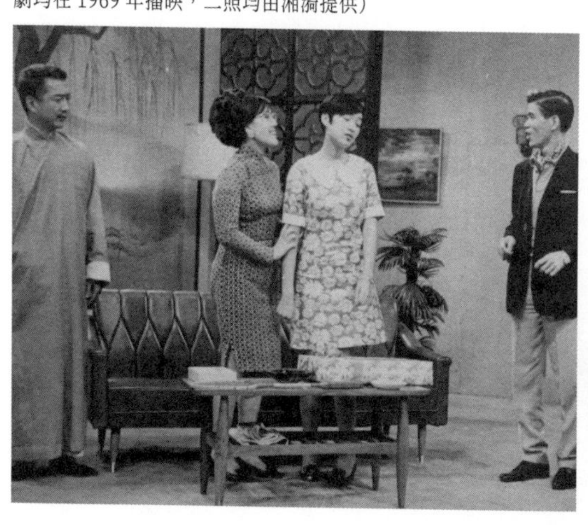

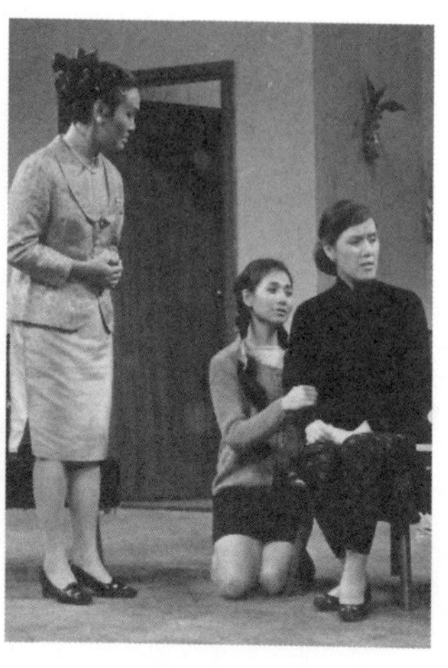

的工作人員名單上只在技術顧問和化裝兩欄中看到他的名字，卻沒有記錄他是劇本改編呢？

黃： 場刊沒有提及家父改編，因為編劇是大名鼎鼎的劇作家姚克啊！倘若加上改編者的名字，就有冒犯之嫌了。況且家父從未介意。他努力付出的目的只是想將事情做得更好、更完美而已。

提起姚教授，我記得當年香港校際音樂比賽，有一段時期加添了朗誦和戲劇兩項比賽。父親負責帶領「聖保羅男女校」的劇社出賽，當時的評判是姚教授。一向低調的父親一方面忙着打點學生們的化裝和準備演出；另一方面因避免讓人覺得他有攀關係之嫌，刻意不上前和姚教授打招呼，以示公正。最後，「聖保羅男女校」獲得冠軍，評判的評語是：「棋逢敵手，『將』遇良才」，父親為此高興不已。

涂： 馬叔除了為劇社在編和導的範疇上貢獻良多之

外，他對舞台設計和照明也有着豐富的經驗，更是劇社的舞台照明總負責人，每個舞台劇的燈光設計都由他負責。同時，他經常帶領年輕社員做燈光的工作，從中為劇社培訓了多位舞台照明的人才。

黃：是的，除了編劇之外，劇社的舞台佈景大多是由父親繪畫圖則。他以比例方式計算他設計的舞台場景的尺寸，然後交給製作場景的工人搭製。至於舞台的燈光照明，由於他是物理科教師，對於光影有一定程度的認識。因此，他對於舞台上的照明處理，例如會否太光或太暗、怎樣打光才不會令佈景有「鬼影」出現等問題，同樣控制得宜。他認為舞台的燈光照明也要與時並進，才能滿足要求日高的舞台效果。最早期的舞台照明，舞台上的照明只有最簡單的大白天、晚上和月光燈光，慢慢地開始有淡入淡出（fade in、fade out），導演對照明效果的要求亦逐漸增加。讓我舉由鍾景輝先生導演的《小城風光》為例。由於故事穿插着很多不同的時空，所以舞台佈景的設計很簡單。可是，故事情節的交替要靠燈光配合和表達，燈光設計便十分複雜了。父親將舞台劃分為十多個區域，有時部份要照明，有時部份卻要黑暗，以方便舞台上某些區域換景和演員進出。他時而要照明飾演敘事者的演員，時而又要用聚光燈追着走到前台演戲的演員。有時，他還在照明之外在天幕上加入移動的雲彩的設計。演出時，負責燈光照明和舞台監督的父親在控制室上坐鎮，金睛火眼地注視着舞台。在整個演出中，他根據演出前在劇本上準備好

《善惡邊緣》是黃澤綿的另一齣電視劇導演作品。(1968，湘漪提供照片)

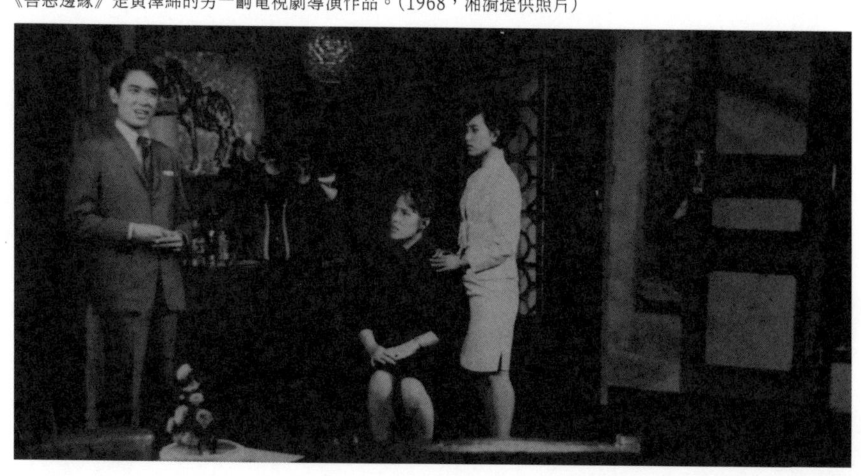

的設計和安排，通過「咪高峰」給負責照明的助手指示。此外，他亦會因應個別劇本的需要在舞台上營造特別的效果，例如用滾熱的水倒在乾冰上，以製造煙霧瀰漫的效果，使人有如置身仙境的感覺。乾冰的份量不可過多或太少，掌握不易。幸好父親有化學知識，所以難不到他。

涂： 馬叔也經常為演出幫忙化裝的，對嗎？

黃： 是的。父親為了幫助劇社節省經費和演員等候化裝的時間，不惜自掏腰包學習舞台化裝，目的是為在劇社的製作中飾演路人甲、兵丁、丫環等閒角的演員化裝。當然，主要演員是由專業的化裝師負責化裝的。父親曾教導我很多化裝的知識，例如如何化裝才會使到演員在燈光照射下臉部不會反光和觀眾可以從遠處看到演員的輪廓；還有繪畫縐紋和化裝成老人的方法等。他對戲劇每一個範疇的工作都很認真，很熱心地學習和改進。讓我告訴你一個小秘密：我家藏了一個很大的化裝箱，但並不是屬於母親的，而是父親特別購買的舞台化裝箱。箱內有舞台化裝用的粉底、胭脂、各種不同顏色的顏料、眉筆……林林總總，十分齊全。我在中學畢業那一年，向父親借了那個化裝箱，自動請纓為參加校內的音樂和戲劇晚會的一位男同學化老人裝。沒想到我學藝未精，在舞台燈光照射下，竟將那名男同學的臉孔化成殭屍模樣！只怪自己「知少少，扮代表」便毛遂自薦，應該預先多向父親學習才是。

涂：馬叔在「業餘」還有其他崗位嗎？

黃：父親是「業餘」大部份舞台演出的演出委員會委員。他在舞台劇《我愛夏日長》、《西施》和《明末遺恨》更身兼舞台監督一職。

涂：馬叔曾否在幕前演出呢？

黃：父親參與戲劇的工作大多數是幕後。至於幕前，也許因為他性格低調，所以極少參予演出。在我印象中，他唯一一次當演員是在五四年左右，在胡春冰教授時期的「中英學會」上演的《趙氏孤兒》中飾演程嬰一角。他的戲份不多，在第三幕結尾才出現，只有兩三句台詞。那時我只有七八歲吧，但現在仍然記得父親的造型。他身形高眺，身穿灰布長袍，背掛一把長劍，蓄了五綹長鬚，高風亮節，正氣凜然。後台的人一聽到馬叔粉墨登場，全部都走到台前觀看，其中一位世叔伯更說：「哈！他很緊張哩！」

黃澤綿（左）與中學年代的黃裔華（右）。
（1963，黃裔華提供照片）

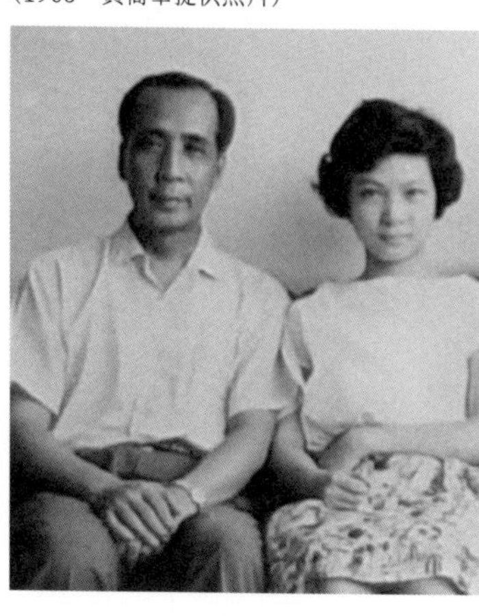

黃澤綿（右）與黃裔華（左）的父女照。
（1978，黃裔華提供照片）

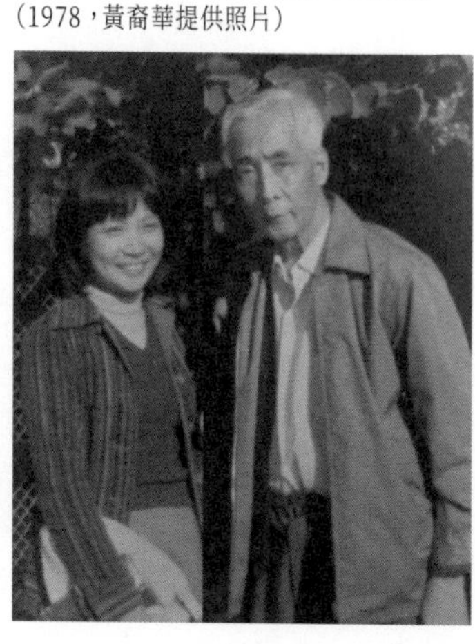

我個人以為他的演技雖然一般，但勝在形象鮮明，能給予觀眾很大的說服力。他不用唸很多台詞，觀眾卻能一望便知道他是「忠」的，即不成功便成仁，一定不負所託那種義士。

涂： 您會怎樣形容馬叔對戲劇的熱愛程度？

黃： 家父每天放學回家，吃過晚飯後便伏在書桌，在原稿紙上一邊「爬格子」，一邊喝着白酒，剝着鹹脆花生，嘴角掛着笑意，沉醉於他的戲劇和寫作的樂趣中，連我也感受到他是何等享受那時刻。

有一次，我和父母一起看粵劇。完場後，父親囑咐我們在戲院門口等候，自己卻走進後台。我們等了很久之後，見到他很高興地來到戲院門前。原來他在看演出時，十分欣賞負責燈光照明的師傅的設計，在完場後立即走到後台誠意邀請他到劇社幫忙。雖然劇社的演出是業餘性質，但從此事可見父親對自己的義務工作依然很掛心，亦能反映他對戲劇的熱誠。

黃裔華（左三）在電視劇《清宮怨》的〈選秀〉中飾演秀女。（1970，鍾景輝提供照片）

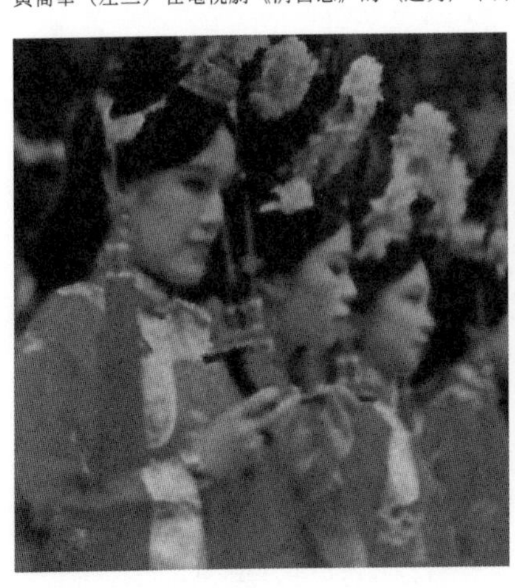

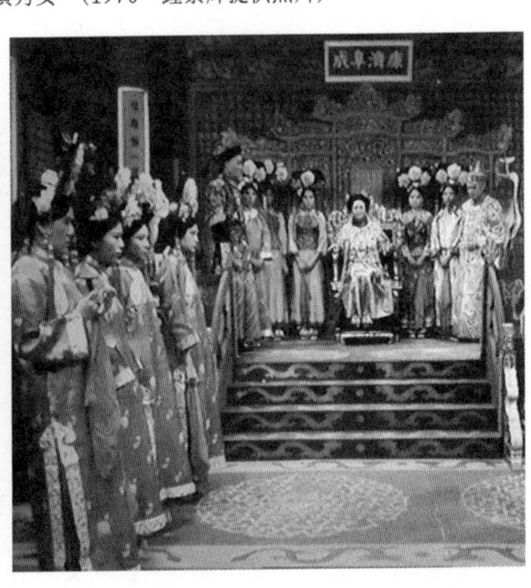

涂： 談了很多關於馬叔的事情，請介紹一下您自己？

黃： 我於四七年在廣州出生，出生後九個月隨父母移居香港，可算生活於小康之家。我在父親任教的「聖保羅男女校」唸中學，在師範學院畢業後，在香港政府中學執教多年。九〇年，我與丈夫和子女移民多倫多，在當地的祖裔語言學校教中文，現已退休多年。孫子們已經上學，不再需要我照顧。我閒來參加太極班、上網瀏覽互聯網頁、散步、約老朋友茶聚，生活過得舒適寫意。

涂： 您對劇社有何感情？

黃： 我是家中最小的女兒，特別貼身，自小跟着父親到「業餘」看排戲。那裏有不少叔叔、嬸嬸、哥哥、姐姐，都很親切，視我如親人。譚伯和黃姨待我親如子侄，他們的女兒雪姐是我的大姐姐，我一直與她保持聯絡。我永遠不會忘記他們一家。

涂： 您在「業餘」有任何崗位和工作嗎？您為何沒有

黃裔華(左二)說《香港電視》封面所用的並不是這張照片,卻在同一場景拍攝。照中其他演員為(左起)鄭子敦、梁天、雷靄然和鮑漢琳。(1971,梁天提供照片)

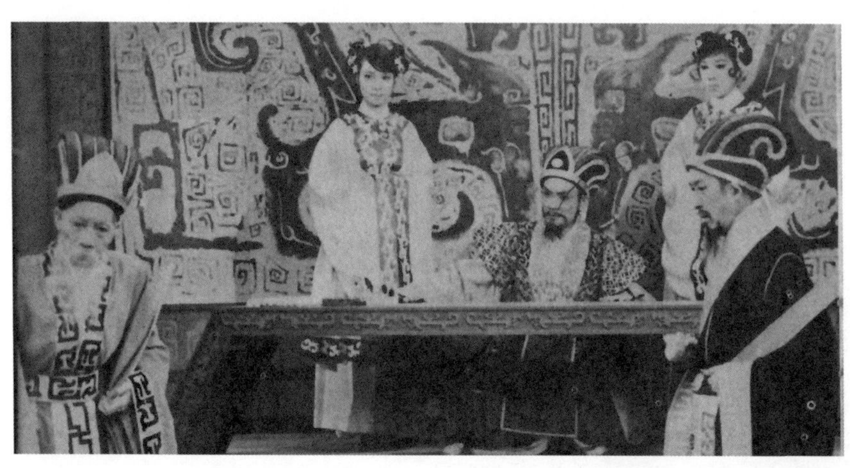

繼續演戲?

黃: 我十二歲那年,父親在暑假給我一大堆劇本,囑咐我閱後選擇幾本較佳的向他簡述內容。我選了三本。那年「港大」為清貧學生籌款演出,我竟然大膽地在演出委員會的叔叔和嬸嬸開會選擇劇本時推薦其中一個劇目和簡述內容。結果,那年的演出就是我推薦的劇目。我這名黃毛丫頭也算有點用吧!可惜我已經忘了那個劇的名字了。

我參與劇社演出則是剛開始工作的時候,因為母親在七〇年患感冒後轉為急性肺炎,遽然離世。伯伯、叔叔和嬸嬸們知道我很傷痛,為我找寄託,便安排我參與演出。我在「業餘」的參與實在非常業餘,只是間中客串如丫環、宮女等角色,演出的機會屈指可數。七一年,《香港電視》其中一期的封面是電視劇《西施》的劇照。此劇是全港首齣彩色電視劇,班底多是「業餘」的社員。照中的主要人物是飾演吳王的天哥。在他的王座後

《金玉滿堂》是「三劍俠」——黃澤綿、雷浩然和譚國始聯合導演的舞台劇，是藝術和友情的結合。(1962，黃友竹提供照片)

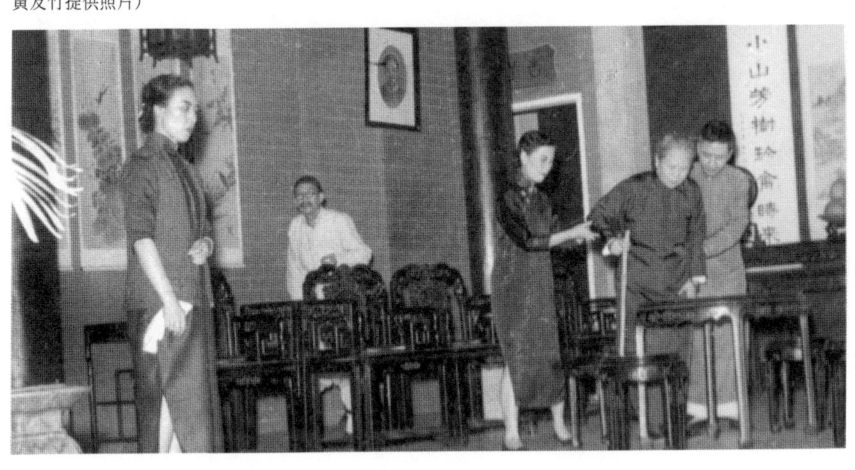

面站着兩名宮女，分別是 Helen 靄然和我，所以我說笑地說自己曾當過「封面女郎」哩！不過，我因移民，早已將那本周刊丟掉。我也曾在電視劇《清宮怨》中飾演秀女。我自問沒有演戲天份，志在參與，能夠在劇社的演出中客串已經很開心。

涂： 我知道馬叔與「業餘」的多位前輩的友誼非常深厚，您可以告訴我他們之間的情誼的故事嗎？

黃： 四五十年代的香港還很落後，人人生活困難。我們舉家在四八年從廣州搬到香港，租了一層唐樓，地方很小，但仍招待很多新到埗的親友。當時譚伯仍在廣州，交託黃姨和他們的長女雪姐給我的父母親暫時照顧。那時候，黃姨正值小產，還發熱不退。父親當時的經濟環境不好，但仍然日日延請醫生替她診病。由於家母出身官宦之家，不懂烹飪，家務一向由傭人代勞，所以由家父親自下廚煑湯水給黃姨服用。譚伯知道此事後，說了一句話：「佐朝真是一個可以交妻託子的人。」

提到父親和譚伯、牛叔的友誼，又令我腦海中浮現一些昔日的畫面，也是他們三位老朋友的趣事。當年他們平日各自忙於工作和照顧家庭，除了一同排練話劇外，甚少相聚一起。所以，多年來他們都約定在聖誕節的晚上，在其中一家人的家裏聚會。我的年紀最小，父母總會攜帶我出席。每次吃畢豐富的晚飯後，他們三人便圍在一起，一邊開懷暢飲，一邊高談闊論。母親和兩位姨姨則坐在另一邊角落，一面編織毛衣，一面閒話家常。我覺得最有趣的是他們在不同的醉酒階段，就有不同的特別行徑。最初，他們以廣東話和平時一貫的談話方式交談。有了酒意後，三人便開始大笑或轉操國語。到了深夜，也即是最後階段，「三劍俠」喝至酩酊大醉，便亂說英語，或到洗手間嘔吐。這個時候，母親和兩位姨姨便挽起手袋，穿上外衣，各自攙扶自己的丈夫回家。這個場面年年都出現，重覆又重覆。他們聊天時，我無事可做，便蹲在廚房內聽黃姨的老工人順姐給我說故事。不過，每當聽見廳外有人說英文時，我便知道是時候返家了。有一次，我問母親：「爸爸今晚說了英文，我們是時候回家了嗎？」母親說：「不，你父親今晚『劏白鶴』(即嘔吐)，說英文的是譚伯。」這個聚會一直持續了幾十年，風雨不改。

我的家庭曾經經歷了母親罹患肺病、大姊失婚、父親患病等很多黑暗的日子。在這些日子裏，全靠譚伯和黃姨的關愛，給我們全家的支持，真是親如父母。還記得父親殮葬那天，身患重病的譚伯不顧家人勸阻，仍然堅持在靠人攙扶下到靈堂拜祭家父。他還流着淚對我說：「華女，不要害怕，以後若有甚麼事情發生，你還有譚伯和黃姨。」

我永遠不會忘記這情景和他的音容，可惜他在一個月後亦病逝。相信譚伯和父親二人可以在天上互相陪伴，不會寂寞吧？二〇〇四年，黃姨去世，我專程和丈夫回港奔喪，是為了表達我對她的孝心、尊敬和心坎裏深深的謝意。

涂：為何劇社人人尊稱令尊為馬叔？同輩又怎樣稱呼他呢？

黃：因為家父臉孔輪廓長得長，膚色黝黑，像一張馬臉，故人稱「馬叔」。同輩稱他「馬哥」或「老馬」。

涂：馬叔是何時和因何離世？他曾經大量創作，現時他的遺作都在哪兒呢？

黃：家父於八二年二月因腸癌復發離世。他離世後，遺下不少劇本手稿。不久，我的大姊移民，趕着要將房子出售。香港的地方寸金尺土，我夫家的房子也沒地方安置父親的作品。我們曾考慮找出版社出版他的作品，但當時不認識任何出版商，只好把父親的東西當作垃圾般丟掉。直到現在，我每每想起此事也很心痛，非常後悔當時沒有把父親的創作保存下來。自從認識你後，我有一天驀地記起兒時聽到父母的一段對話。當時父親向母親提及他有一篇劇作編著在胡春冰教授選輯的一本劇本選集之內。胡教授共有三本劇本選集：《現代中國戲劇選》、《世界戲劇選》和《兒童戲劇選》。我後來找來這些選集，父親編劇的《公平交易》便是收錄在《現代中國戲劇選》之中，而譚伯編劇的《兒女心》則刊登在《兒童戲劇選》中。父親為人低調，當時因為不想羅怡基

「三劍俠」黃澤綿（後右一）、雷浩然（後右五）和譚國始（前右三）一同歡迎柳存仁教授夫婦（前右四、前右七）參觀劇社在電視台演出《桃李山莊》時拍照留念。(1969，邱麗冰提供照片)

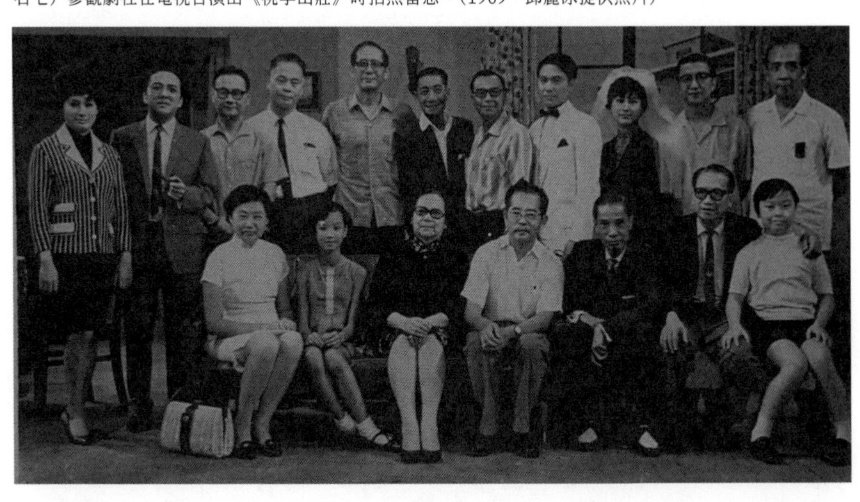

校長和同事們誤會他出鋒頭，便在劇本集內用了筆名黃助樵，與他的本名佐朝同音不同字。《公平交易》可能便是家父遺留在世界上唯一的劇作了。

涂：您眼中的父親是一位怎樣的人？

黃：父親總是默默地耕耘，為戲劇藝術付出不少心血。他從不求名，也不求利，一生努力做個好人。他為劇壇做過的好事有如路邊的小花，雖不顯眼，但總算為這世界加添少許色彩。事實上，世界上能有幾多個像高琨、楊利偉等有偉大貢獻的人呢？因此，小蝶，我很佩服你，你對寫作懷着無比的熱忱，不計較付出努力、時間和金錢，簡直是眼下文化沙漠的一股清流。你對話劇前輩的尊重更令我感動。在此祝願你的作品一紙風行，成績斐然。

涂：我能夠有機會通過撰寫關於「業餘」的書籍認識各位前輩，從您們身上獲益良多，眼界大開，實屬我的榮幸和福氣，您給我的讚賞令我汗顏。

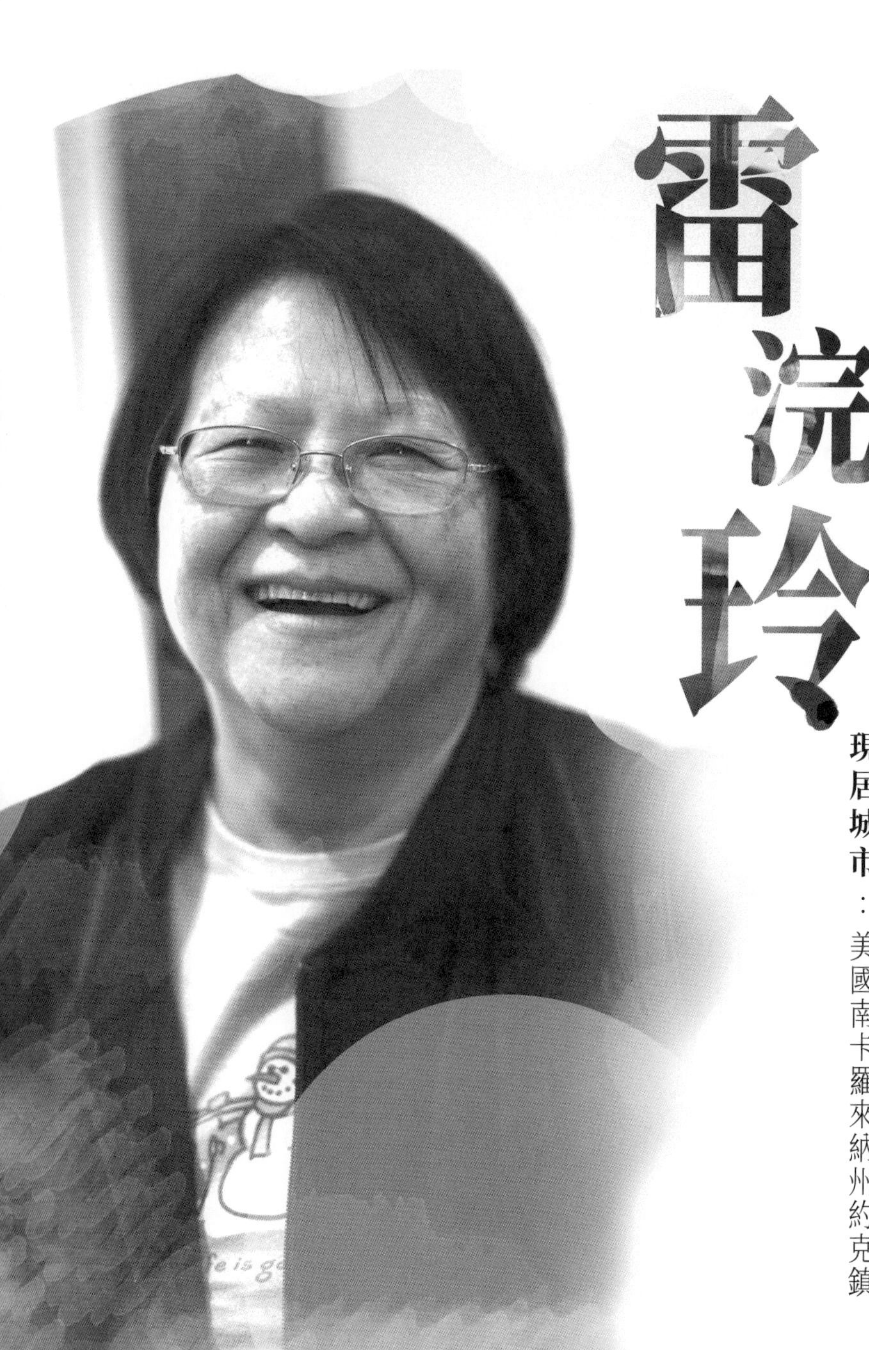

雷浣玲

主要崗位：後台雜務

現居城市：美國南卡羅來納州約克鎮

涂： 浣玲姐，請您談談您對「業餘」的記憶。

雷： 我從小已是「業餘」忠實的「粉絲」和「跟班」。每位伯伯和叔叔在「業餘」都有跟和我差不多年紀的孩子。若碰上週末是排戲日的話，我們都喜歡跟着去看綵排。小孩子都愛跑來跑去，有時亦會坐下來靜心觀看長輩演戲。我喜歡看古裝戲，因為覺得演員的扮相好像很威風似的。上演時，所有年少的孩子都要站在門口派發場刊，年紀稍長的則跟着大人到香港大會堂賣票，或者在後台做雜工、跑腿等工作。我並沒有固定崗位。

我在中學時代曾在學校演戲，也參加 talent show、校際音樂比賽等表演。我想當時應該是年少膽子大吧？那時候，我以為每家人都是跟我家一樣，人人都會演舞台劇的。我只是在《小城風光》第一幕扮演詩歌班成員，我記得梁天飾演指揮。我想我可以演戲是因為當時我們一班小孩子已經變成大孩子，總要負點責任，再不能到處亂奔跑吧！

涂： 您現時的生活如何？

雷： 我在美國南卡羅來納州居住。兒子在國際學校教書，喜歡四海為家，也很想知道外祖父在香港時的生活和在藝術上的影響力。他可以閱讀中文，希望能夠欣賞你寫的書。我跟浣茜姐姐住得很近，距離十英里左右。母親在世時，我每天到她家幫忙照顧母親。現在我們姊妹二人隔天便到青年會一起做體操。

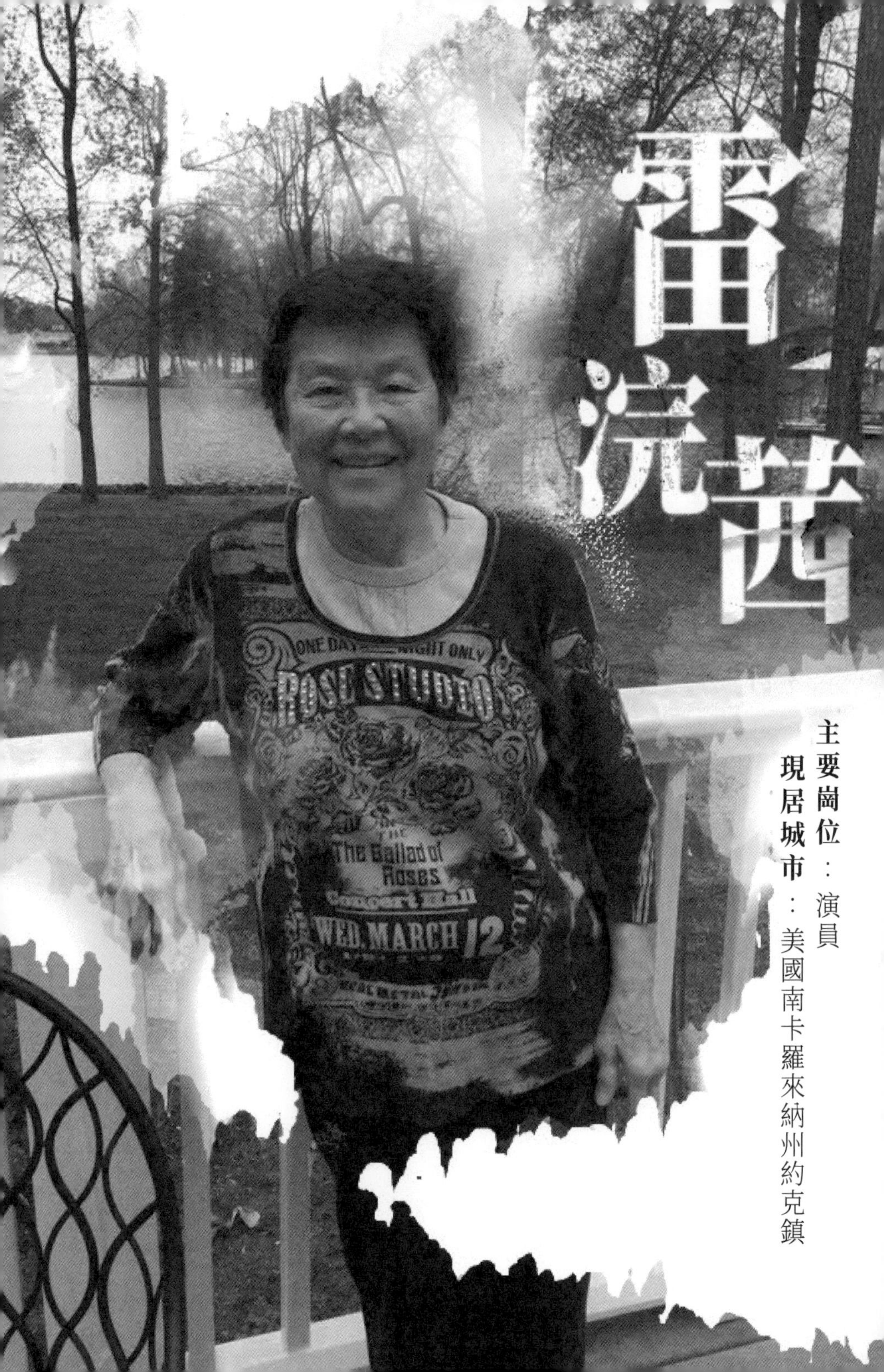

雷浣茜

主要崗位：演員

現居城市：美國南卡羅來納州約克鎮

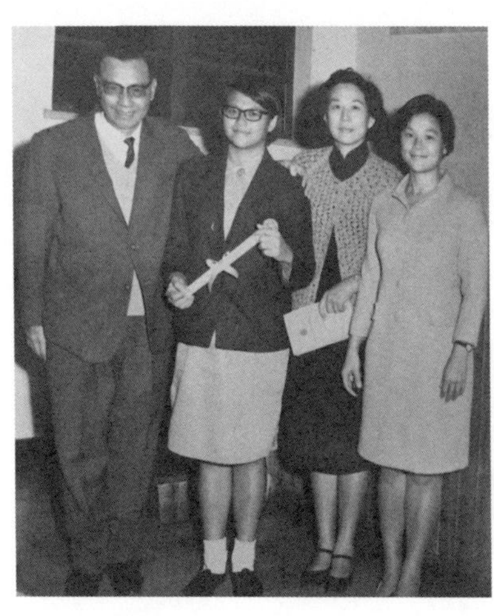

雷氏一家合照：（左起）雷浩然、雷浣玲、雷太太李惠明和雷浣茜。（1967，雷浣玲提供照片）

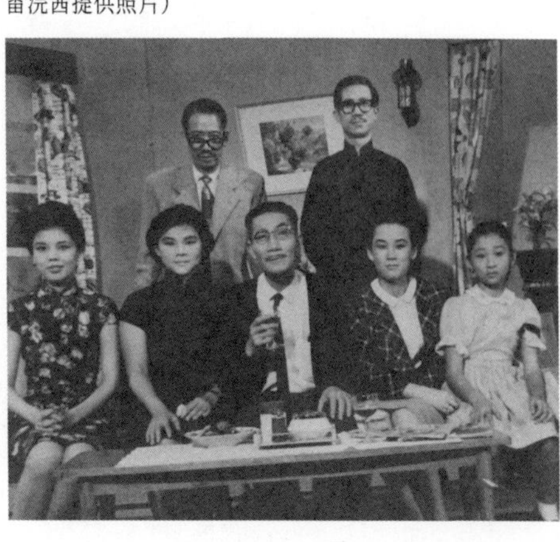

此照片對雷浣茜（前排左二）來說彌足珍貴，因為她那位早夭的妹妹雷浣菁（前排左五）與她同在電視劇《白日夢》中演出。其他演員包括（前排左起）梁舜燕的妹妹梁婉清、鄭子敦、鄭珠麗、（後排左起）陳有后和袁報華。（1964，雷浣茜提供照片）

——兼談雷浩然和陳杰

涂： 浣茜姐，可否說說令尊牛叔雷浩然的背景？

雷： 家父原名雷惠明，於一九〇九年十二月十四日在廣州出生。他的父親是台山唯一的清朝舉人，母親則是一名「放腳」的先進女子，鼓勵子女接受高等教育。家父排行第五，也和兄姊一樣上大學。他在廣州的「中山大學」唸書時，十分投入學生活動。無論是排球、籃球、游泳，他均熱烈參與，但他最愛的還是話劇表演。

大學期間，有同學告訴他「中山大學附中」一位籃球女健將與他同名，叫李惠明。家父好奇，打算結識李小姐。剛好兩位惠明同時獲選代表廣東省出席在上海舉行的全國運動會，分別參加跳水和籃球比賽，因而在運動場上認識，並且在比賽期間已經很熟絡。家父賽後回家稟告

雷浣茜（右）與父母雷浩然夫婦在家中庭院合照，慶祝父母結婚七十周年。（2004，雷浣茜提供照片）

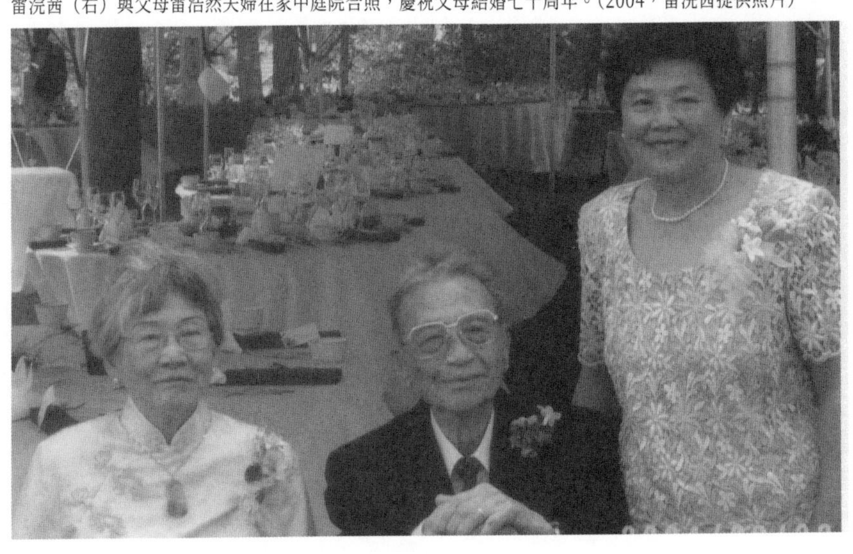

父母，欲向李府提親。媒婆代雷家上門提親，李家「進士第」中九少爺的大千金含羞點頭。所謂「進士第」，是指李家府中有人在清朝期間考上進士官銜，朝廷遂賜「進士第」牌匾掛在其府第門前。他們門當戶對，自此約會、結婚、生子，同甘共苦七十一年。

涂： 牛叔與李姨因為同名而譜出一段長久美滿的姻緣，真是天作之合。令尊的暱名為甚麼是牛叔？

雷： 因為他自幼體弱多病，祖母叫他「阿牛」，希望他能像牛一樣健康成長。他的老朋友則叫他「老牛」，後輩自然稱他「牛叔」了。

涂： 他是何時從國內來港？為甚麼？

雷： 家父早期曾居香港，我便是在香港出生。日本侵略香港時，他帶着家人輾轉在廣州附近的小村落逃難，和平後才返回廣州雷家大宅居住。他為了獨立生活，有一段短時間把家母、長子和長女寄居雷家，我則被送到外婆家裏住，他自己才隻身跑到香港。到他安定下來後，便接家眷到港團圓。家父初到香港時如何生活我不得而知，因為當時我年紀小，只是懵懵懂懂地在外婆家過活。直到他接我來港，我才知道他在「協恩」教書。他初時教歷史，兼任訓導主任和體育教師。後來，他改教歷史和地理，在「協恩」執教鞭長達六十年。他對歷史人物和當時的地理環境甚有研究，所以寫起歷史劇來得心應手。

涂：牛叔在國內時如何與戲劇扯上關係？他創作了甚麼劇作？他是否在國內時已經與譚叔、黃姨們一起演戲？

雷：譚伯和黃姨大概也是在香港勝利後才回港吧。慚愧得很，我只記得自小和務雪一起玩，家父年輕時的事我卻知得甚少。我只知道他和譚伯、馬叔是同學，三人經常一起活動，尤其是搞戲劇。家父除了後期為麗的電視編寫電視劇《三國春秋》外，沒有甚麼著名的編劇作品；但每年聖誕節或校慶等日子，他都會寫一些短劇讓學生演出。有一個劇本是講一位教師帶領學生到耶路撒冷參觀，認識到耶穌出世時羅馬兵丁屠殺嬰孩的慘況。劇本通過古今交錯的情景，描述人性的愛與恨，十分感人。另一個劇本是以黃友棣先生作曲的〈木蘭辭〉唱出木蘭從軍的故事，由兩位同學分別飾演在家和在軍隊中的木蘭，好像歌劇一樣。

涂：牛叔在港時是如何發展他的戲劇工作的呢？

《明末遺恨》是其中一齣雷浩然（左圖中）和雷浣茜（右圖左）父導女演的舞台劇 。此劇還有殷巧兒（左圖左和右圖中）、陳淦旋（左圖右）和《花王俱樂部》主持人胡章釗的女兒胡愛梅（右圖右）參加演出。（1964，殷巧兒和雷浣茜分別提供照片）

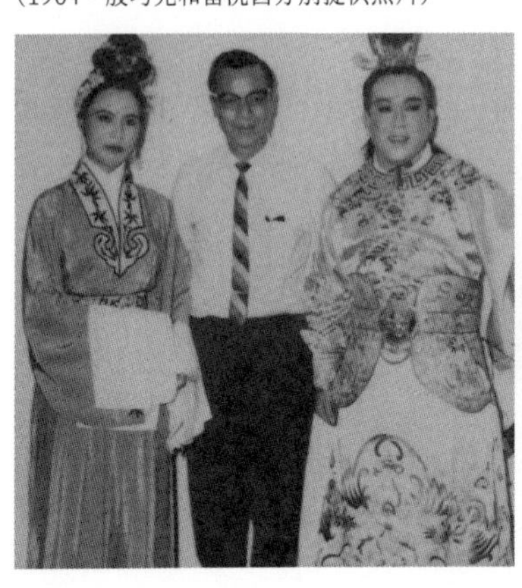

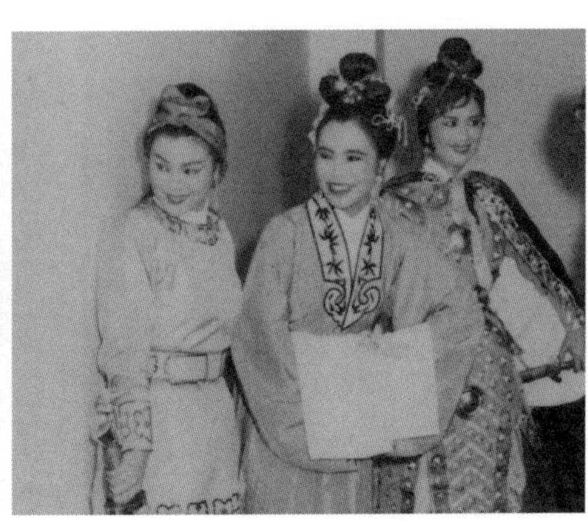

雷：「協恩」校長張榮舉的夫人陳儀貞十分重視課外知識，指派家父編排學校的課外活動課程。家父既是戲劇愛好者，自然開設戲劇組，培訓戲劇人才，指導我們表演和導演，我也是他的戲劇學生之一。學校分為三組姊妹班，每年都有戲劇比賽，令戲劇演出在校內蓬勃起來。校長見到學生對戲劇的熱情非常高漲，便請家父以演戲來為即將興建的健身室籌款。家父召集了一班戲劇好友幫忙，在普慶戲院公演《明末遺恨》，因而譜出創立「業餘」的前奏。

涂：他為何要創立「業餘」？他對戲劇有甚麼追求？他希望劇社為香港劇壇和社會作出甚麼貢獻？

雷：家父創立「業餘」的目的不但是為了自娛或娛人，更是負起傳播戲劇藝術的使命。他認為戲劇是理想和現實的互動結合，是演員與觀眾的心靈溝通。他覺得當時香港市民多半對粵語話劇未有深厚的認識，所以希望藉着創辦「業餘」，建立一個教育民眾的平台，從而提高粵語話劇的水平。劇社命名為「業餘」，就是組織一群各有自己的職業或學業的社員，以不牟利為宗旨，以興趣作維繫，而以「業餘」為最終標榜來演好戲，因為全體社員都是業餘的。

涂：當時粵語話劇的情況是否很差，所以他才覺得要提高粵語話劇的水平？

雷：當時粵語話劇並不流行，偶然有些粵語話劇團從內地來港演出，多半佈景簡陋，亦不重視燈光或配樂效果。還有，所謂「粵語殘片」，便是一般人對粵語電影的印象——總是落後和古舊的。家父認為香港並不缺乏戲劇人才，只是未被重視和發掘，亦未有適合的平台讓他們發展而已。這個理念使他興起創立「業餘」的決心。

涂：牛叔在劇社不同的階段分別扮演甚麼角色？

雷：在劇社籌備期間，家父努力招攬人才，一群戲劇同好紛紛起來支持，前輩如黃蕙芬、譚國始、黃澤綿、鄭子敦、陳友后等無不擁護。與我同輩的如譚務雪、殷巧兒、鄭少萍、朱承彩、袁報華、黃露等亦非常踴躍參加演出。其中鍾景輝、張清和慧茵夫婦、阮黎明和梁舜燕夫婦更成為劇社的中堅份子。

劇社成立初期，家父以提攜後輩為首要目標。記得張清第一次參加「業餘」時，是跟隨他的中學老師王啟初先生在後台負責佈景製作。家父看準年輕有為的張清甚有潛質，遂極力栽培他在前台演出，他後來果然成為香港傑出的戲劇人。

「業餘」在成熟期間，家父擴闊劇社的領域，將它從舞台發展到電視台。劇社經張清引薦，首次在「麗的」播映《如意即成》，由鍾景輝和譚務雪主演，一炮而紅。自此，「業餘」定期每月在電視台演出一次。

由家父改編的《清宮遺恨》是從姚克編劇的《清宮怨》中選取一幕演出。由於當時劇本貧乏，家父呼籲大家從事劇本創作。「業餘」最先得到著名劇作家姚克的參與，讓劇社演出他的三大顯赫之作——《秦始皇帝》、《陋巷》和《清宮怨》。其後，鍾景輝努力翻譯外國劇本，演出的《小城風光》和《玻璃動物園》等都廣受歡迎。

家父在「業餘」後期，於七六年為麗的電視編寫歷史長篇電視劇《三國春秋》，由鍾景輝監製。

涂：牛叔在「業餘」有甚麼重要的創作？

雷：家父在「業餘」導演了舞台劇《秦始皇帝》、《明末遺恨》、《浪子回頭》、《我愛夏日長》、《陋巷》等，有些是獨自導演，有些是與其他導演聯合導演。他沒有在「業餘」演戲。

涂：在社員心目中，令尊是一位怎樣的領袖、前輩、導演和演員？可否舉一些例子？

雷浣茜（左四）在電視劇《生死戀》中飾演藍護士，與（左起）馮淬汎、朱承彩、陳有后（後立）、鄭子敦、袁報華和黃蕙芬合演。（1966，雷浣茜提供照片）

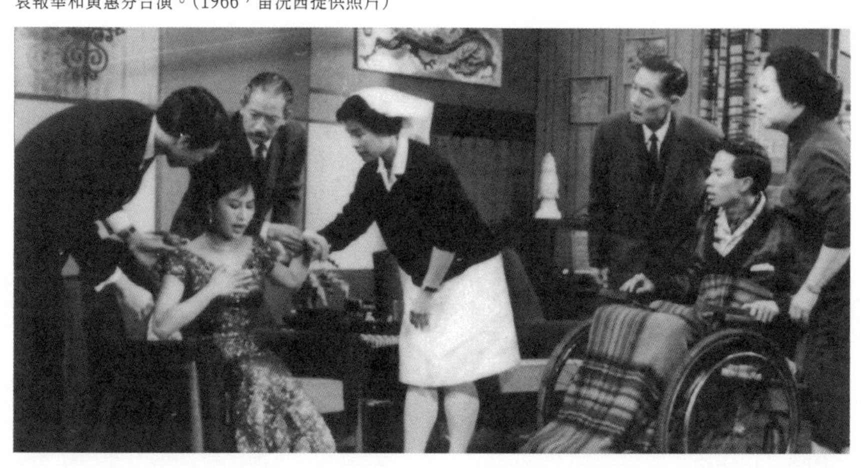

雷： 我認為社員們都覺得他是一位不可多得的領袖。他在劇社初期完全沒有經濟條件下，以精明的組織能力安排各社員做最合適的工作，使劇社運作順利。他栽培後輩的熱誠，令後輩無不以這位前輩為典範。家父又是一名出色的演員。他在「業餘」成立之前演出的舞台劇都有令人讚歎的表現，如在《明末遺恨》中，他飾演孫克咸，忠勇壯烈；在《少奶奶的扇子》中，他飾演溫德明，風度翩翩；在《心焰》（即《生死戀》）中，他是坐輪椅的丈夫，強顏歡笑，卻深刻沉痛。總之，無論他扮演甚麼角色，都能細心分析角色的性格和心情。

不過，我最佩服的還是他的導演方法。每次導戲前，他會先與演員分析劇本主題，並請他們細讀劇本，讓自己摸索角色的性格和感情。接着，他把舞台劃分為四區，分別用作顯示人物角色「強調」、「隱晦」、「柔情」和「陰險」的心理地帶。舉個例子：當演員演到劇本的中心思想，為了要強調該段台詞，導演便安排他站在舞台的中央。如《野玫瑰》的女主角對男主角說：「你喝了這杯毒酒吧，明天你便會在英雄墓上與日月爭光！」又如在《明末遺恨》中，男主角說：「我孫克咸今日登天了！」在燈光和音響的配合下，便能把全劇推向高潮。如果一對男女談情說愛總是安排在舞台的正中心，似乎太沒有情調了。舞台上隱晦的角落是表現陰謀的區域，使戲劇帶入懸疑。這些舞台區域的劃分都是家父教導學生導演的簡單原則。

家父曾說：「一個好導演，必須注意全劇的進展。在舞台上，演員的對白要清晰動聽，亦要緩急輕重有度。在沒有對白時，演員更要注意內心的潛台詞，以便與劇情共同進退。」他的教導對我這個「開口梅香」日後的演出十分重要。我知道自己身為演員，既不能在台上爭鋒頭，故意吸引觀眾的注目，亦不能只做佈景板，呆着不動。台上全體演員必須互助互動，整齣劇才會圓滿收場。

涂：令尊創社時，訂立了四個目標，您覺得他最終都能一一達成心願嗎？

雷：家父訂立的四大目標：第一，追求戲劇藝術，這是他從學生時代到教學時期，以及參加業餘活動時從來沒有放棄過的理想。他沒有把戲劇看作是謀生的技能，而是以欣賞和實踐藝術的態度走他的戲劇之路。第二，促進香港劇運，也是他身體力行的過程。他以前輩的身份栽培和要求後輩支持和延續戲劇，使香港劇運得以發展。第三，提高演出水準，是他不斷自我批判、自我改進的成果。他勇於接受後輩的意見，實踐創新的演出技術，使香港的戲劇演出追上國際水準。第四，提倡正當娛樂予香港觀眾，是他寫《三國春秋》的最大目的。

家父是一個追求理想，但重視實踐的戲劇人。他一生以教育為事業，以戲劇為興趣，對香港話劇作出了無條件的奉獻。他帶領後輩進軍演藝領域，以娛樂教育社會，從來無怨無悔，我覺得他最終已達成心願了。

涂： 甚麼東西或事情令他引以為榮？

雷： 自從家父在八二年移民美國後，已甚少和戲劇界接觸。二〇〇三年，他由鍾景輝推薦，獲得「劇協」頒發的「香港舞台劇獎」之「終身成就獎」，是他在晚年獲得的最高榮譽。雖然他沒有回港領取獎座，但我知道他十分開心。在「港台」的電話訪問中，他滔滔不絕，談得不亦樂乎！

涂： 李姨怎樣輔助牛叔在戲劇路上耕耘呢？

雷： 家母生性內向，不像譚伯和黃姨般既是夫唱婦隨，同時也是婦唱夫隨，共同在戲劇路上互相扶持。家母除了做一名「粉絲觀眾」外，甚少參與戲劇活動。她唯一一次參加的演出，是在《少奶奶的扇子》中飾演一位宴會女賓，只有一句台詞。可是，到她唸那句台詞時，她竟然啞口無言，只能搖着扇子離開舞台。自此之後，她再沒有涉足舞台了。

涂：全家是否只有您和牛叔參加戲劇工作呢？

雷：我有一個比我年輕十四歲的妹妹浣菁，以前常跟我一起演戲，並曾經兩次在「業餘」的電視劇中扮演我的女兒。可惜她早逝，所以家中只剩下家父和我參加戲劇活動，另一位妹妹浣玲也曾在劇社幕後幫忙。

涂：您怎樣看您的父親？

雷：是他指導我做一個好演員，懂得導演與編劇。我非常佩服家父，我是因為他而學會欣賞戲劇，尊重戲劇，讓戲劇藝術走進我的人生。

涂：可否介紹您的背景？

雷：談到我自己，實在再簡單不過了。我於三九年在香港出生，一輩子只重覆做兩件事，第一件是上學：在「協恩」唸小學和高中、在「葛師」唸教育、到「新亞」進修和到美國南卡羅來納州修讀教育碩士。畢業後，我獲當地政府小學聘用。自此，我一直在美國生活。數十年來，我都是從一間學校跑到另一間學校，不知世間艱險為何物。

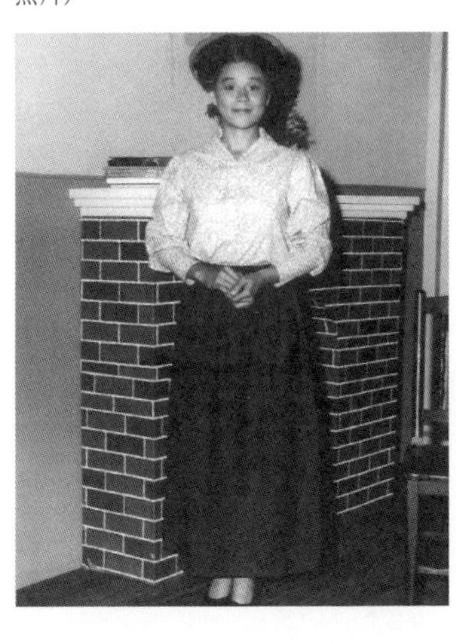
在舞台劇《油漆未乾》中，雷浣茜飾演男主角哈醫生的太太。(1962，雷浣茜提供照片)

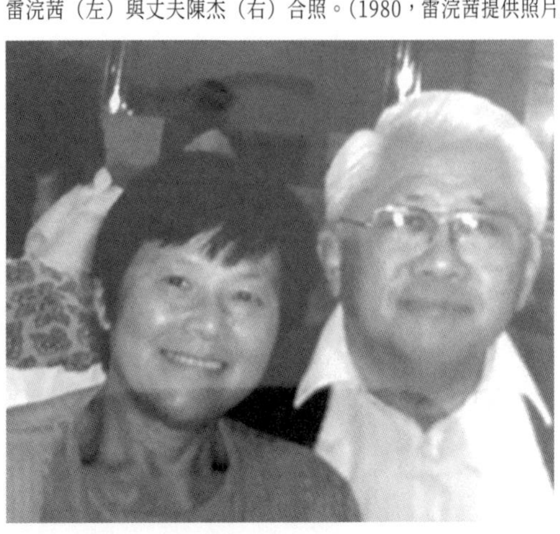
雷浣茜（左）與丈夫陳杰（右）合照。(1980，雷浣茜提供照片)

自從七一年老伴陳杰開了餐館和麵廠後，我一直都是一邊教書，一邊在店和廠幫忙。直到九一年，我辭去教席，轉行做一名「打麵婆」——美其名為麵廠廠長，實際上我要負責打理廠和店事無大小的業務。我在九七年退休。說起陳杰，我們是在「業餘」認識的。

涂：可否介紹杰哥？他在「業餘」負責甚麼工作？

雷：陳杰在香港時做建築工程，經營一間小型建築公司。他經黃姨介紹，替真善美織造廠建了幾座工廠大廈。他來美後把建築生意結束，經營的第一盤生意是在這個小鎮上開第一間中國餐館，我以他的英文名字 Kit Chen 為餐館命名——Kit Chen's Kitchen。他的第二和第三盤生意是麵廠雜貨批發和春卷廠。

他本是姚克教授的執筆助手，常常跟着姚教授到「業餘」參加活動。姚教授寫作時喜歡閉目沉思。他一面講述角色的對白，陳杰一面筆錄。偶然，姚教授會問他台上還有幾個角色在場，又或哪一個角色已經離了場等問題，《秦始皇帝》的劇本便是這樣寫成的。陳杰是山東人，在上海長大，平時操國語，與姚老師溝通方便。當時陳杰已有工作，所以只能在下班後才到姚老師家中去。他們通常寫作到深夜，甚至天亮。這都是在我們結婚後陳杰告訴我的。他的廣東話不鹹不淡，沒有演粵語話劇的資格，所以我沒有和他合作過。在劇社裏，他沒有甚麼職位，可以叫做台詞筆記員吧？他曾經當過後台總監，劇社的娛樂活動多半由他負責聯絡和訂場地。

涂： 您人生所做的第二件事情是甚麼呢？

雷： 是照顧家人。我曾照顧兩個比我年幼十歲和十四歲的妹妹，結婚後則照顧三名年齡各相差一歲的女兒。老伴在〇七年離世，臨終前兩年我為他打點起居飲食。家父母在八二年移民來美，我也需要照顧他們。家父於〇五年在這兒病逝。家母現齡一百〇三歲，更不得不照顧她（編者按：此訪問稿於一七年上半年完成，李姨於同年十月離世，享年一百〇四歲）。我在每一段照顧家人的過程中都享受到愛的回報，人生還有甚麼比這更幸福？

涂： 可否介紹您的戲劇之路？

雷： 我受家父影響，自小喜歡演戲。在家裏，哥哥是將軍，我是小兵丁。我以毛巾包頭，

雷浣茜（左）和袁報華（右）在電視劇《獨步丹方》中演對手戲。她在劇中叫後者為「廢柴」，自此成為她對袁報華的暱稱。（1964，雷浣茜提供照片）

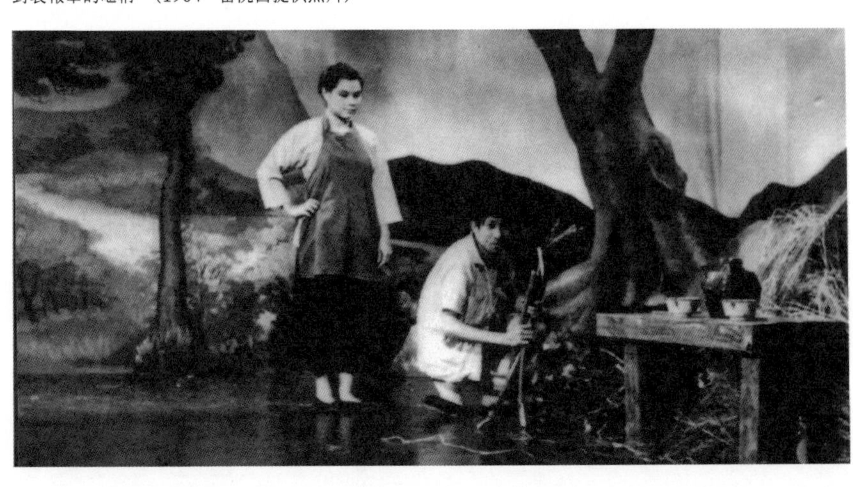

踏着八字步四面遊走。小時候，我的閨房是個小閣樓，常和好友務雪在這個小舞台上演戲，黃姨、譚伯、家父母等全體「購票」入場。在「協恩」唸中學時，我反串男角；在「業餘」，我是《明末遺恨》的強悍女兵頭馬金子，又是《獨步丹方》的潑婦，真是一條十分有趣的戲劇之路！

涂： 令尊是成立「業餘」的召集人，召集了八人當創社社員，當中有些很年輕。您為甚麼沒有成為創社社員之一？

雷： 您太誇獎我了。雖然我加入「業餘」是得到家父的支持，可惜我從來沒有長大，所有行動都視作玩耍，哪裏有資格當創社社員？

涂： 您最擅長演哪類角色？您如何塑造角色？

雷： 我沒有甚麼擅長之處，導演給我角色我便去演。不過，我特別喜歡演「八卦婆」之類的角色，因為這類人和真實的我完全不同。演戲能夠讓

《金玉滿堂》是一個豪門沒落的故事，照中有（左起）袁報華、雷浣茜、黃蕙芬、陳勁秀和陳有后。雷浣茜飾演孝天嫂，是「八卦婆」之類的角色。(1964，雷浣茜提供照片)

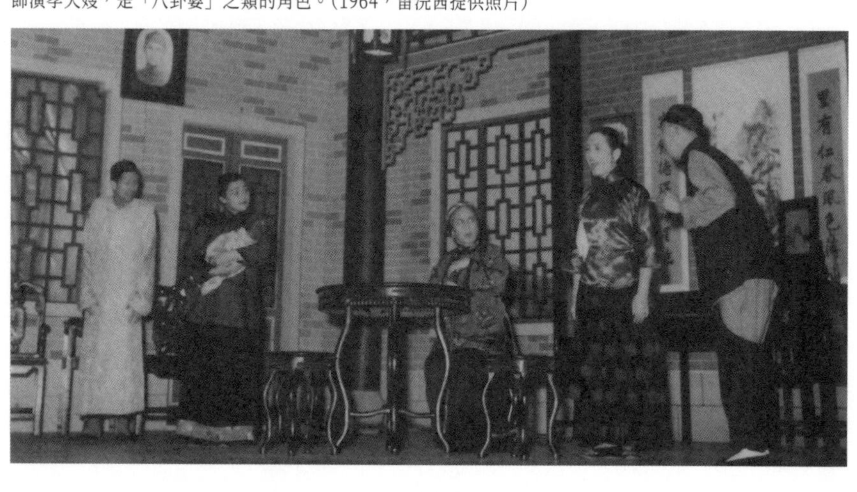

我把我平常不敢做的事和不敢講的話一起爆發出來，令我有一種莫名其妙的快感。小時候，我家在九龍城，不少鄰居便是我塑造市井小民的原型。

涂：您曾撰寫電視劇《夢幻曲》，並且在六七年在「麗的」播映，由「業餘」社員演出。為何您會當起編劇來呢？可否談談此劇？

雷：《夢幻曲》是我在「新亞」唸書時創作的劇本。當時很難找到既富懸疑性，又合乎我們大學生講求理想的劇本。碰巧大專院校舉行大專戲劇比賽，設有創作獎，我便大膽嘗試寫作。《夢幻曲》描述一位年輕醫生到一小鄉村行醫，卻令女主角幻想他就是她那名曾答應她出外求學後會回來和她一起造福鄉民，但卻一去不回的愛人。在她的夢幻中，她的肉體被監禁，精神受困擾。待她醒來後，才知道那只是新醫生的善行和她未能達成的願望的對照。她的丈夫體

《夢幻曲》是雷浣茜為「業餘」編寫的唯一電視劇，由其父雷浩然導演。可惜播映時她沒有欣賞到作品被拍成電視劇，劇本之後亦失傳。此劇由慧茵（右）飾演女主角，袁報華（左）分飾醫生和舊戀人兩角。(1967，慧茵提供照片)

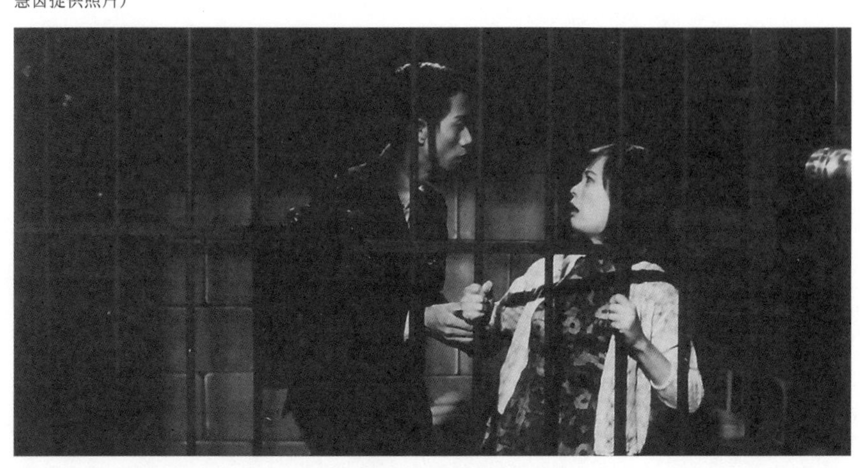

會她的心思，決定在鄉村修橋舖路，和她一起造福鄉民。這故事充份表現年輕的我的一份使命感。不過，若現在再讀劇本，恐怕會覺得很幼稚吧。此電視劇由家父導演，慧茵飾演女主角施太太淑貞，袁報華分飾醫生和舊戀人張國良，黃霑演女主角丈夫施振乾，陳有后飾演黃探長。

涂： 您與父親有沒有很多合作？與父親合作有甚麼優點和缺點？

雷： 其實是談不上合作。我是家父的中學學生，演戲當然經他指導，在「業餘」亦不例外。優點是可以隨時發問，不用預約；缺點是我要為家母着想，不和他爭論。

涂： 您對劇社作出甚麼貢獻？

雷： 十分慚愧，我從來沒有把戲劇視作終生事業，參加劇社只是因為好玩，沒有貢獻。

涂：您覺得劇社對社會和劇壇有甚麼影響？

雷：戲劇是社會的縮影，也是社會的呼號。社會有甚麼要求和訴訟都可以藉着戲劇的表演得到實現，所以「業餘」對社會的影響深遠，例如《陋巷》反映毒品對社會的危害。至於劇壇方面，「業餘」無論在發掘和訓練人才、創作和翻譯劇本等都對香港劇壇有重大的影響。

涂：您在劇社的日子有多久？何時離開？為甚麼？

雷：我在劇社成立的第一天便開始參與，直到六八年赴美留學為止。

涂：回顧您在劇社的日子，您有甚麼感想？

雷：我總忘不了大家排戲時那種歡樂氣氛。有時白花油的老闆借出客廳給我們排戲，晚上更送上雞粥宵夜。我們回家後，還帶着白花油的氣味。有時劇社聚餐，譚伯經常在大夥兒進餐時演說，既輕鬆又幽默。在演出時，台前台後一片合作愉快。抱歉我記得的就只有這些，又一次證明我對劇社沒有貢獻。

涂：您和劇社成員的感情如何？

雷：自從離開香港後，我和劇社成員見面的機會銳減，但其中幾位老朋友仍一直保持聯絡。譚務雪是我的知心姊妹，與我無所不談；袁報華喜歡跟我在電腦世界上筆戰；慧茵姐是我的戲劇典範，我曾到洛杉磯欣賞她演的《桃姐與我》。其他社員都不因為我的缺席而把我遺棄。家母於一三年百歲壽辰時，十位社員長途跋涉來到我住的小鎮為她賀壽。這是劇社同寅對我的憐愛，使我十分感動。戲劇活動能夠叫人與人之間建立純潔的友誼，產生珍貴的友愛。我有幸能夠與劇社結緣，是我一生的福氣！

涂：為何劇社成員稱呼您為C姐？

雷：談到我的名字，又有一段笑話。家母外家偏向西化，我的姊姊出生時，家人叫她做Baby。親戚朋友不慣說英語，改稱她為阿B。我是接着阿B出生的女兒，當然就是阿C啦！務雪比我小，叫我C姐。因此，C姐便成了劇社朋友給我的稱號。

涂：您在美國還有參加戲劇活動嗎？

雷：我住在美國南部一個小鎮，沒有幾個中國人。我早年為糊口疲於奔命，難於抽時間研究戲劇。退休後，除了照顧年邁的母親外，只過着平靜安穩的生活，再沒有參加戲劇活動了。我與母親同住在一所房子的一邊，最小的女兒和女婿則住在房子的另一邊。我有一對年輕人同住照顧，幸福極了，我們的日子過得挺愜意的。

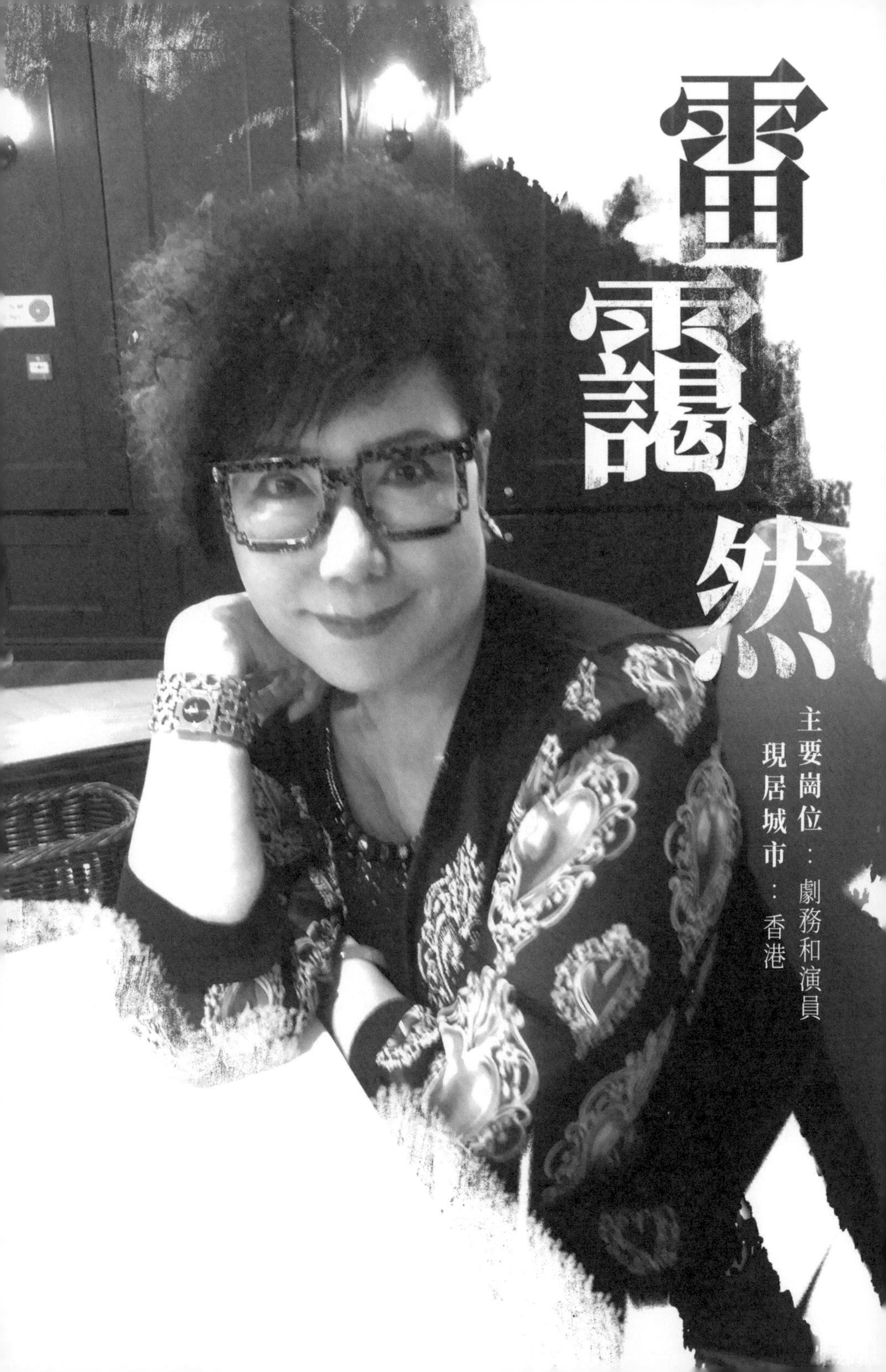

雷靄然

主要崗位：劇務和演員
現居城市：香港

涂： Helen 姐，您是如何加入「業餘」呢？

雷： 我在「協恩」唸書，老師是雷浩然先生。一九六三年，「阿 King」首次來到我們的中學演講。他那時丰神俊朗，所有女同學都暈其大浪。之後，雷先生經常邀請由他有份創立的「業餘」來到學校演出。雷先生很疼愛我，我又與他的女兒浣玲是同班同學和好朋友，便在中學時期跟着他加入了劇社，在一眾哥哥姊姊身邊觀摩演戲，度過我的青年時代。我還記得我首次與慧茵姐見面的情景。那次是堃揚哥約我在天星碼頭等候，然後帶我去排戲。他向我介紹他身旁的女士，說是他的妻子，那就是慧茵姐了。她當時穿了一襲黑色白點的旗袍，非常漂亮，極像柯德莉夏萍，至今令我印象難忘。

涂： King sir 在六二年從美國返港，六三年已經加入「業餘」，經常為劇社排演話劇和電視劇。那時候，香港沒有很多表演場地，不少話劇都是在中學的禮堂演出的。

雷： 雖然我之前也在劇社幫忙，但首個幕前演出是《清宮怨》。我也忘了是哪個版本的《清宮怨》，只記得堃揚哥飾演光緒，慧茵姐飾演珍妃。西太后卻不是由黃姨飾演，而是李陳勁秀。李蓮英亦不是梁天，而是后叔，我則飾演大公主。說起來，不少在那次演出的演員，如譚一清、羅彪等都離開我們了。

涂： 您說的那個《清宮怨》是六七年勵志會為籌募福利經費而演出的版本。雖然那不

右圖：雷靄然（左）首次與「業餘」眾人合作的演出劇目不是「業餘」的製作，而是由勵志會主辦的《清宮怨》。她因為是飾演西太后的李陳勁秀（右）的世侄女而獲邀飾演大公主。左圖：雷靄然（左一）在「業餘」電視劇版的《清宮怨》再飾演大公主。（1967、1970，黎榮德和鍾景輝分別提供照片）

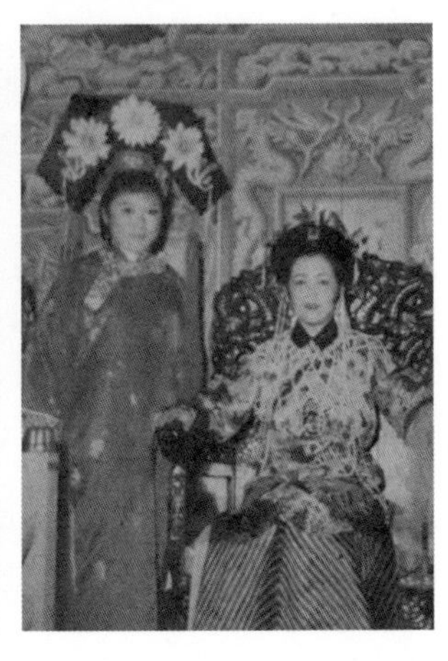

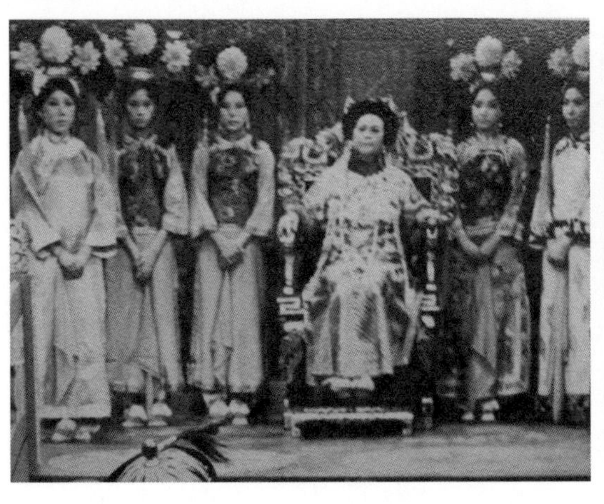

是「業餘」的演出，但很多「業餘」的社員都參加演出，包括：同是飾演光緒的報華哥、瑾妃的湘漪姐、榮祿的敦叔、王商的振華哥、聶八十的阿瑾哥等。那時您仍是中學生，為何和是誰邀請您參加演出《清宮怨》的呢？

雷： 是李 Auntie，即當時華民政務司李子農的太太李陳勁秀叫我演的。她是我的母親非常要好的朋友，去年才以九十多歲高齡離世（編者按：此文的訪問年份為二〇一七年）。

涂： 令堂鄧碧雲女士的演藝事業對您有影響嗎？

雷： 應該是有的。小時候，我常跟着她，看她拍電影和演粵劇。不過，我的戲劇知識卻是父親帶給我的，因為由六〇年開始，他便已經帶我進戲院看電影。由於母親命令我一定要讀書，所以我沒有機會從事演藝工作。

七十年代初，我在《雙星報喜》當兼職資料搜

雷靄然（後排左九）與《玻璃動物園》台前幕後人員合照。（1976，慧茵提供照片）

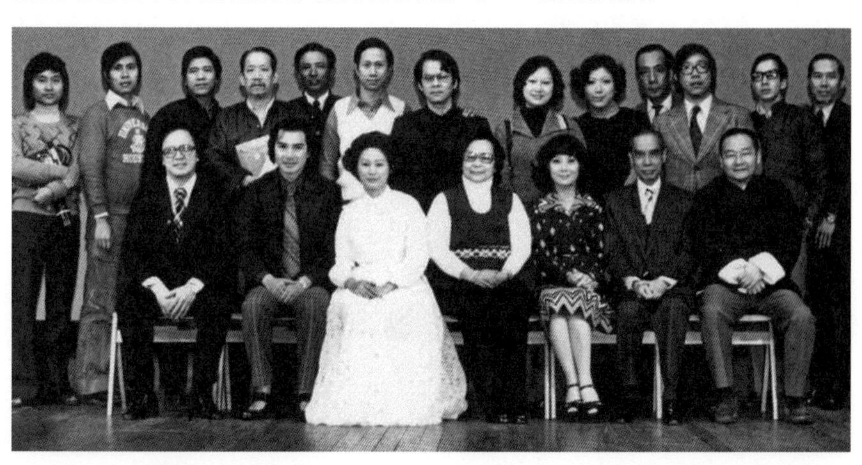

集員。每當梁淑怡找不到演員時，我便幫忙演出。因此，梁淑怡到「佳視」工作時也叫我加盟，所以我曾全職在「佳視」工作，但只做了一年電視台便倒閉。之後，我加入「港台」工作，在教育電視部中文科任編導。後來，我調職到電台負責監製廣播劇，也當過大型現場節目的監製，為「港台」服務近三十年，近年已退休。

涂：令堂常來看您在「業餘」的演出和給您意見嗎？

雷：印象中好像沒有。她不來看是好事，因為我的角色都是一閃而逝，免得她專程來看我後失望。

涂：您是否在演出《清宮怨》之後便一直參加劇社的戲劇活動？

雷：是的，我為劇社的《生路》、《佳期近》、《陋巷》（七一年版）等劇擔任劇務，亦曾在《玻璃動物園》（七六年版）任服裝。

雷靄然（左圖左一）在「無綫」電視劇《小城風光》中演出，與（左二至左五）朱承彩、黃蕙芬、梁舜燕、容玉意和（右圖右）梁天多位戲劇前輩合作。（1970，朱承彩和梁天分別提供照片）

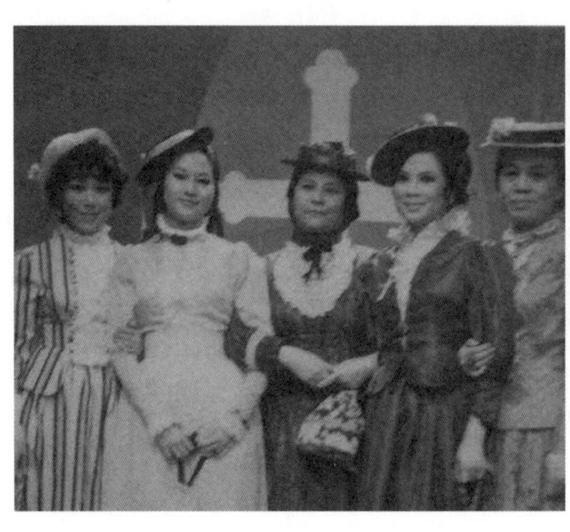

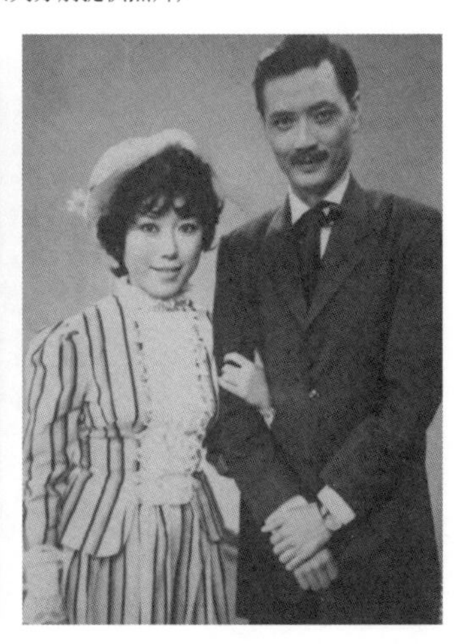

涂：讓我們談談您的演出，您在劇社的舞台劇演了甚麼角色？

雷：由於劇社已經有很多哥哥姊姊，所以我是沒有機會演太多戲，更遑論有重要的角色。我若不是飾演閒角，便擔任劇務。舞台劇方面，我在《新清宮怨》中飾演大公主，也是閒角。

涂：您當年只有十多歲，怎能飾演大公主呢？

雷：大公主不是光緒的姊姊，也不是掌權的公主，而是其中一位福晉的女兒，劇中還有很多公主的。只因劇中有一場戲是光緒娶妻，所以我們所有「格格」都要出場陪襯而已。那是一個很小的角色，沒有對白的。

涂：您為「業餘」演出的電視劇又有哪幾齣呢？

雷：我那時無論是年紀和在劇社的年資都是很輕，所以不會有重要的角色讓我演。我演過數個電

雷靄然（右）難忘在拍攝《西施》中隱形眼鏡跌在地上的情景。照中另外兩名演員為黃裔華（左）和梁天（中）。（1971，梁天提供照片）

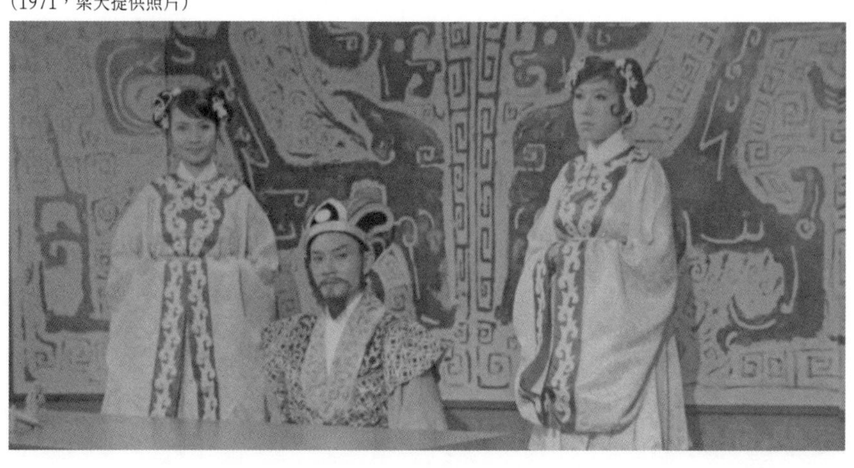

視劇，都是在不夠演員的情況下才有機會演出。我在《清宮怨》中分飾大公主和宮女及在《西施》中飾演宮女。這齣電視劇令我最難忘的是在錄影時，我的隱形眼鏡掉在地上。那時候不可以有NG，否則要重新錄影。我站在扮演夫差的梁天後面，看到我的隱形眼鏡在地上，更眼睜睜地目睹一名演員踏在其上將它踏破，但我必須忍着，不敢作聲。隱形眼鏡當時是非常昂貴的哩！我真的非常心痛。在《小城風光》中，我飾演鎮上市民，也曾參演《再生緣》。

涂： 您們通常在哪兒排戲呢？

雷： 有時，我們借報華教學的學校排戲，後來則在白花油家族擁有的白花油大廈綵排，即銅鑼灣軒尼詩道與波斯富街交界。「業餘」可以在白花油的地方排戲是因為慧茵姐與李Auntie熟稔，李Auntie又與白花油老闆顏玉瑩的太太同是婦女會的會友，所以她借出地方讓我們排戲。

雷靄然（站立左三）與盧大衛（站立左一）和湘漪（站立左四）參演《再生緣》。(1969，湘漪提供照片)

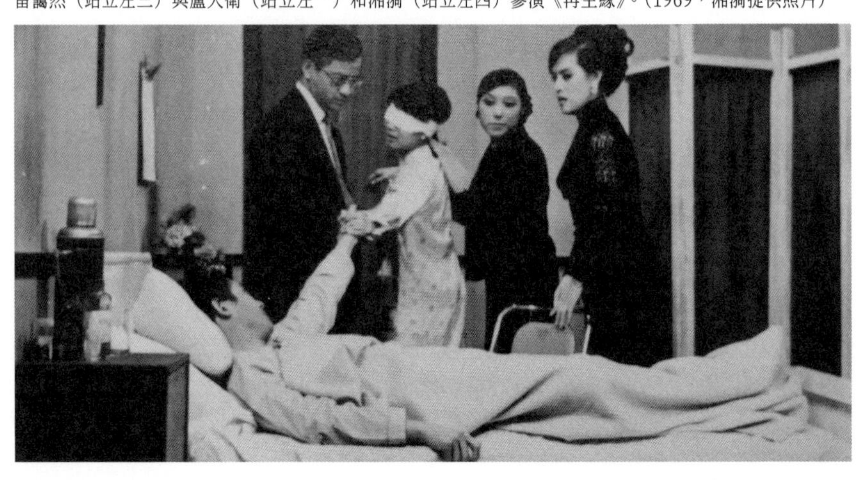

到了後期我們才到「浸會」綵排，也曾經在「阿King」家中排練。黃霑在《浪子回頭》中飾演弟弟卜保羅，大家也到他在深水埗的家排戲。

涂： 現在談您的幕後工作。劇務一職有甚麼任務？

雷： 劇務的意思就是「劇的雜務」，即一齣劇的所有雜務都要兼顧。可是，劇務在演出時是不用理會舞台上的事情，因為那是舞台監督、佈景和燈光的工作。我為「業餘」當劇務時，找場地演出亦不是我的工作，通常由雷先生和淦叔負責。到他們找到場地後，演出委員會會決定排戲時地，他們這才通知我，再由我通知演出各人。綵排前，我負責打電話給演員告訴他們排戲的時間和地點。由於不是人人每天都會有戲份，所以我要每天通知有戲份的社員翌天記着前來排戲。有時，一天之中可能排兩三場戲，我便要根據不同的綵排時間通知不同的演員其綵排時間，因為我希望可以省回他們的時間。

我不想明知他們過早到綵排場地便會白坐，浪費時間，而仍然不為他們設想。綵排那天，我要為演員和工作人員購買西餅和飲料，當時買兩三打西餅約需八至九元。我自然沒有專車接載，只得獨自挽着飲品和西餅到綵排場地。由於我需要一直留在排練場地，所以大家有甚麼要求或事情需要交代，都會走來跟我說。例如導演對佈景有甚麼要求，我便要告訴佈景製作公司。還有，當我知道演出時有多少工作人員後，便要通知伙食供應商送來足夠的飯盒。換言之，我是一名「打雜」(雜工)。

涂： 您要負責通知台前幕後的所有人，不是每天都不斷在打電話嗎？

雷： 對呀！那時候哪有 WhatsApp 群組呢？我每次綵排和聚餐都需要打數十個電話，又要登記每個人不同出席的時間。另外，我要代替導演提醒各個崗位的人所要做的事情。反過來，若有演員某天不能排戲，我又要代他告訴導演，並且盡量更改排戲時間表，先排一些由其他演員演出的場口。總之，導演或團隊叫我做甚麼，我便做甚麼，事前我是不會知道要幫忙甚麼的。那時候沒有副導演或助理導演，所以我這名劇務便甚麼也要做。可能我當時年紀較小，較適合做這些跑腿的工作。

我還需要負責每個製作的記帳工作，即是將支出費用記錄起來，所以大家花了甚麼錢也會告訴我。我的數學從來不合格，幸而記帳工作不太需要計數。不過，劇社的收入和經費不經我手，不會在我的口袋。我要做的只是將所有使費登記起來，然後交給演出委員會。演出後，我將財務支出表交給淦叔，淦叔便叫我將款項退還給墊支的社員。有時，他也會預先將一筆款項放在我處作使費，大約是五十元或一百元，已經是很大額了。有時候，戲服需要乾洗，負責的同事便會向我拿錢付給洗衣店。由於大家很多時候都是「埋股」演出，所以財政是很透明的，人人都可以知道財政情況。

涂： 社員多是成年教師，薪金較優厚。對您這名年輕人來說，「埋股」會否有壓力呢？

雷： 「埋股」好像初時是二十元，後來才加至三十元，每人並不限於埋一股的。我第一份工作的月薪是五百八十元，所以付出三十元並不吃力。

涂： 您需要同時負責這麼多大大小小的雜務，重要和瑣碎的工作都集於一身，我自問一定不能勝任。

雷： 只要你喜歡那份工作，你便一定會做得好。我便是因為很喜歡劇務工作，所以一直都非常愉快。雖然劇務工作繁瑣，但我很喜歡那份感覺，因為導演們找我幫忙，代表他們信任我。當時，劇社並沒有很多位導演，屈指可數的包括后叔、「阿King」、堃揚哥和報華。后叔的記性不太好，他叫我「乾女兒」，所以一定找我幫忙。

涂： 當時「業餘」的後台情況如何？

雷：每次演出都一定有一位舞台監督為導演服務。演出時，他負責給指令（que）燈光、佈景等工作人員。後台工作人員包括佈景、燈光、音響、化裝、服裝等。燈光的分組是由導演在決定後才交由舞台監督執行。化裝方面，有些演員會自行化裝。有時候，不用演出的社員會請纓為演員化裝。另外，劇社友好也會來幫忙，例如在「港台」工作至退休的陳炳光便常常來幫忙。我們的團隊精神很好，即使沒有演出的份兒，人人都會主動到劇院幫忙，例如蔡廣、胡志雄、莫耀棠等便經常負責膳食。「業餘」的服裝多由珠嬸負責，她已離世了。她的女兒小玲也常跟我們一起玩。小玲的弟弟德仔年紀比我們小，也來劇社幫忙。

涂：您覺得您在劇社中學到東西嗎？

雷：我學到很多東西，可以說是劇社培育我的戲劇知識。由於每次排戲我都必須出席，所以我從中學到很多東西，例如導演如何「開位」。

涂：您屢說您當時是小輩，有很多大哥哥、大姐姐，令您沒機會演較重要的角色。那麼，劇社是否很注重階級觀念呢？

雷：那又不是，大家都很平等，即使前輩也與我們無分階級的。提起前輩，劇社的所有「叔叔輩」都走了。最早離開的是淦叔，他中了風，走得突然，英年早逝，當時可能只有四五十歲。鐸叔負責拍攝，也幫劇社做很多劇務的工作。當然，他的工作

雷靄然（前排左二）是《生路》的劇務。（1970，湘漪提供照片）

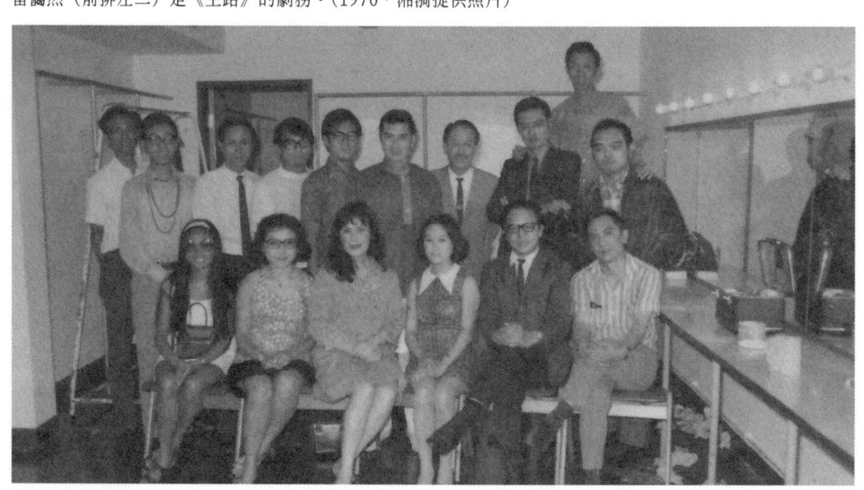

比我的較高層次。他的人很好，可惜也走得早。這批前輩最後離世的應該是后叔。元老級的前輩都走了，轉瞬間，很多位哥哥、姊姊都超過八十歲了。

涂：我編寫此書的其中一個遺憾是未能訪問這班元老級前輩，把他們的戲劇經驗和他們為「業餘」的貢獻留下。所以，我希望盡力將「業餘」第二和第三代社員的戲劇工作記下來，保存香港戲劇史這重要的一頁。

雷：「業餘」當時是一個品牌，很受觀眾歡迎。現時很多舞台劇都找明星演出，還要大肆宣傳。「業餘」從來都不需要從外邊請來明星，亦不需要宣傳。只要一宣佈即將有戲上演，門票便迅即售罄，且得到很好的口碑。

涂：每一位前輩都告訴我大家在劇社的日子非常開心。我真的很希望時光能倒流，讓我可以一睹您們當時的開心景況。

雷靄然（中排左四）說「業餘」社員常在節慶日於電影明星陳寶珠（中排左五）的芭蕾舞學校內開派對，這是其中一張大合照，彌足珍貴。(1966，湘漪提供照片)

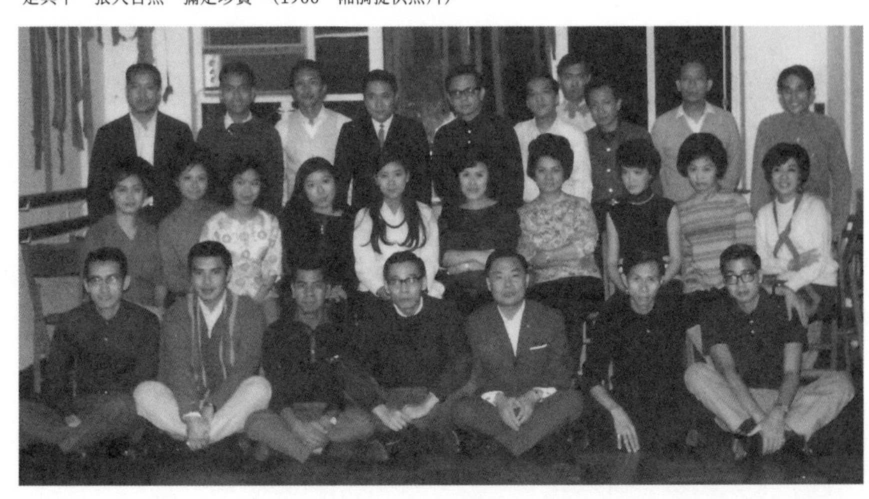

雷： 大家都很開心是事實，「業餘」的群體生活很值得我們回味。社員之間從來不會競爭，例如不會有人質問為何某些演員常演男主角或女主角。我當然不會有這類疑問，因為我自知自己年資甚淺，所以覺得由前輩擔演重要角色是很順理成章的事情。當時從來沒有人缺席排戲，只要一提起即將有戲公演，大家已經雀躍不已。還有，劇社的活動並不限於演戲，我們平常也有很多活動，例如開派對、跳舞、遊船河等，每月都會有一至兩次聚餐，都是由演出盈餘贊助，然後由各社員分攤支出的。聚餐的時間和地點也是由我來通知大家。每當節日慶祝，如聖誕節，我們便在陳寶珠芭蕾舞學校內開派對，一起跳舞，非常開心。另外，每個星期日，我負責約數名在「浸會」上學的年輕社員喝中午茶，之後一起到「阿 King」家中聚會、聊天。黃昏，我們又一起去看電影和吃晚飯。總之，大家經常聚在一起，度過很多愉快時光。

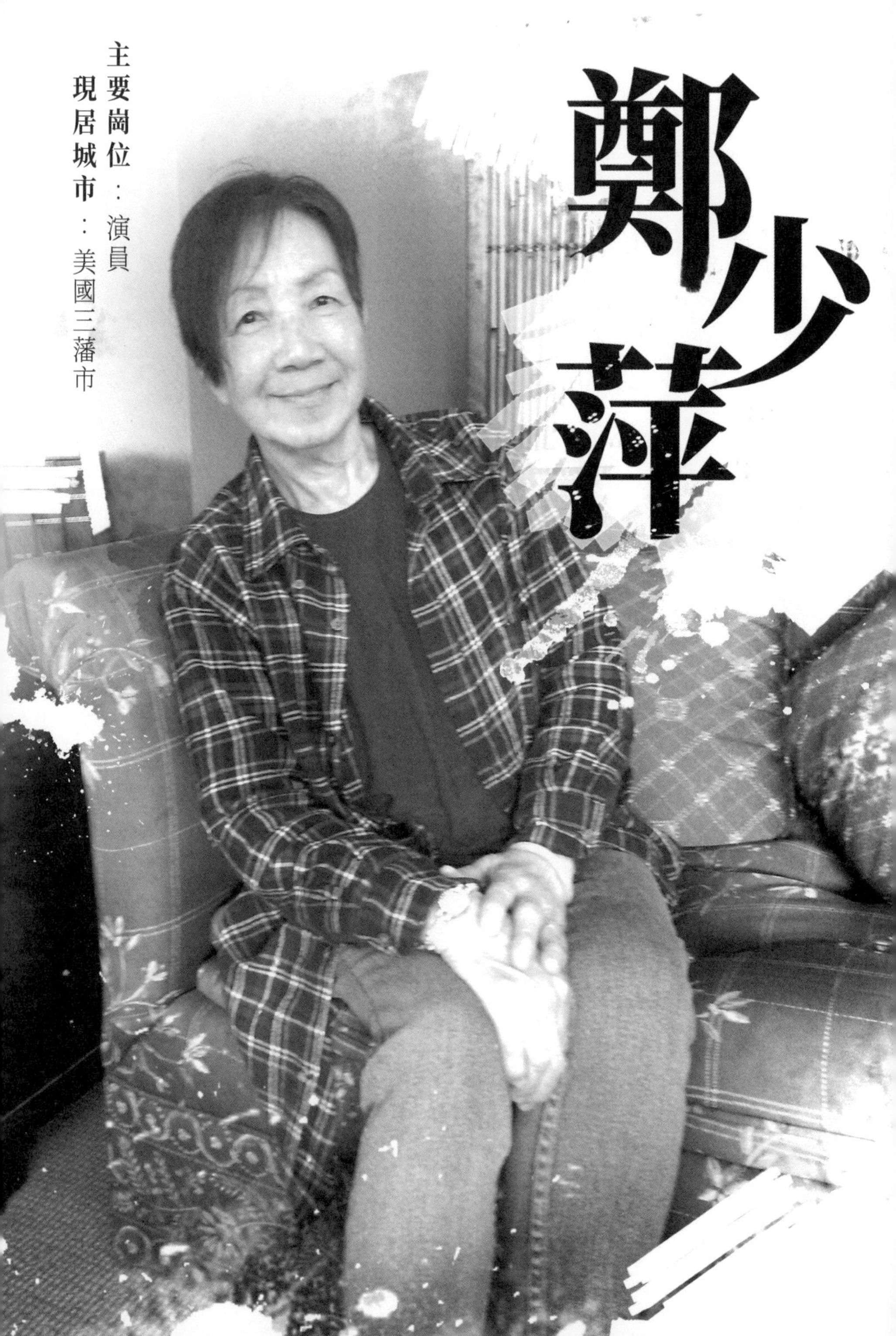

鄭少萍

主要崗位：演員

現居城市：美國三藩市

——兼談鄭子敦

涂：少萍姐，我這次到訪，除了希望記錄您在「業餘」的演戲生活，亦希望通過您的憶述，將令尊鄭子敦前輩在「業餘」的工作和貢獻保存下來。

鄭：坦白說，我對我們父女二人單是在「業餘」的記憶有點模糊。況且父親經常演戲，我亦恐怕已將這段記憶與他的其他演戲工作經驗混淆起來。因此，若要我有系統地敘述我們二人在「業餘」的演戲生活，我會較難做到。可否改為讓我以片段的形式將我對父親演戲最深刻的印象告訴你和讀者？

涂：相信這樣也能保存敦叔這位劇壇前輩演戲生涯的輪廓，讓我們對他有更多了解，也是很好的提議。那麼我不提問了，您想起甚麼便請告訴我吧。

鄭：好的，先說父親吧。我不知道他的出生年份，只知他是在中山縣石岐市出生。雖然他約二十歲來港，但終生仍保留一口很重的香山口音。他在國內時是一名教師，並沒有演戲。來港後，他在「同濟」教書，認識同事后叔。我猜想父親可能因為認識后叔，后叔又認識黃姨等一班戲劇愛好者，令他開始接觸戲劇。當時「同濟」的校長霍逸樵先生也喜歡舞台劇，有時黃姨、駱恭叔等會到學校演出，所以有很多機會讓父親演戲。不說不知，父親在「同濟」是教英文科的，但我可不知為何他的英文會這樣棒。當時他一邊教書，一邊在麗的呼聲播音，好像是后叔主動找他的。他也寫播音劇本，但只寫一小時完的單元劇。我那時還小，不知他怎樣創作劇本。可惜的是，他一個劇本也沒有留下。

父親和他的一班劇友都很喜歡演戲，只要有機會便演。可是，他卻不准許我看粵劇，連電影也少看，因為他認為他也懂演戲，為何女兒要看其他人演出？他猜想他是不想女兒「追星」，崇拜偶像吧。他連看到我聽收音機也立即關上，所以我只好看他演戲。他每個星期六和日都排戲，上畢茶樓後便排戲，真是非常「發燒」。

我唸初中時，父親不知為何被校長辭退。當時他很憂愁，但他的劇友們對他說：「阿敦，你不用怕，可以主力播音兼演戲啊！」「阿King」也叫他多播音，說劇社可以給他一些車馬費。後來他不用擔心了，因為「阿King」邀他簽約「無綫」。父親這班朋友真難得。雖然我當時沒有將叔伯們的說話聽得十分清楚，但他們對父親的幫忙已令我很感動。

父親和叔叔伯伯們是沒有收取表演費的。每次演完籌款戲後，每位男士會獲贈一件襯衣，女士的紀念品是甚麼我則不知道。每次父親回來，便說：「又有襯衣了！」母親以前投訴父親常常掛着演戲，卻沒有收取演出費用。父親總是這樣回答：「我喜歡演戲啊！」母親也不會再說甚麼，因為她知道這是丈夫的唯一嗜好。後來，

鄭子敦（右）在《陋巷》中飾演沉淪毒海的教授曾癭公，飾演記者的劉達志（中）欲訪問這名「毒海教授」。（1971，慧茵提供照片）

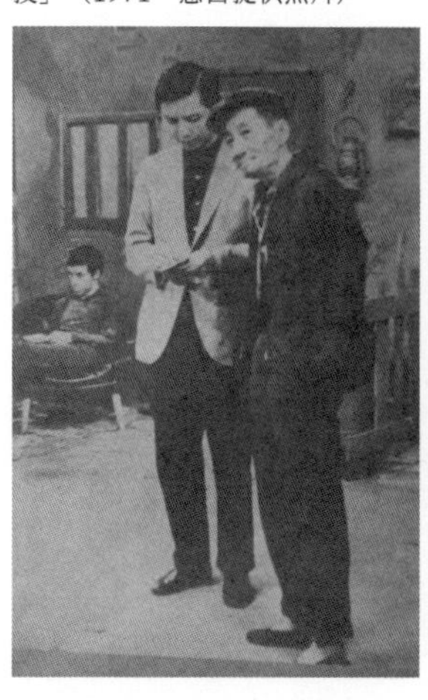

鄭子敦（右）在電視劇《野玫瑰》飾演主席，梁舜燕（左）為其夫人。他料不到自己的夫人原來是敵方間諜，要將自己制服。（1965，梁舜燕提供照片）

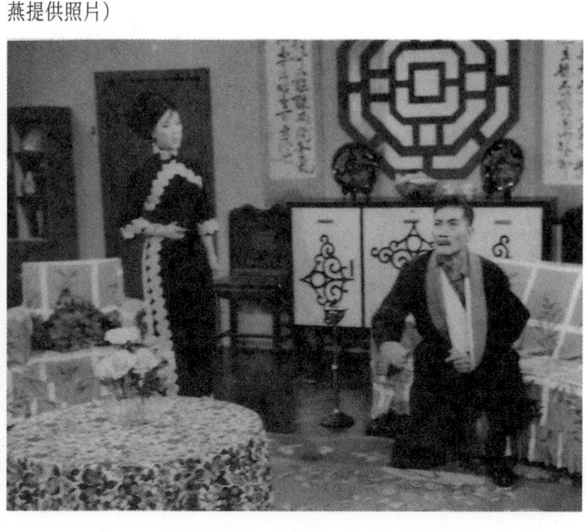

「阿King」帶領一班話劇「發燒友」加入電視台，並親自與父親簽約。父親簽約後回家跟母親說：「我以前演戲只有襯衣，現在與電視台簽了約，演戲可以賺錢了，你不要再說我演戲沒用。」這一簽約便演了十多年。

至於父親在「業餘」的演出，我記得他有份參演舞台劇《陋巷》，那是一齣所謂「爛衫戲」，他扮演癮君子曾癭公，袁報華稱讚他演得很好。我在二〇一五年跟報華通電話，他仍在說：「阿萍，我很懷念你父親演《陋巷》，再也找不到任何人可以演得比他更好了。」

我還清楚記得父親在「業餘」的另一事情——我覺得父親和前輩們很厲害，可以記得一個三或四幕的古裝劇的台詞，須知古裝劇的台詞是很難記的。一次，父親在「業餘」的舞台劇《西施》中飾演伍子胥。大家如常地先圍讀劇本，然後拿着劇本排位。沒想到綵排數次後，舞台監督忽然要求大家下一次排戲時「丟本」（編者注：即是演員已經熟背台詞，不再拿着劇本綵排），前輩們立時叫苦不已。為了達到舞台監督的要求，大夥兒相約每天早上一同到公園背記台詞，因為他們認為腦筋在早上會最清醒，記憶更好，而在郊野地區背記台詞會較投入。坦白說，父親說要他八點起牀似乎太早，怎知其他人說他們六時便已經起牀，所以七時集合。就是這樣，一班人便一起在公園背記台詞。他們真厲害，到了「丟本」時，竟然沒有任何人出錯。我覺得他們真的非常專業。坦白說，父親當時已經年紀不輕，亦沒有學過或演過粵劇，但演古裝劇時自有粵劇功架，演得頭頭是道，牛叔說他的功架很好。

我唯一佩服父親的便是他的記憶力，他為「無綫」演出《民間傳奇》時，背記台詞的能力無人能及。當時電視台是不會預早給你一個完整劇本，而是只給你數天後要錄影的數場戲的劇本。父親卻從不會因為不夠時間讀劇本而在錄影時 NG。在此告訴大家一個關於父親的小秘密：他在錄影前會先喝一點酒，那輕微的酒力令他演出時龍精虎猛。

父親在電視台的最高峰是演出瓊瑤小說《心有千千結》，飾演富商耿克毅。雖然他是第二男主角，但全劇的故事其實是由他的角色而產生。我很佩服編導招振強的眼光，竟然選了他這個矮小瘦弱的男人飾演派頭很大的富豪。幸而父親以演技取勝，演得很成功。

鄭子敦是鍾景輝的前輩，二人在「業餘」有不少合作機會。

鄭子敦（中）在電視劇《千方百計》中與鍾景輝（左）和慧茵（右）合演。（1965，慧茵提供照片）

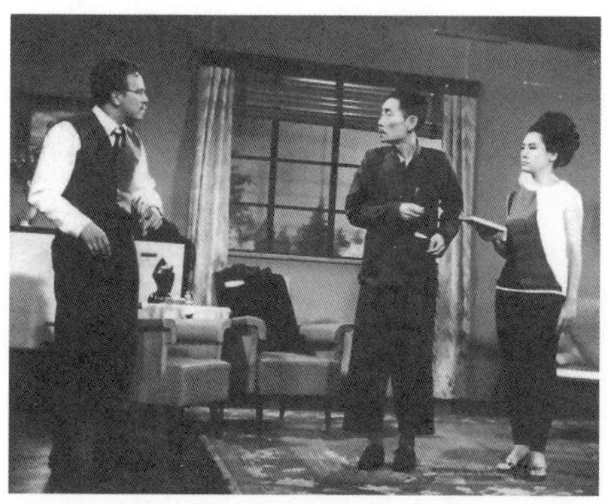

（左起）鍾景輝、黃蕙芬和鄭子敦在《清宮遺恨》合演的一幕（1964，鍾景輝提供照片）

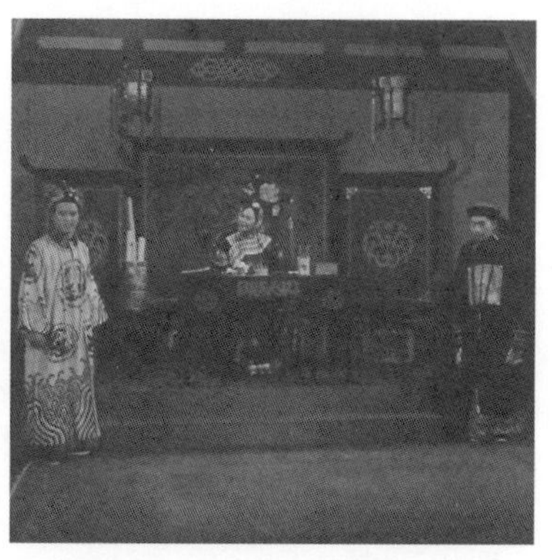

鄭子敦（右）在《小城風光》中與鍾景輝（左）演對手戲。（1970，鍾景輝提供照片）

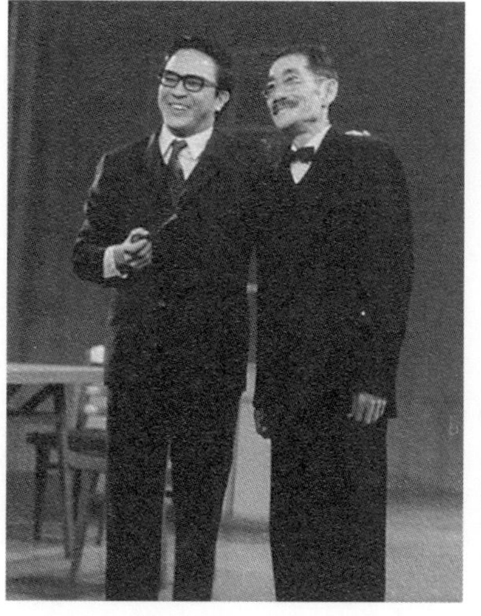

鄭子敦（中）在舞台劇《明末遺恨》中飾演鄭芝龍，鍾景輝飾演孫克咸，可惜沒有二人同台劇照。圖左和右分別是陳浧旋和胡愛梅。（1964，雷浣茜提供照片）

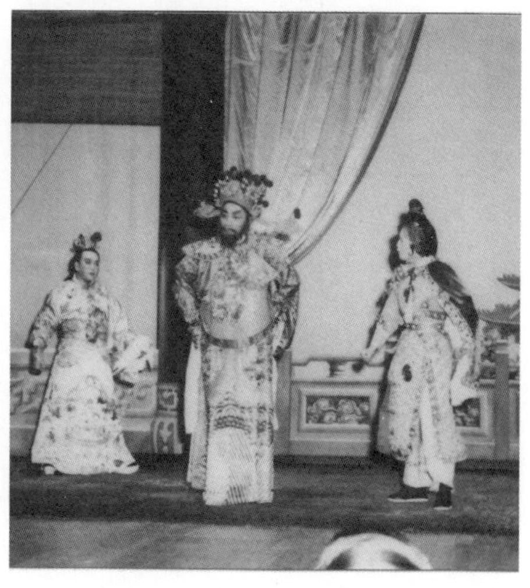

父親七十多歲時記憶力開始衰退。一次，他拍一段戲時，竟然連數句台詞也記不起來，即場啞口無言。編導問他是否有事，他說沒事，最後只能勉強唸出那數句台詞。當時我也在場，覺得他應該有點問題。拍畢該場戲後，他便向編導辭演。雖然他演戲的興趣很大，但歲月不饒人，要背記難記的古裝劇台詞令他感到非常吃力，所以索性退休。父親逝世的正確年份我也忘記了，只記得大約是三四十年前的一個早上，母親來電，說父親叫不醒來，走了。我當時不在他身邊，我是一個不孝的女兒。

涂： 您自己又是如何接觸戲劇呢？

鄭： 我於一九四五年在石岐市出生，三歲來港。七歲時，父親帶我到麗的呼聲播音。當年播音界有兩個小孩子——演小男孩的是我，演小女孩的是杜國威，他是由他的姊姊梅梓帶他入行的。我不知道我是否真的喜歡演戲，因為當我懂事時，父親已經常常帶我看排戲和到電台播音，這是我小時候唯一的娛樂。我經常見到一班戲劇和播音前輩，令我非常開心，因為叔叔伯伯們會給糖果我吃。有時候，前輩們為婦女會演戲籌款，會內的名流夫人便借出豪華的居所讓大夥兒排戲。他們大部份時間都是在晚上排戲，所以有時會有宵夜吃。若借出地方的人沒有提供宵夜，大家便去酒家宵夜。我很饞咀，每次都要跟去。

電視劇《各得其所》演員和工作人員：(前排左起）鄭少萍、梁舜燕、慧茵、(後排左起）馮淬汎、黃宗保、黃澤綿和鍾景輝拍照留念。(1965，慧茵提供照片)

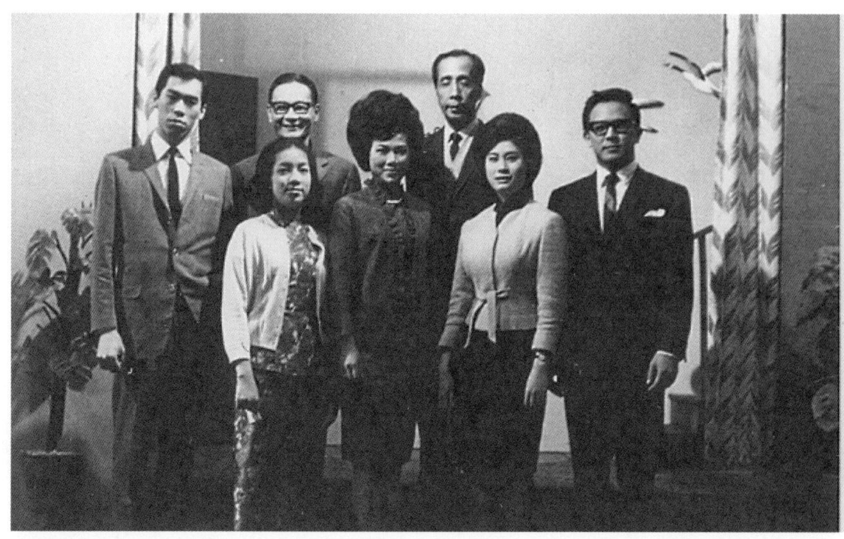

這張照片尤為珍貴，因為鄭子敦（後排左四）和鄭少萍（前排左三）罕有地合照，可惜無人記得此照屬於哪齣電視劇。照中其他社員包括（前排左起）邱麗冰、殷巧兒、馮淬汎、(後排左起）雷浣茜、黃宗保、鄧達樵、張清、陳淦旋和黃澤綿。(年份不詳，殷巧兒提供照片)

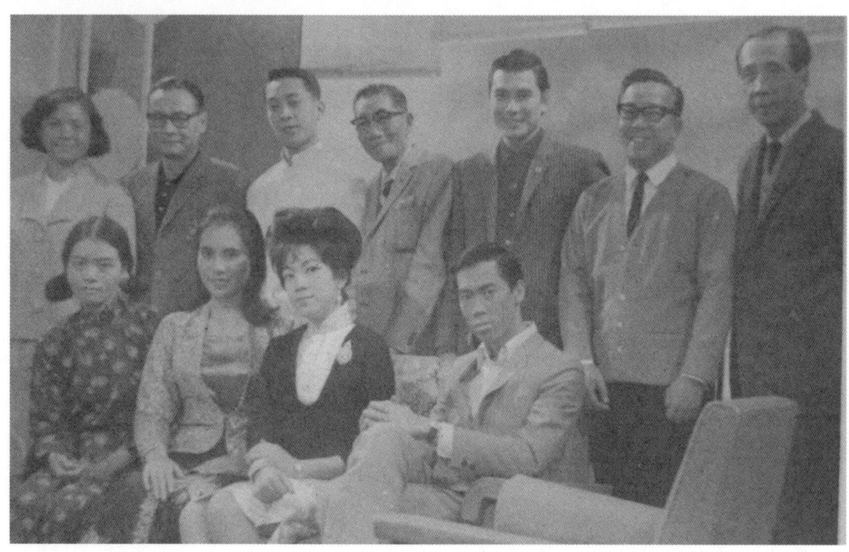

由於我每次綵排都出現，又留心聽前輩唸對白，所以我能背記所有對白。我最喜歡看古裝戲，尤其愛看黃姨演葛嫩娘這個角色。時裝劇的衣服也很漂亮。我記得我在十多歲時看過黃姨和牛叔在「中英學會」的《生死戀》中飾演兩母子。女主角方華很美麗，她在其中一幕戲中穿上漂亮的長裙晚裝。不過，該劇的真正女主角其實是黃姨。她後來不忍兒子慘受折磨，將他殺死。她演得令我感動，至今仍留下深刻印象。

涂：您對「業餘」還有甚麼印象呢？

鄭：都是很零碎的片段：牛叔很厲害，他沒有在劇社演戲，但他看完演員們演戲，很快便能說出他們的問題所在，並且指正他們。所以演員一定要找一位前輩指點你，令你受益。陳淦旋主持電視節目《衛生與健康》，是電視明星。他發起大家排戲時要行肅立敬禮的禮節，皮鞋要發出聲音，就像軍隊敬禮般。澤叔雖然雙腳不太方便，但每次演出時他都擔任舞台監督，打理全劇，很是能幹。不過，我從未見過他演戲或唸過一句台詞。我很羡慕務雪姐，她一開始便演女主角，在創社劇《秦始皇帝》中演皇后。

我曾經在「業餘」演過如《各得其所》、《月落烏啼霜滿天》等多齣電視劇，也在《西施》舞台劇中演餘光一角，卻都沒有留下太大印象。我反而覺得我在劇社只是一

鄭子敦（右圖右）和鄭少萍（左圖左）在《月落烏啼霜滿天》父女檔，其他演員包括湘漪（左圖右）和袁報華（右圖左）。（1967，湘漪提供照片）

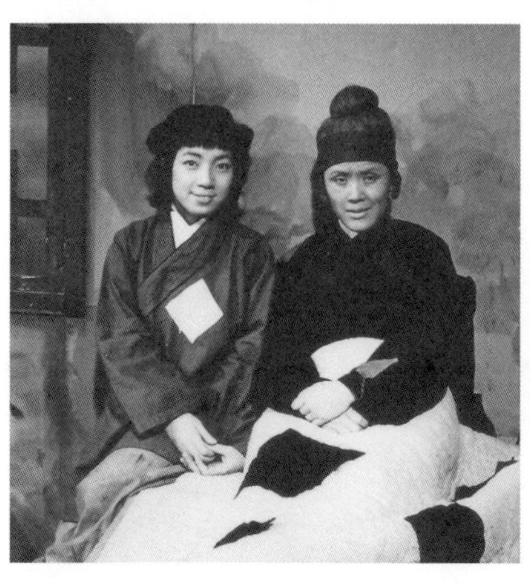

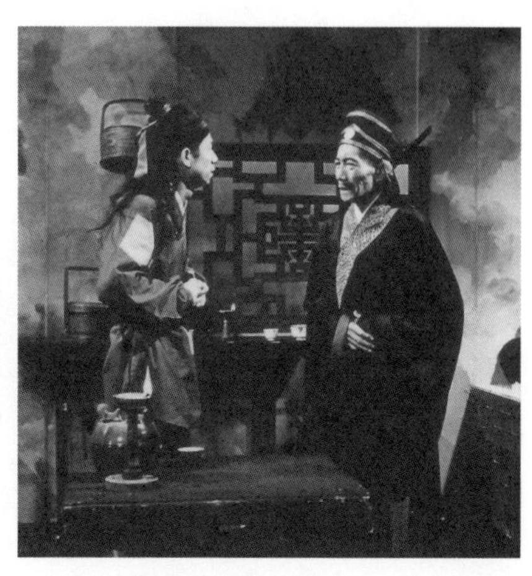

個跟班般的小妹妹，哪名女演員漂亮我便跟着她，誰請吃宵夜我又跟着去。我是最乖最聽話，卻完全沒有作用的社員。不過，我一直都很開心，尤其是遇上排練古裝劇。

涂： 您覺得令尊對「業餘」和劇壇有甚麼貢獻？

鄭： 他的貢獻是他的精神。他熱愛和努力演戲，全心全意，風雨不改，絕不敷衍應酬。雖然他從來沒有帶學生到「業餘」，但他的精神卻能影響「業餘」的後輩，讓他們看到一名熱愛戲劇之人如何只是純粹為了演戲而努力，而非為名為利。事實上，父親與這班香港舞台劇始祖從不爭名奪利，只是熱愛戲劇。雖然是業餘演出，但他們全都很投入，很有專業精神。他們對戲劇的熱情永不退減，是一輩子的事情，這是我最欣賞他們的地方。

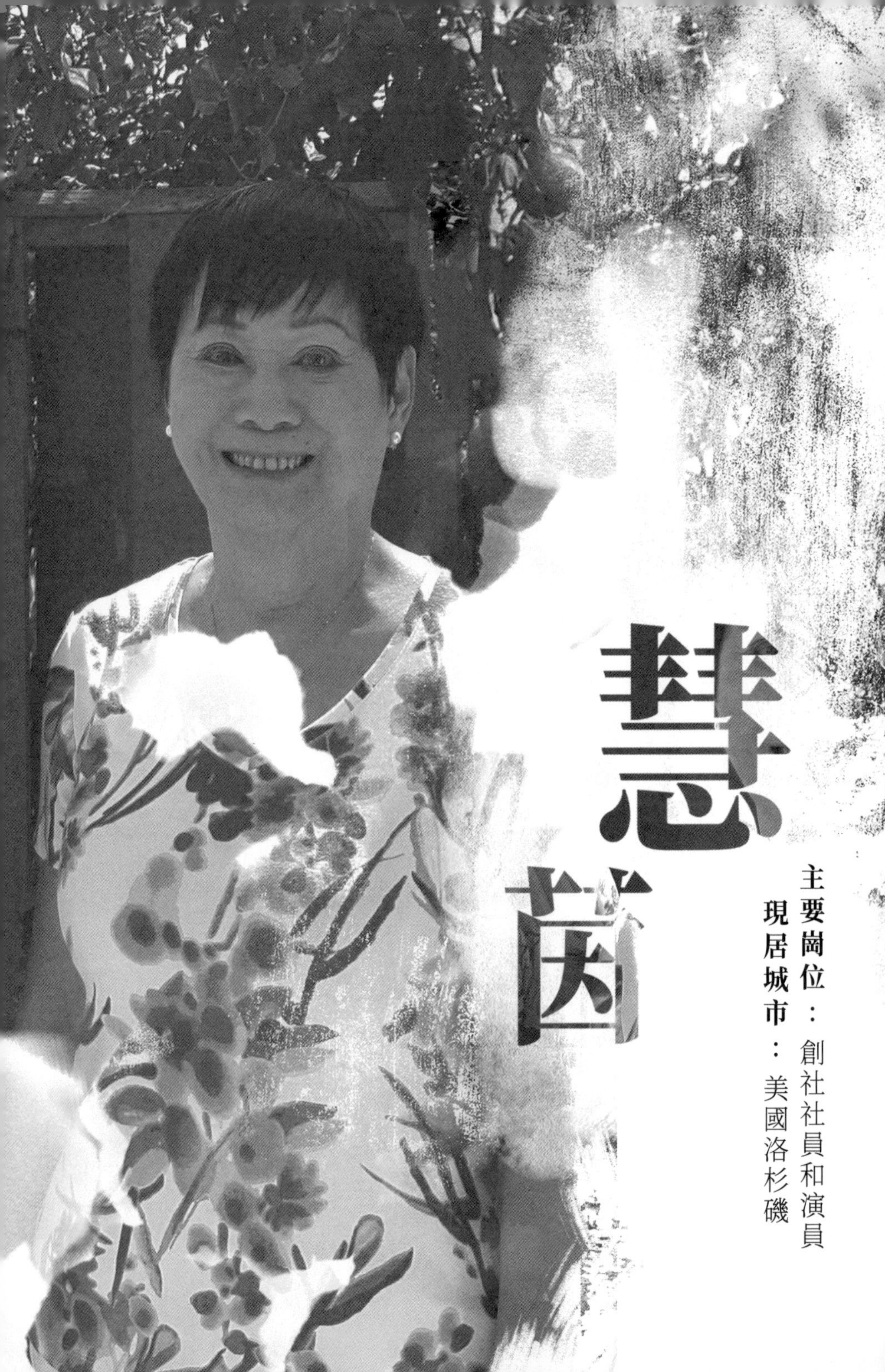

慧茵

主要崗位：創社社員和演員

現居城市：美國洛杉磯

——兼談張清

涂： 慧茵姐，您的戲劇背景是怎樣的？

慧： 我十多歲時在麗的呼聲播音，學習到運用聲線和將劇本口語化的技巧。我自小已經喜歡演戲，十五歲那年，我有一位同學天天到「青年會」游泳，知道那兒有一個劇藝社，便告訴我。我們一起參加，那時候的社長是白羽。梁天也曾在「青年會」演戲，是趙之謹做社長那一屆。趙之謹與我一起學戲，所以梁天比我遲加入「青年會」。我在「青年會」演出的獨幕劇有《父歸》、《摘星之旅》和長劇《朱門怨》等。我在《朱門怨》演詠蘭時，伍永森演四少。除了伍永森、梁天和我之外，「青年會」培養出來的演員還包括許淑嫻、丁羽和夏春秋。我也曾與「中英學會」有一次合作，演出《西廂記》，黃友竹與我分飾ＡＢ角的紅娘，莫紉蘭飾演崔鶯鶯。演《西廂記》很辛苦，熊式一教授的劇本以新詩寫成對白，我們不斷背誦的麼了呀，連觀眾也要購買他早已出版的劇本進場，一邊看戲，一邊看劇本，令演員的壓力大增。

涂： 您在「青年會」學戲的情況如何？

慧： 導師將全班分為很多組，大家一起拿着劇本揣摩排戲。譬如說當時共有四十人，便分為八人一組。我與張清屬不同組別，與「無綫」的前配音員陳曙光同組。順帶一提，陳曙光也曾為「業餘」的舞台劇《陋巷》首演版飾演楊復生一角。每組由組長帶領，排演不同的獨幕劇，然後在「青年會」演出。「青年會」一年最少也有一次演出，並不公開售票，只邀請自己的學生的親友觀看。

涂： 您是怎樣成為「業餘」的創社社員？

慧： 我在「青年會」演畢戲後，牛叔、譚叔、黃姨、后叔等多位老前輩都會給我意見，我就是這樣開始認識他們。「業餘」在六一年成立時，前輩們邀請張清加入。我和張清也是在那年結婚的，所以我很自然地加入「業餘」。自此，我專注「業餘」的戲劇活動，再沒有到「青年會」演出了。

涂： 可否說您是跟這班前輩學戲呢？

慧： 不是，我本是在「青年會」學戲的，加入「業餘」後是靠自己的經驗演戲。

涂： 「業餘」有很多社員都任職教師，如您、后叔、敦叔、黃姨、譚叔、牛叔、馬叔、淦叔、報華哥、King sir、振華哥等，到底教書和演戲有沒有微妙的關係呢？

慧： 應該沒有，我們喜歡演戲純粹是因為個人興趣。我是由於對戲劇有濃厚的興趣，所以即使日間忙於工作，晚間仍然抽出時間做自己喜歡的事情。不過，由於教小學只需半天工作，可以讓我們抽到更多時間參加戲劇活動，可能這也是一個原因。

慧茵與鍾景輝是舞台上的最佳拍擋，為「業餘」合演的作品無數。

《兩代恩仇》(1964，慧茵提供照片)

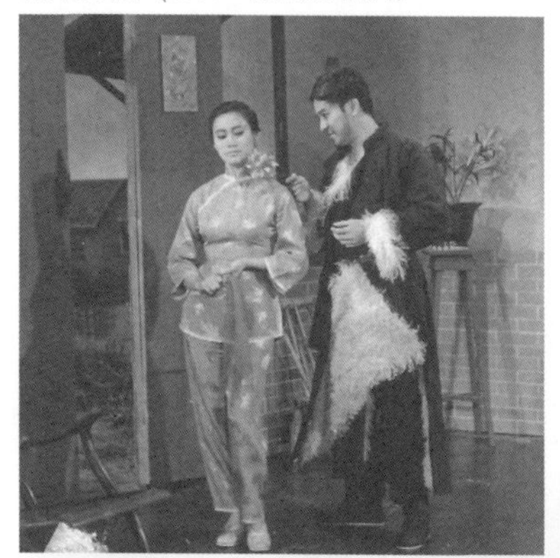

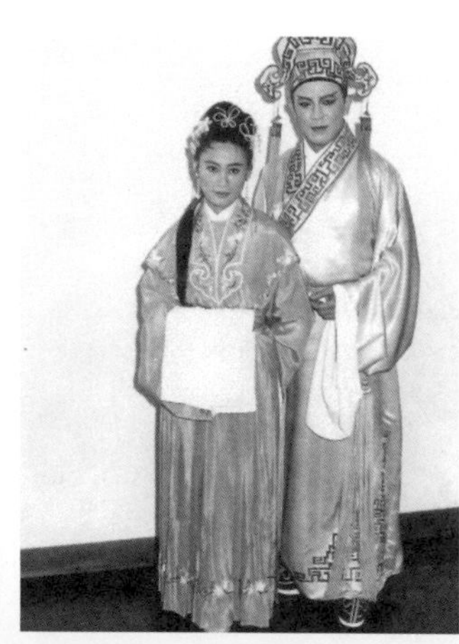

《明末遺恨》
(1964，鍾景輝提供照片)

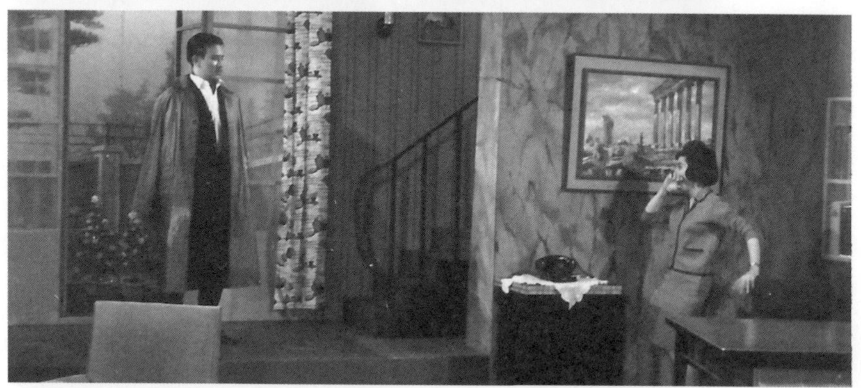

《錄音機情殺案》(1964，鍾景輝提供照片)

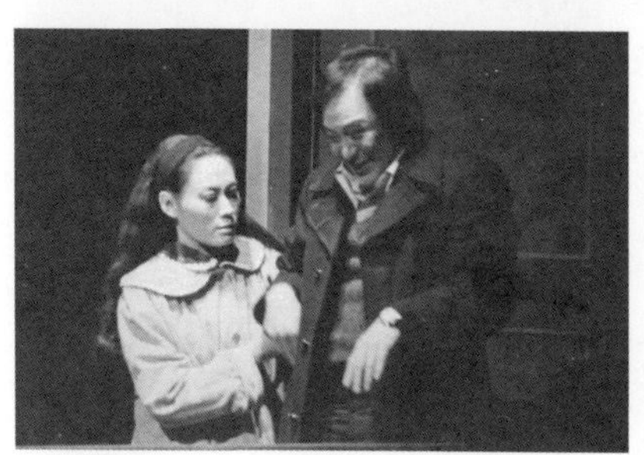

《玻璃動物園》(1967 和 1976，慧茵提供照片)

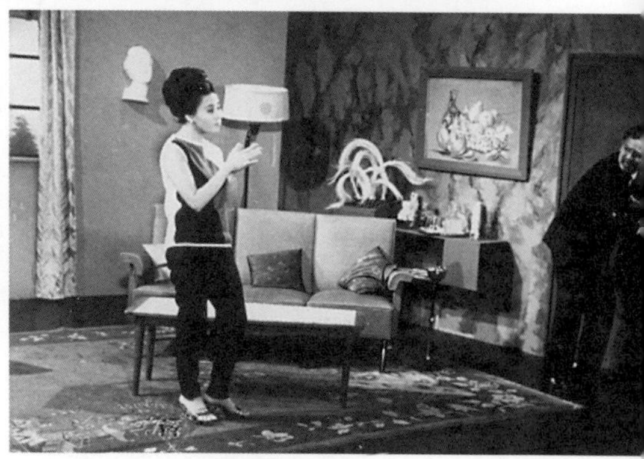

《千方百計》(1965，鍾景輝提供照片)

涂： 同事之間會否互相影響？您有沒有同事與您一起在劇社演戲？

慧： 我在牛頭角庇護十二小學教書時，后叔是校長，當時我只有二十一歲。後來我在東華三院羅裕積小學教書，報華是同事，也是社員。但是我們都早已是戲劇愛好者，並非互相影響而加入劇社的。

涂： 你在劇社演了甚麼戲和角色？

慧： 我演過的劇目和角色甚多，有些我恐怕已經忘了角色名字。舞台劇包括《秦始皇帝》的王后（七〇年版）、《油漆未乾》的二女兒翠珊、《西施》的句郢、《長恨歌》的宮女、《明末遺恨》的美娘、《鑑湖女俠》的呂萌、《玻璃動物園》的羅拉、《佳期近》的李多麗太太和《生路》的卜茜。電視劇則有《防不勝防》、《謠傳》、《打是歡喜罵是愛》、《史加本的詭計》、《藕斷絲連》、《人間何世》的農婦阿曉、《兩代恩仇》的金子、《錄音機情殺案》的妻子、《幽會》、《各得其所》、《快樂旅程》的已婚大女兒、《千方百計》、《危險的角落》、《油漆未乾》的二女兒翠珊、《玻璃動物園》的羅拉、《夢幻曲》的施太太淑貞、《桃李山莊》、《陋巷》的陳蘭和《清宮怨》的珍妃等。

涂： 您最喜歡哪個戲？

慧： 《玻璃動物園》。我很喜歡這個戲和我的角色羅拉，因為它有一種淡淡哀愁，是我

慧茵是「業餘」的台柱，曾扮演無數女主角角色。

《兩代恩仇》的金子（1964，慧茵提供照片）

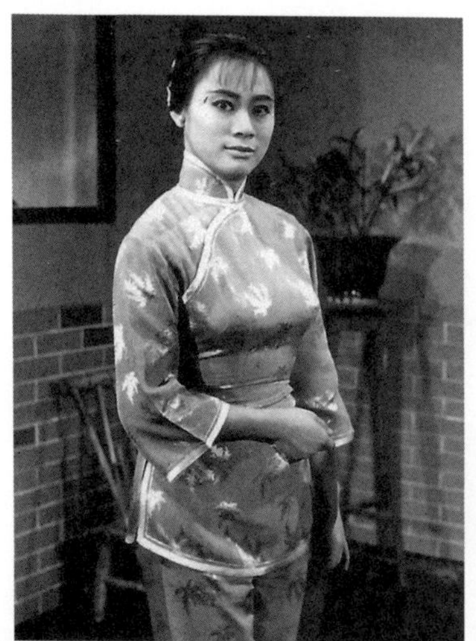

《清宮怨》的珍妃（1970，鍾景輝提供照片）

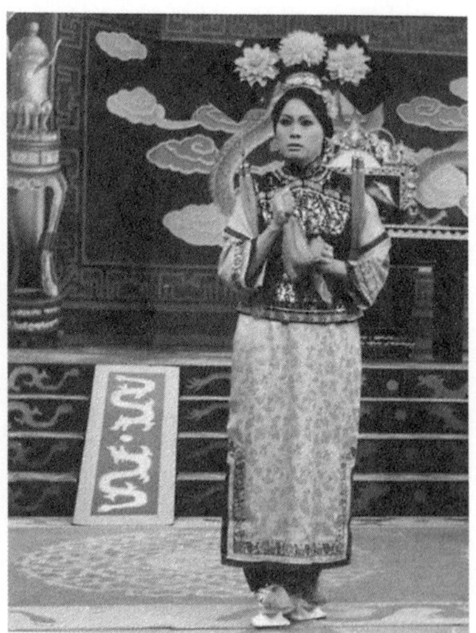

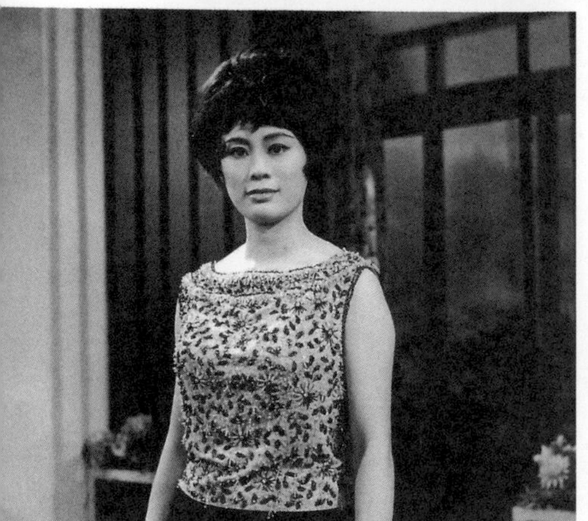

《危險的角落》，角色不詳（1966，慧茵提供照片）

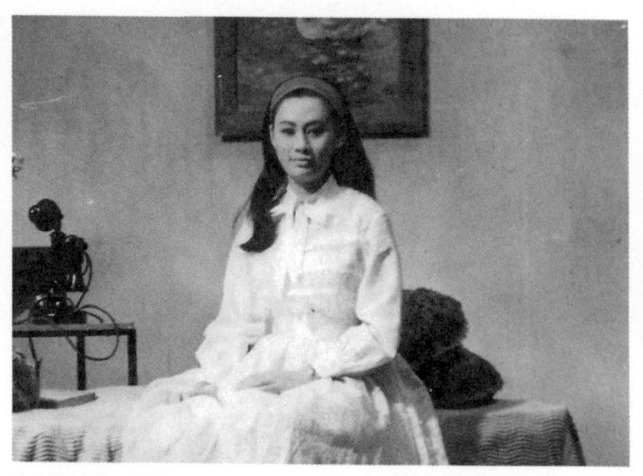

《玻璃動物園》的羅拉(1967和1976，慧茵提供照片)

喜歡的類型。然而，羅拉的母親的角色卻惹觀眾發笑。劇作家田納西．威廉斯的對白又寫得好，如湯姆對姐姐羅拉說：「羅拉，吹熄蠟燭吧，現在已是甚麼時代了。」還有，我與張清雖然是夫妻，但演那場接吻戲總是點到雙唇便算。袁報華每次都笑我們不肯深吻下去，甚至問我為何與他演出時不肯與他「接吻」。至於劇照，我則很喜歡《原野》的攝影效果，因為很有劇味。

涂： 還有哪些角色您較有印象？

慧：《佳期近》初派劇本時，我並不是演李多麗太太（即 Dolly），而是演舜燕的寡婦角色的。誰知當我準備翌天對台詞時，「阿 King」卻在當晚打電話來，說更換了角色，叫我改演李多麗太太。胡菊人看了《玻璃動物園》和《佳期近》後，寫了一篇劇評嘉許，表示我在兩齣劇中飾演完全不同的角色，但都演得很好，令我欣喜。

涂： 是否「業餘」大部份劇都是由您當女主角？您是如何成為劇社的當家花旦呢？

慧： 譚務雪未到英國留學前常常當劇社的女主角。她在六四年離開劇社後，才由我演女主角，可見我們的戲路相同。導演們賞識我可能是因為我認真演戲，很快熟讀台詞，而且守時吧。

涂： 請談談您在「無綫」的演出。

慧：「阿 King」到了「無綫」後，又再邀請劇社演出，所以我演了《陋巷》和《清宮怨》。我在《陋巷》中飾演男主角李權的妻子陳蘭，是所謂的「爛衫戲」。舞台劇版本的首演是六二年，由張清和務雪分飾男女主角。七一年重演，袁報華與我分飾男女主角。到了七〇年，電視版本則由梁天和我分飾男女主角。我了解到當癮君子的妻子的痛苦和無奈，所以要演繹角色內心的淒酸和無助。做妻子的無法幫助丈夫戒毒，亦不能阻止他吸毒，對自己的前路感到非常迷茫，只得欲哭無淚。

《清宮怨》也是姚克教授的劇本，由黃姨、梁天、振華和我分飾西太后、李蓮英、光緒和珍妃，是「無綫」的首個古裝劇。我演過很多次珍妃，曾經與不同的光緒——張清、報華和振華演過對手戲，反而「阿 King」為「業餘」演的光緒卻不是由我演珍妃，那是電視劇《清宮遺恨》，由務雪演珍妃。

到了「阿 King」為「業餘」排演舞台劇《小城風光》時，我因為剛巧去了美國探望母親，所以不能參加綵排。回港後，我請「阿 King」給我一個小角色，旨在讓我一過戲癮，他便讓我演一名貴婦。我滿以為自己在香港大會堂二樓演畢第二幕後，便可以換回自己的衣服，舒舒服服地坐在觀眾席欣賞第三幕。誰知「阿 King」說：「不能啊！你要在第三幕前死去，台上一張張的椅子便是墳墓，你要當死屍（靈魂）坐在椅上。」那真不妙，我不但要再化另一個裝，還要坐在第一行，完全不可以動彈——因為我的角色已死去了哩！

那時候，張清正在為「麗的」服務，我卻兩度為「無綫」演戲。由於我覺得我是以劇社社員身份而非個人身份演出，所以沒有問題。可是，當劇社與「無綫」第三次合作，演出《佳期近》時，我聽到一些閒言，說張清的妻子竟然為丈夫服務的電視台的競爭對手工作。我不想被這些是非纏繞，便向「阿 King」辭演女主角李多麗太太的角色。「阿 King」明白我的處境，便接受我辭演，改由舜燕飾演我的角色。

涂： 您如何創造角色？您的演戲理論是甚麼？

慧： 要創造角色，必須將整個劇本細心閱讀，了解自己的角色。我會在閱讀劇本時研究自己在整個故事中處於哪一點，再逐場戲分飾自己在每場戲中所佔的位置。當我了解角色後便開始塑造角色。我的演戲理論是要自然和生活化。

涂： 您有沒有試過「發台瘟」？

慧： 我演雷浣茜編劇的電視劇《夢幻曲》一場監獄戲時，我的腦袋突然一片空白。我雖然忘記台詞，但由於是現場演出，我只得繼續在面上做表情，幸好很快便記得台詞。之後我向導演牛叔提及這場戲時，他回答說：「我完全看不出你忘記台詞哩！」可能因為那齣是關於一名癲狂女人的戲，所以即使我不記得台詞，面上只需帶着癲狂的表情仍然可以瞞天過海。

涂： 除了演員之外，你在劇社還擔任甚麼崗位？

慧： 我在六九年寫了一個關於護士的電視短劇《再生緣》，在「麗的」播映。我寫劇本是因為好奇，想嘗試演員以外劇場的其他崗位。除此之外，我也做過服裝。每逢上演古裝戲，我便到負責提供服裝的黎珠的辦事處租借戲服。

涂： 您曾出動私伙戲服嗎？

慧： 我在電視劇《危險的角落》的服裝都是我的私伙衣服。那批服裝既要釘殊片，又要找裁縫縫製，很花時間和金錢。演《佳期近》時，我由邵氏化裝師蔡挺替我化裝，衣服則是我特別找人縫製的。後來整箱戲服都放在「阿King」的露台，最後他都丟掉了。這也難怪的，因為那批戲服都是度身訂造的，別人很難合穿。

涂： 除了劇社的電視劇之外，您還有演出其他電視劇嗎？

慧： 我曾為「麗的」演《小夫妻》、《啼笑因緣》和《文天祥》等。《小夫妻》是香港首個處境喜劇，由《四千金》的大家姐蘇潔賢的父親蘇廷之編劇，報華與我合演新婚夫妻丁小石和余自珍。該劇於六五年四月五日首演，是直播的劇集，每星期一集，演了一百多集。我每個星期四下課後便趕到電視台化裝、換戲服，準備現場演出。《啼笑因緣》是由張恨水的小說拍成的長篇電視劇，比「無綫」的版本還要早。我飾演沈鳳喜和何麗娜、阿瑾演樊家樹，李馨游飾演關秀姑。我記得我和阿瑾拍劇照時，因為他比我高得多，張清便讓我站在一個木廂上，拉近與阿瑾的高度距離。還有，在《文天祥》中我飾演薛素素，都是以「非業餘」的身份為「麗的」演戲。

涂： 請介紹清哥。

慧： 張清本名張堃揚，三五年生於香港。他在「仿林」唸書時經常演戲，與報華是同班同學。中學畢業後，他加入「電懋」粵語組當演員，曾拍過五十多齣國粵語電影。我和他同期加入「青年會」，但當時沒有與他演過戲，因為他與我屬於不同組別。我們後來在西區福利會合作排演《火燭小心》一劇才開始熟絡起來，當時張清已在「電懋」工作。粵語組拍攝的電影不多，所以他可以抽空在晚上參加戲劇活動。王啟初老師在「仿林」教美術，與后叔熟悉。前輩們成立「業餘」時需要一班人演戲，便由王老師介紹張清加入「業餘」。

涂： 您與清哥演對手戲的機會多嗎？通常大家是怎樣合作？有沒有因為演出而有爭拗？有否因您是他的女朋友或妻子而避嫌？

慧： 在「業餘」時，我與張清的對手戲不算很多，大約只合演過《玻璃動物園》、《秦始皇帝》、《新清宮怨》等，所以我們從沒有因為戲劇而爭吵。他曾經當過導演，例如在《秦始皇帝》中當執行導演，我則當演員。他不會對我偏心，只是遇上適合我的角色才讓我演，很公平的。

張清與慧茵夫婦合演的舞台劇不算很多，大概只合演過以下四部作品：（本文所有照片由慧茵提供）

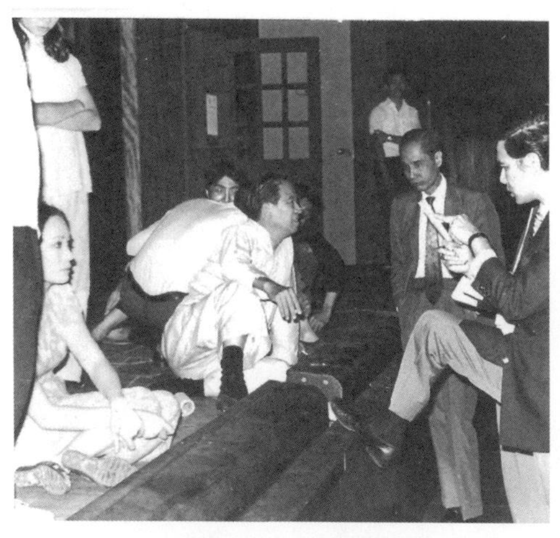

《陋巷》的楊復生和陳蘭（最左），張清（最右）更兼任執任導演。（1971）

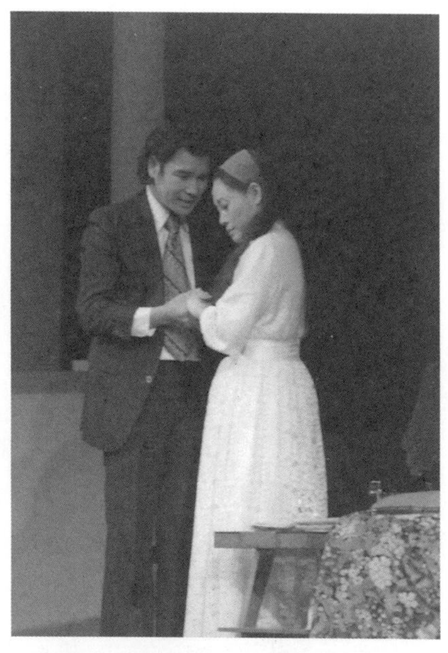

《玻璃動物園》的占姆和羅拉。（1976）

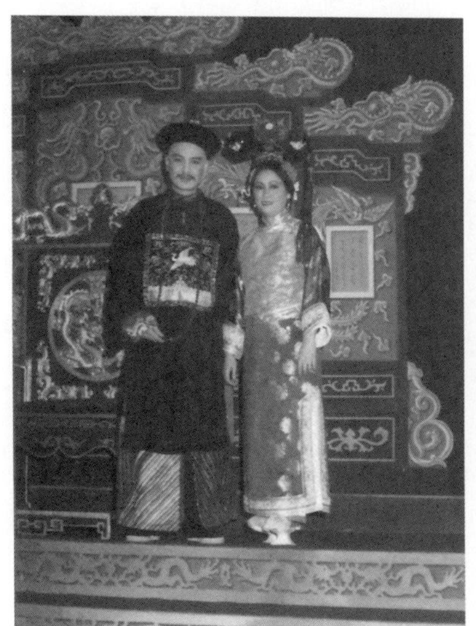

《新清宮怨》的袁世凱和醇王福晉。（1977）

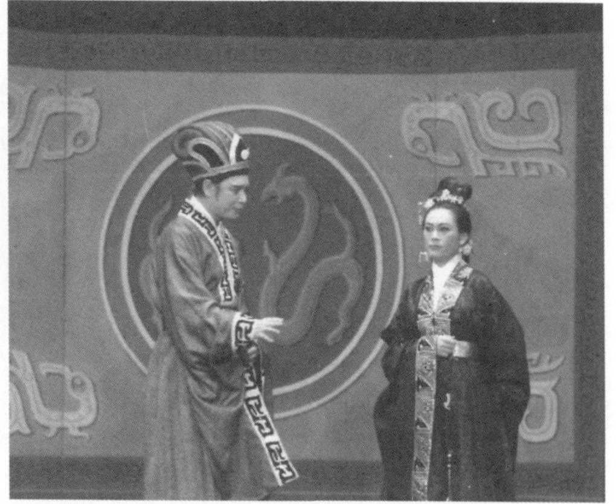

《秦始皇帝》的秦王政和王后。（1970）

涂：清哥是甚麼時候開始加入「麗的」？他的工作里程是怎麼樣的？

慧：張清中學畢業後便加入「電懋」，後來在「商台」任職監製。他於五七年獲「電懋」舊上司鍾啟文邀請入「麗的」，是電視台的開國功臣。在「麗的」初期，他是編導，後來升至監製，也曾是宣傳部的主管。他一直在「麗的」工作至七七年與我舉家移民洛杉磯，當中曾在「無綫」工作數月。不過，他因為不想做《歡樂今宵》而重返「麗的」，那時他還被人取笑他是「麗的」派到「無綫」的間諜哩！

涂：您覺得清哥為劇社和香港劇壇帶來甚麼貢獻？

慧：他在「麗的」負責戲劇組，將「業餘」引進「麗的」，讓劇社可以在電視上演出，亦使電視觀眾可以觀賞到舞台劇。他又將所有「業餘」曾在舞台上演出的話劇製作成廣播劇，在「商台」廣播，讓更多市民可以通過收聽收音機認識戲劇和劇社。

涂：您們移民後還有演出嗎？

慧：張清在洛杉磯的非牟利基督教團體佳音社工作，一邊傳福音，一邊教授戲劇。佳音社每年均有演出，如在《伴我同行》中，我飾演程文輝的女傭和姐。八七年，我演出由劇社的第三代社員余比利執導的《金臂人》（即《浪子回頭》）。我在二〇一一年以佳音社的名義，一手牽引中英劇團赴洛杉磯演出由「阿 King」和陳國邦合演的《相約星期二》。之後數年，我更先後在洛杉磯、三藩市和多倫多演出《桃姐》舞台版《桃姐與我》，飾演桃姐一角，此劇也是由余比利執導。

涂：您認為自己對劇社有甚麼貢獻？

慧：我所做的其實不算是貢獻，只是把自己全然投入劇社而已。不過，我是有點要求的——我要求與我做對手戲的人起碼要準時排戲和很早便可丟本。記得排演《浪子回頭》時，有演員常常缺席，要勞煩「阿 King」代替綵排。我覺得演員一旦接了劇本，便一定要準時出席，並且不可缺席。

涂：您是「業餘」的「大家姐」，人人都尊重您。您是怎樣得到大家的尊重呢？

慧：不是吧？我和社友認識數十年，也不知道此事哩！其實只要你尊重別人，別人自然會尊重你。

涂：演戲帶給您甚麼？

慧：一個人的一生只可以度過自己的人生，但演戲卻可以令演員經歷很多不同的人生，使我們的人生變得豐富。我通過扮演不同的角色獲得很大的樂趣，唯一從沒演過的是舞女，因為我不懂得抽煙。演戲又可以令我結識很多志同道合的朋友，有些可能分隔兩地，但當再次碰頭，仍會有很多往事叫我們回味無窮。就如我與「阿

King」於五五年認識，我們已經相識超過一個甲子。他在九三年曾在一篇文章中寫着：「戲劇維持了我們之間接近四十年的友誼；戲劇令我們分別多年後仍然常話當年；戲劇促使我們今年又再重聚；戲劇使我們有談不盡的回憶，講不盡的趣事，傾不完的情懷。戲劇將使我們不久又再相聚。」他在九三年的說話至今仍然適用，只不過由「接近四十年」變成六十多年而已。我從戲劇中贏得很多真摯恆久的友誼，教我的人生豐盛多采。

涂：您在「青年會」認識了生命中的男主角清哥，在「崇基」則結識了戲劇生涯的男主角——King sir。三位熱愛戲劇的年輕人亦因戲劇而成為終生的好朋友，讓您們能夠有機會經常合作，可算是拜您和清哥與其餘七位話劇老前輩所成立的「業餘」所賜。

當年很多人對戲劇毫無認識，而您們卻寧願自掏腰包演戲。我覺得您們都是劇壇的先鋒，您怎樣看您們這種開拓者的精神呢？

慧：雖然當時很多人都對戲劇沒有認識，但我們成立劇社的目的並不是要令全香港人都認識戲劇，因為我們覺得更重要的，是要將戲劇正確的主題和觀念帶給年輕人，這才是我們要做的事情。所以，即使自掏腰包，出錢出力也不是問題，我們是很願意湊錢，合力去做劇社需要做到的事情。

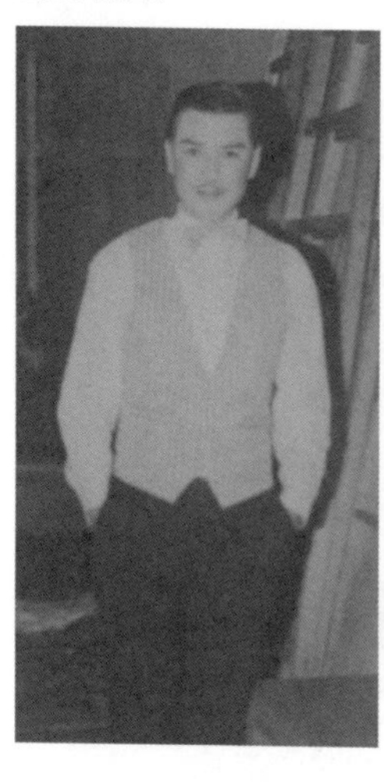

《佳期近》需要很多侍應角色，張清客串當侍應。(1969，慧茵提供照片)

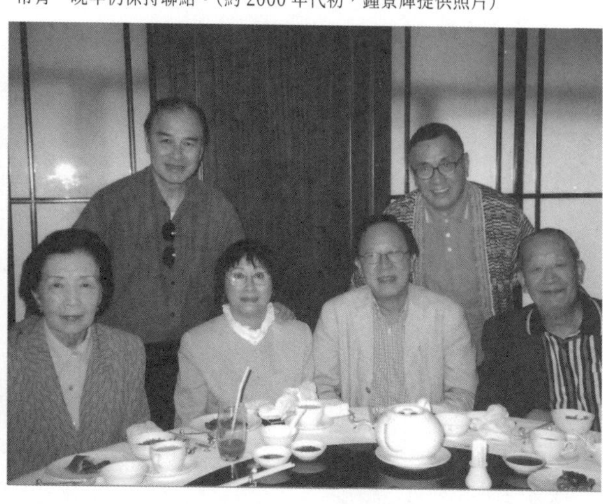

慧茵（前排左二）與張清（後排左一）與「業餘」社員陳勁秀（前排左一）、鍾景輝（前排左三）、陳有后（前排左四）和黃霑（後排左二）的情誼歷久常青，晚年仍保持聯絡。(約 2000 年代初，鍾景輝提供照片)

涂： 假設您和清哥當年沒有移民，您猜您們還會多營運劇社一段較長的時間嗎？

慧： 即使我倆沒有移民，但只剩下我們二人也不能繼續營運劇社。事實上，年紀較長的前輩後來都逐漸開始老去、生病，再難回復昔日人強馬壯的局面。

涂： 您是創社社員，看着劇社消失，有何感想？

慧： 看着劇社消失，我當然會覺得很可惜，因為「業餘」在香港的劇壇上佔着很重要的位置。當年一班前輩抱着對戲劇的熱誠創立劇社，更讓我們這班後輩加入，組成一個有組織的劇社。後來因為不少社員移民和工作忙碌，因而令它在劇壇上淡出，很是可惜。所以，你編寫此書，將我們的戲劇經驗留下，是一件很有意義的事情。雖然劇社消失，但社員之間仍然互相往來。因此，消失的是劇社，友誼卻沒有消失。

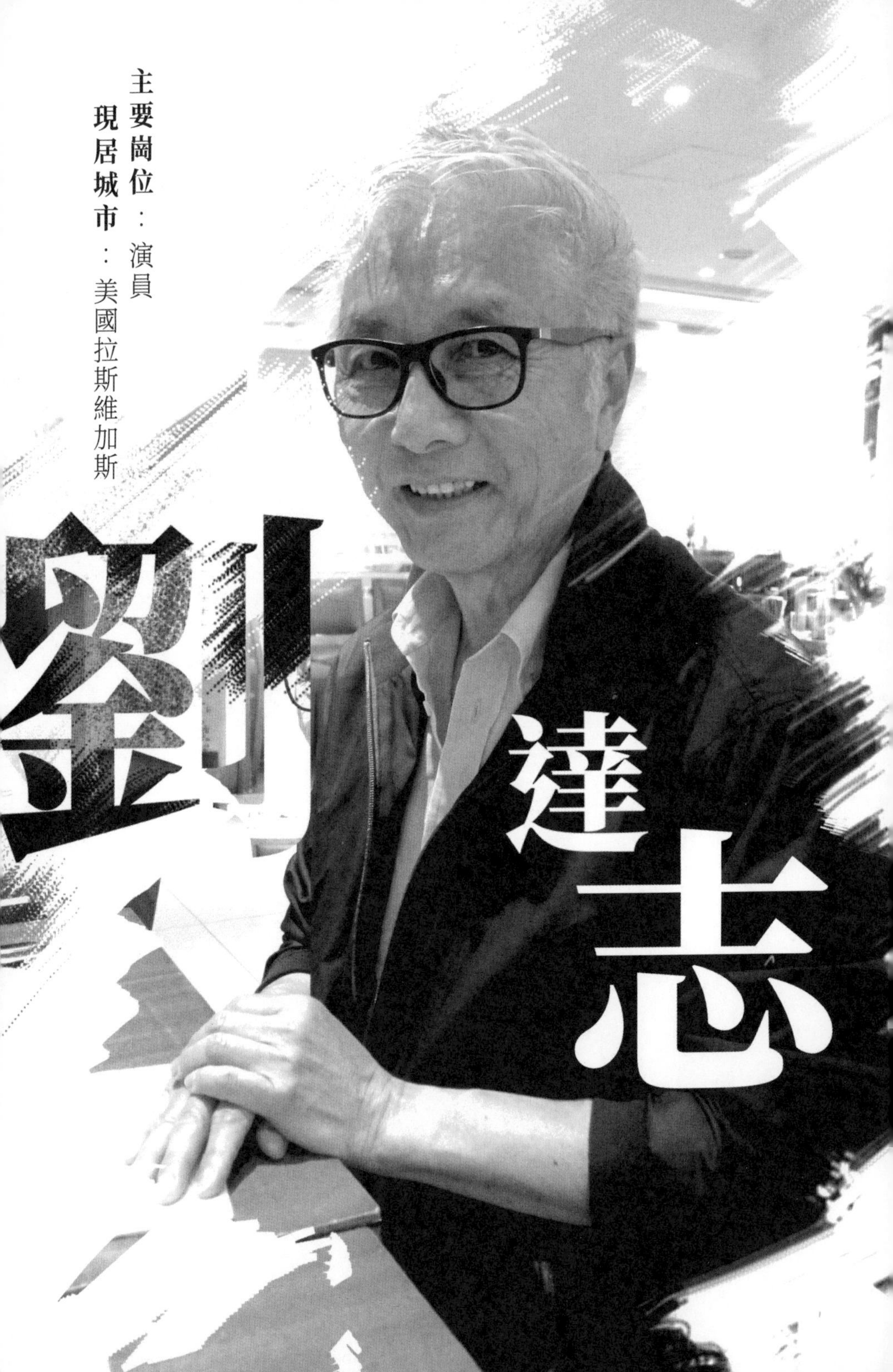

劉達志

主要崗位：演員

現居城市：美國拉斯維加斯

涂： 達志哥，您是如何認識戲劇的？

劉： 我從小已嚮往台上表演。幼稚園畢業時，我代表畢業生向老師致謝辭。小學時，我參加校際演講比賽，每次都獲獎。劉家的長輩常笑我「好像花兒」，因為幼稚園演講辭中提到老師就像園丁為花朵澆水一樣，每天灌溉學生。我的三姊姊在佛教黃焯庵中學唸書，愛演話劇，經常在學校禮堂演出，亦曾到「同濟」、「仿林」等中學演出話劇。五十年代後期，她常看張清、袁報華演出的舞台劇。我可能是受了她的影響吧，竟然自行加入當時的「中英學會」。我已經忘了第一個參演的舞台劇的名字，只記得是莫紉蘭老師讓我在戲中飾演一個流氓。我在劇中穿上唐裝戲服，每次出場觀眾都拍掌，掌聲令我從此戀上戲劇。之後，我分別在銀禧中學和嶺英中學唸書，均在英文演講比賽中獲獎。這些獎項鼓勵了我。我在中學未畢業前，報讀「麗的」第二期藝員訓練班，與李司棋、黃淑儀、盧大偉、梁小玲、禤素霞、謝月美等為同班同學。我在藝訓班未畢業時已被委派做配音工作，沒想到訓練班導師陳有后讓我在「麗的劇場」客串演出電視劇如《我是偵探》，令我從演戲和配音中學到塑造角色性格的技巧。六七年，我畢業了。那屆本來有四十多人，最後只有十一人畢業。

涂： 但您沒有全職在電視圈發展，是嗎？

劉： 是，我中學畢業後即考進「浸會」工商管理系，並且修讀所有 King sir 授課的科目。只要是與戲劇有關，甚至是他教授的演講科，我也絕不錯過。King sir 在課堂上和他導演我演出時所說的話、他所用的字和他的一舉手一投足，全都深深地影響我日後待人處事的態度。那時候，我積極參加校內話劇活動，並且當上多齣話劇的男主角，如《三個演員及他的戲》、《戴倫理教授》、《警察局長》、《等待》等。之前，浸會劇社的演出的男主角都是毛俊輝。我亦因興趣而當了兩至三屆劇社社長。

我在劇社印象最深刻的是《等待》。此劇由黃柯柯當主筆，在大專戲劇比賽中贏了七個獎，獨是我輸了「最佳男主角」獎項給「聯合」的馮祿德。原因是我當時擔任社長，分散了注意力。賽後大夥兒從香港大會堂到尖沙咀凱悅酒店慶功時，King sir 責備我不專心演好自己的角色。翌晚，我們在頒獎禮時再表演《等待》。之後，King sir 和后叔均對我說：「若然昨晚比賽時你能有這樣的水準，你便是最佳男主角了。」他們這番說話，令我學習到演員對自己的角色和整齣戲均有責任，我們要懂得辨別甚麼才是對演出最重要。這亦直接影響我以後管理業務的想法：要懂得分辨事情的輕重和專心一致，不可分散注意力，要在適當的時間專注做適當的事。

涂： 您在「浸會」時亦有在電視演出嗎？

劉： 我在「浸會」唸書時，繼續參加「麗的」的劇集演出，如由陸志堅導演每星期播

左圖：劉達志（左）在電視劇《陋巷》中飾演記者楊復生，到貧民區採訪由鄭子敦（右）飾演的癮君子曾瘦公。
右圖：閣樓窗前的是飾演流鶯白萍的梁舜燕。（1970，鍾景輝提供照片）

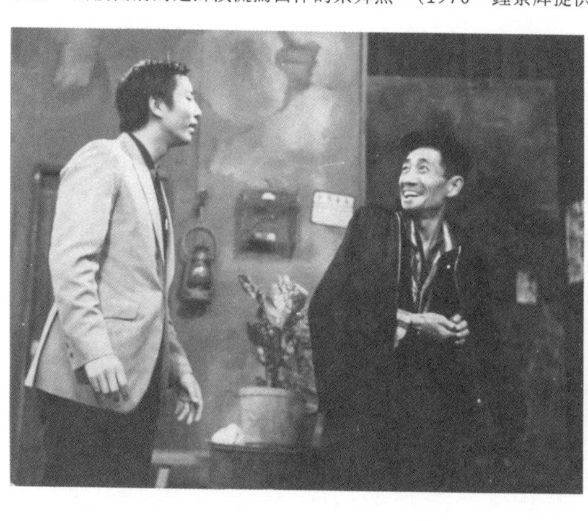

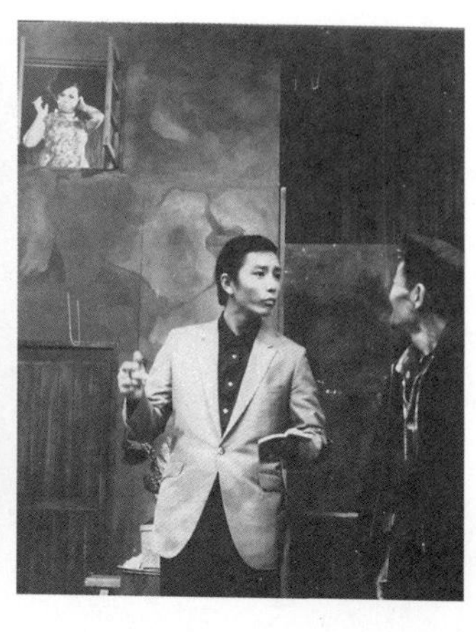

映的《老夫子》。在劇中高魯泉是老夫子、我是秦先生、矮冬瓜是大蕃薯、黃柯柯是陳小姐。我無論是讀書或工作都是全職，所以我說自己同時擁有兩項全職任務。我那時候年輕，對甚麼都有興趣，日日夜夜都是與 King sir 和一班舞台愛好者參加戲劇演出。

到了六七年，「無綫」開台，King sir 擔任「無綫」節目經理，我便加盟「無綫」。我記得那天馮淬汎、黃淑儀和我一起從廣播道的「麗的」電視台走入「無綫」電視台，後來更將如《等待》等話劇搬上螢幕。

涂：那麼您在「業餘」有何演出？

劉：我在「業餘」的演出並不算太多，因為我早上在「無綫」錄台播，中午為美國的紀錄片《深海獵奇》(*Deep Sea Fishing*) 翻譯和錄旁白，接着又要返「浸會」上課。同時，我是逢星期

電視劇《佳期近》動員很多「業餘」社員導戲和演出，包括（左起）劉達志、黃柯柯、梁舜燕、鍾景輝、陳有后、梁天和洪德修。（1971，梁舜燕提供照片）

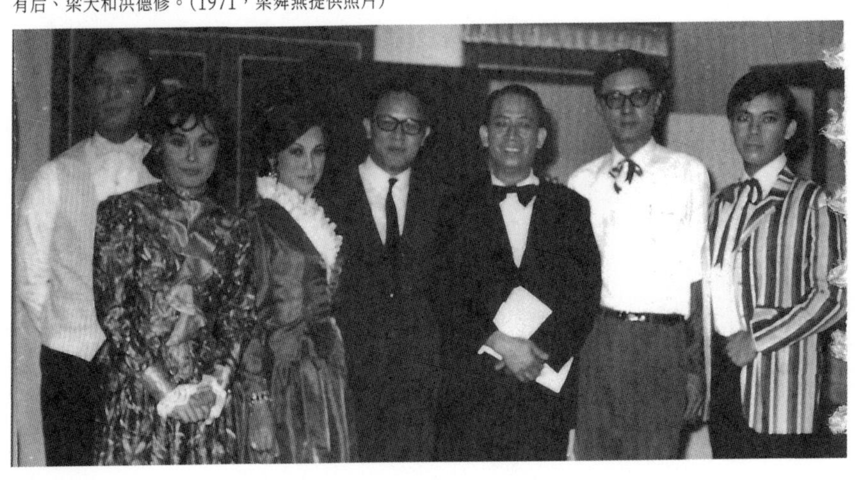

一至五播映的《兒童節目》的紅鼻哥哥。我與陳鳳蓮拍擋，一星期演出四天。我亦有份參演長篇劇《夢斷情天》，飾演黃柯柯的追求者李大可。我還要抽時間做功課，所以實在無法全情投入「業餘」的工作。

不過，我倒記得我曾參加演出「業餘」的數個演出，包括在電視劇《陋巷》中，我飾演採訪吸毒者的記者楊復生，走到以九龍城寨為藍本背景的貧民窟內採訪。那場戲我與鄭子敦演對手戲。我還有在《小城風光》舞台劇版飾演何威。另外，我在電視劇《清宮怨》中飾演太監王商，能夠穿上清裝演戲是一件非常難得的事情。在舞台劇《佳期近》中，我飾演其中一名侍應。那是一個大夥兒湊熱鬧的戲，我沒有對白。其他侍應還有簡而清、黃霑、馮淬汎、盧大偉等。

涂： 您怎樣看「業餘」這個劇社？

劉達志在電視劇《清宮怨》中飾演王商，右圖與飾演珍妃的慧茵（右）演對手戲。(1970，鍾景輝和慧茵分別提供照片)

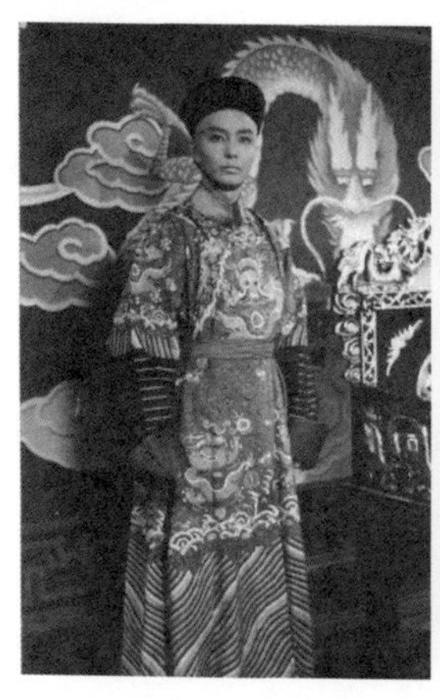

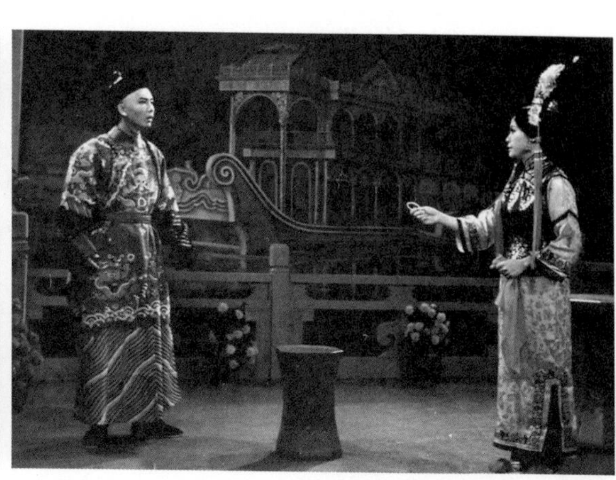

劉： 六十年代，香港能夠為舞台劇喜愛者提供機會參加台前幕後工作的劇團，大概只有「業餘」，因為其他劇社已呈現式微的現象，難以提供同樣的機會給戲劇愛好者。演員們能夠經常在香港大會堂的舞台上演出，就只有憑藉着「業餘」這個平台。亦可以說，「業餘」當時在話劇界的光芒蓋過其他劇社。還有，「業餘」演出的質素很高，香港的戲劇前輩都在劇社內演戲或導戲。我非常欣賞敦叔鄭子敦的演技，簡直是入木三分。

我很高興可以參與「業餘」的演出。不過，我亦不諱言地要說出我對「業餘」的另一種看法——劇社內是有小圈子存在的。由於大家都是業餘而非全職的戲劇愛好者，某些資深的前輩為了便利，只會找合作慣熟的劇友幫忙。好處當然是整班人都駕輕就熟，因為磨練機會很多，所以有很精彩的演出；壞處就是沒有人會花時

本書作者就是因為出席鍾景輝（左三）獲香港藝術發展局頒發終身成就獎後安排的一頓慶祝晚餐而與慧茵和劉達志（左一和二）認識，開啟了編寫兩本《業餘》書籍的契機。(2010，涂小蝶提供照片)

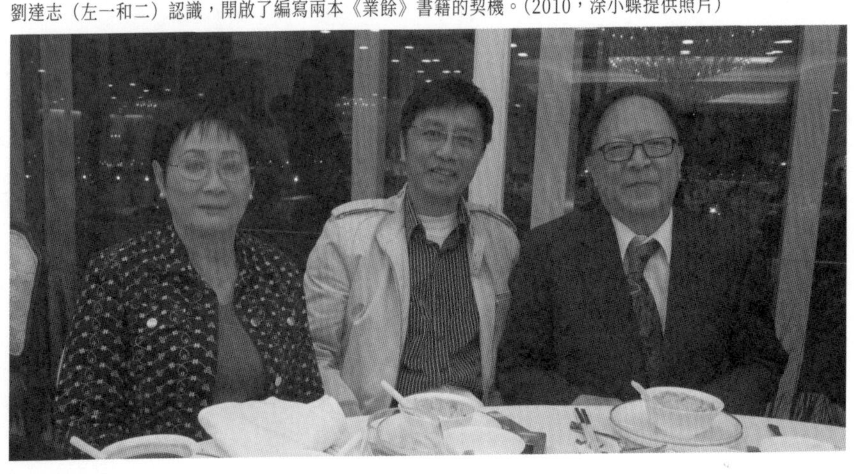

間或心思發掘新人，總是用相同的一班人演出或做幕後工作，不能提供真正的開放平台讓有興趣的人參加。這是我對「業餘」的個人感受。

我的另一感受是當時電視和話劇在文化和社會階層上分為兩類演員：一班是來自南國電影等的專業演員和後來加入電視台的演員或藝員；另一班則是文化教育界和大專院校學生以玩票性質演戲的業餘演員。前者是為了生計而演戲，後者則是為了興趣。這兩班人在電視圈的早期形成特殊的文化差異——職業演員覺得「學院派」演員並不需要靠演戲為生，卻奪走了他們的演出和配音機會。這種現象今天當然不再出現，但在六十年代「業餘」發展蓬勃的時候，確實是或多或少存在着這種衝突。我對此有頗深的感受。

涂：您在「業餘」學到甚麼？

劉： 學到群體生活和團結就是力量，因為一齣劇的成功並非單靠個人的努力。由於大家都是業餘社員，各有忙碌的生活，不能夠每次綵排都做到從頭至尾連貫地排練。尤其是後期，不少社員在電視台有專業的演出機會，令「業餘」很多時候在綵排時都會因為演員缺席而「跳排」。因此，那個階段的演員要具有相當的組織能力塑造和延續角色，才能令角色完整。我經常看到三兩位同場的演員很認真地在排練室的一旁分段排練，直至所有演員齊集，才可以連貫排練。不過，這些限制反而令演員學到要懂得利用時間和彈性處理事情。

涂： 您怎樣看「業餘」的前輩？

劉： 我對「業餘」的老前輩非常敬仰。一來是因為他們是話劇老前輩，亦是教育界的老師輩；二來是他們的演技。我接觸「中英學會」和「業餘」之前沒有受過很多演劇訓練，只是憑着一腔熱血，喜歡便去演，卻不懂得戲劇理論或演技方法。其中我最欣賞和佩服的是黃姨和敦叔的戲，很希望自己的演技會有一天能像他們那麼好。

另一方面，「業餘」的前輩給我高不可攀的感覺，因為他們位位都是校長或教師。我是初生之犢的後輩，所以很敬仰他們，例如黃姨在舞台上真是很有威勢。我覺得劇社的演技也分為兩派。我們年輕一輩的剛好站在時代交替的樽頸位置，是所謂「書院派」，受着西方戲劇的影響。這個派別的社員無論是演戲或是導戲，都與傳統的演出和導演方法不同。譬如說，King sir 與后叔的演法便是有着這種分別。

我觀察到即使在老前輩之中演技也有分別。我不知道有些老前輩的表現是否受到舞台音響設備不足的影響，以致他們在唸台詞時聲線會很誇張。可能以前沒有「無線咪」，令演員要扯大嗓門才能將聲音傳到觀眾席的每個角落去，因而出現聲調很不自然的情況。「無線咪」出現後，演員便可以不用再誇張地運用聲線，整體的表演也就自然多了。這個可能是令我們後輩演戲的風格較為自然的原因之一。

我這套論調亦同樣適用在舞台化裝上。我認為現時的化裝比前自然，很大程度上是因為舞台燈光設備進步了，令舞台化裝不用太誇張。以前的化裝濃得像戲曲的大老倌般，現時則愈來愈自然。

還有，張清比 King sir 更早懂得利用電視媒介將話劇介紹給市民。我認為他策劃和製作「業餘」的話劇在電視演出，對推動香港的劇運貢獻良多。King sir 回來之後，與一班演員把話劇演得更興旺了。

我入行是因為自己的興趣，因為可以扮演不同角色。我從各位老前輩身上學到很多東西。回顧我短淺的戲劇生涯，首位給我一個小角色的是「中英學會」的莫紉蘭老師。之後，亦有其他前輩給我機會。但若說到後期的話，我則絕對是得到 King

劉達志（右）曾與慧茵（左）合作製作一隻名為《景輝業餘的日子》的 DVD，更分別兼任主持和受訪者，介紹鍾景輝在「業餘」的貢獻和劇社的部份製作。(2010，慧茵提供照片)

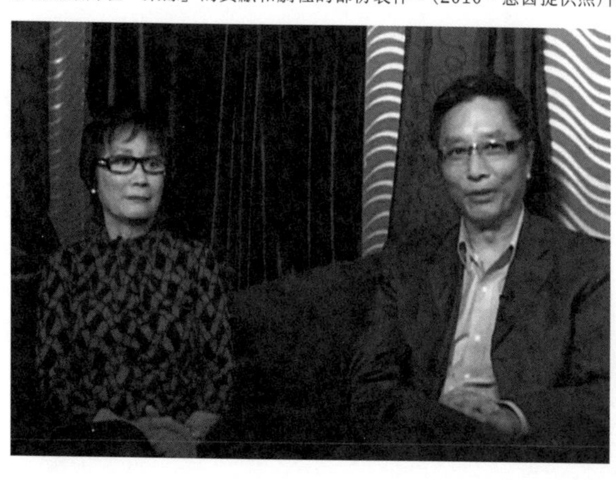

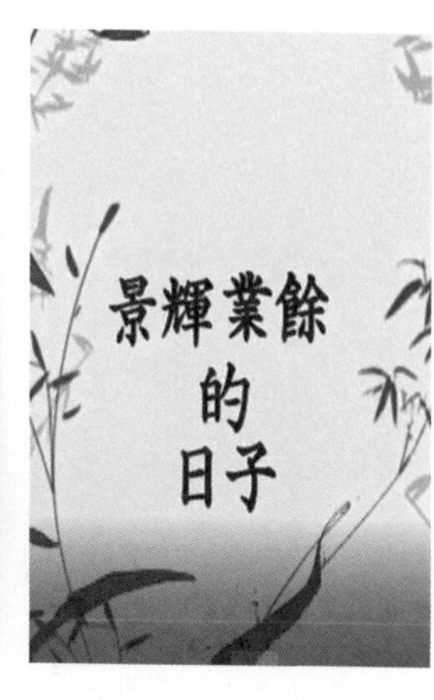

sir 的提攜。King sir 帶我加入「業餘」，給我更多體驗戲劇的機會。事實上，無論我在「浸會」、「業餘」和「無綫」，他都給我很多演出的機會。

涂： 您在「業餘」的日子中最享受甚麼？

劉： 我最享受綵排的過程，那是一種我嚮往的群體生活。每次一到服裝綵排時我便開始有點失落，因為我知道大夥兒可以再聚在一起的時間便只有演出的兩三場戲那麼少。到了謝幕時，我特別感到傷感，因為我們花了那麼多時間綵排的一齣戲自此便完結，同樣的一班人不知要到何時才可以再一起享受合演的樂趣。我們演出後都會一同宵夜慶功，那也是我很享受的時間，因為演戲是我當時唯一的社交活動。

涂： 我記得您與慧茵姐曾經合作錄製一隻名為《景輝業餘的日子》的 DVD。

劉： 對，二〇一〇年，慧茵姐返港度假六星期，湊巧我也在香港，她便建議由我和她將 King sir 在「業餘」的演出和導演的工作紀錄拍成一隻 DVD。在片中，我當主持，慧茵姐當受訪者。此 DVD 除了由慧茵姐介紹和講述 King sir 為「業餘」所作的工作和貢獻之外，亦記載了部份「業餘」的歷史。我們搜集資料時，她曾到 King sir 家中，打開他的抽屜挑選了很多寶貴的劇照。

涂： 慧茵姐不但在度假時抽出時間籌備和拍攝此 DVD，更加自掏腰包支付攝影製作，目的是要讓更多人知道 King sir 為「業餘」所作的貢獻和推動香港劇壇的心血成果。她這顆無私的心令我非常敬佩。

劉： 我與慧茵姐還有一項合作。八十年代，我住在加州的河濱市（Riverside），在加州大學的河濱分校（University of California, Riverside）工作。清哥和慧茵姐為洛杉磯的佳音社排演《金臂人》（編者按：此版本不是余比利執導的舞台劇），清哥任導演，慧茵姐飾演女主角卜茜，我飾演她的小叔卜保羅，副導演是清哥在「麗的」時的助理何丹霞。「業餘」演出此劇時，我的角色由黃霑飾演。當年排演《金臂人》時，我每天需要開車三四小時來回洛杉磯和河濱市，非常吃力。當時我工作忙碌，很難再抽時間排戲。因此，演出《金臂人》後，我只得告別舞台。

涂： 可否談談您的近況？

劉： 我七〇年到美國深造畢業前，曾拍廣告、翻譯和錄音。後來，我在大學教學、創建

劉達志（左四）在二〇一七年二月由拉斯維加斯前往洛杉磯祝賀慧茵（左二）的八十大壽壽宴。居於洛杉磯的滕康寧（左三）和三藩市的譚務雪（左一）也來出席慧茵的壽宴。（2017，劉達志提供照片）

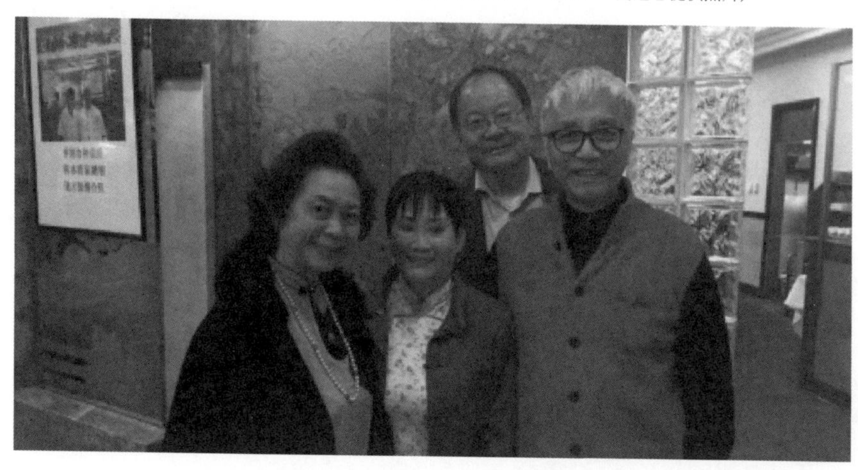

銀行和開發房地產。二〇〇八年，家母過世，〇九年我回國尋根，因為我自二十一歲離開香港後，從未再踏足中國大陸。近年我開發旅遊網和投資拉斯維加斯的舞台表演。

涂：您仍然希望演出嗎？

劉：我曾經試過在半退休時回港以特約演員形式在「無綫」的《有營主婦》、《宮心計》、《鐵馬尋橋》等電視劇演出，目的是想了解自己在離開表演界數十年後能否適應幕前工作，可惜我一直沒有機會演較重要的角色。我現時只想再踏台板，因為我較喜歡演舞台劇，即時感受觀眾的現場反應。

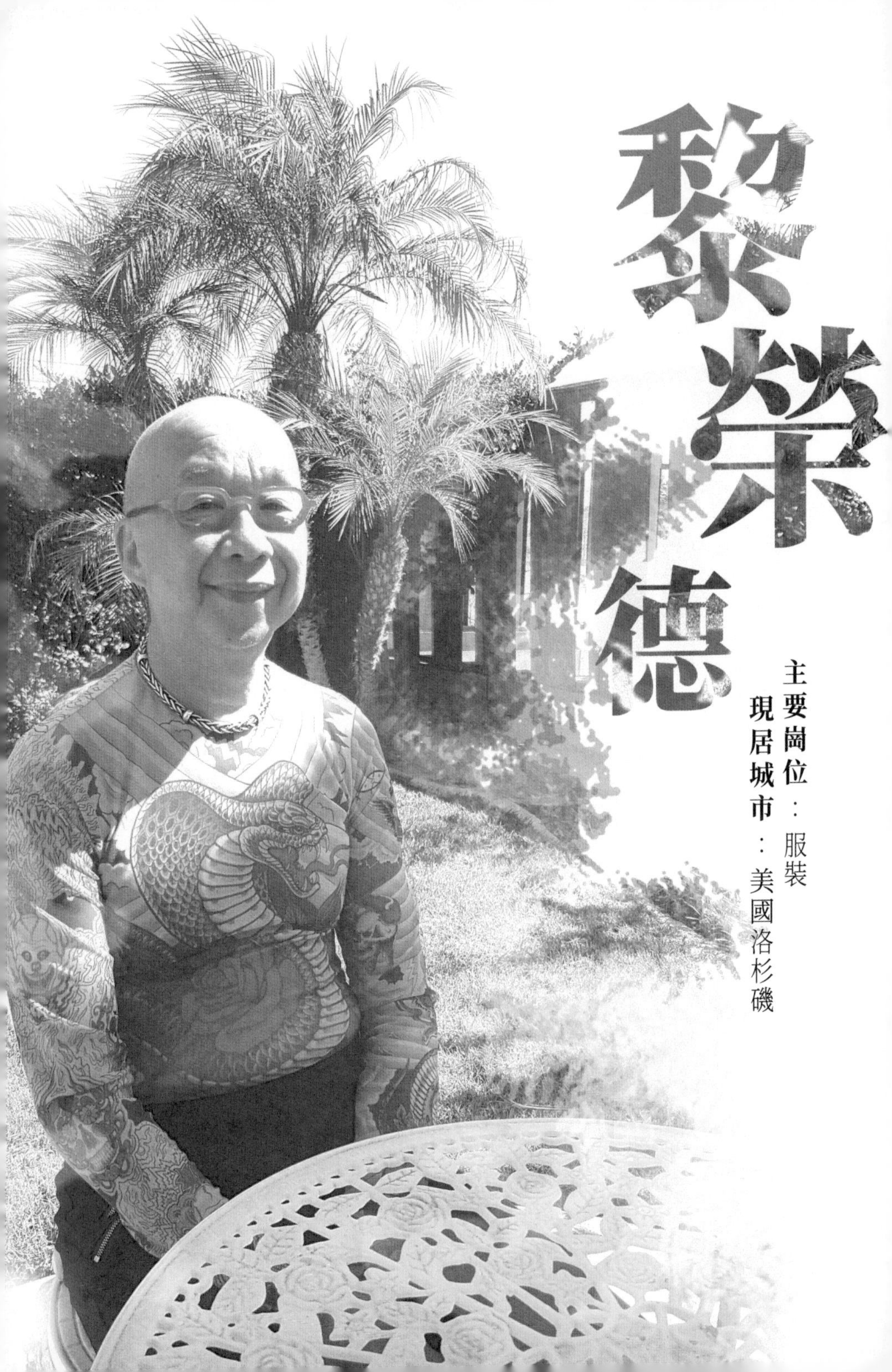

黎榮德

主要崗位：服裝

現居城市：美國洛杉磯

涂： Peter哥，雖然您不完全算是「業餘」的社員，但您自小已經開始參加「業餘」的服裝工作，所以我很想了解您與劇社的合作。請您先介紹自己。

黎： 我在一九五一年於香港出生，父母是黎珠和伍玉珍。五十年代，父親開始與李榮照合作做戲服生意，即是他們買入戲曲服裝，然後租給戲曲演員穿着。二人後來分道揚鑣，李榮照繼續做戲曲的戲服生意，父親則經營電影服裝，並開設自己的服裝公司。父親不懂縫製衣服，買了布料後便由製衣工人裁製。當時沒有服裝設計這個崗位，父親只是參考刊登不同年代的衣服的書籍而已。他與母親在粵語片時代分別專門負責服裝和梳頭，所以你在粵語片的「片頭」看到「服裝黎珠」，便是我的父親。父親經營戲服業是由電影開始，後來再發展至學校和劇社的舞台，以及電視台。

父親在片場工作時我仍然很小，只是跟在父親身後，幫不上忙。到了我十二三歲開始，即六二、六三年，我已經在課餘時常常運送戲服到「麗的」，因為當時的「麗的」仍然未有自己的服裝間，所以要向我們租戲服。我負責燙衣服、當替演員穿衣的服裝員（dresser），以及學習管理服裝。我和姊姊Susanna黎小玲就是這樣慢慢地跟父母學習。

五年後，我開始學梳頭。一次，「麗的」編導陸志堅的節目《民謠歌劇》的其中一名演員遲到。父母外出午膳，不知道此事。我剛巧放學來到接班，陸志堅叫我替

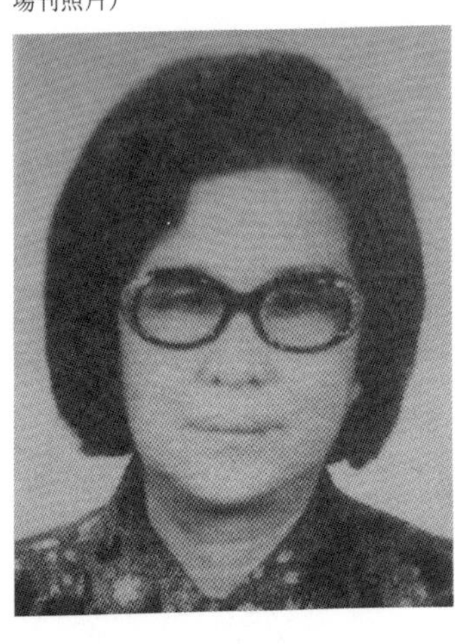

黎榮德的母親珠嫂伍玉珍。(六十年代，場刊照片)

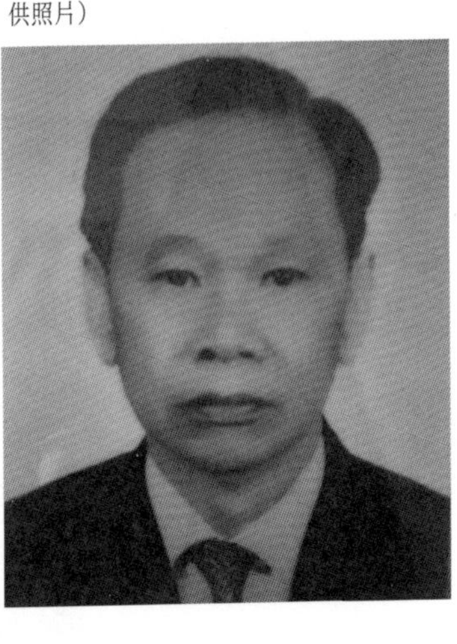

黎榮德的父親黎珠是粵語片的服裝大師，也是「業餘」的好拍檔。(六十年代，黎榮德提供照片)

那名演員梳頭。我推卻不來，硬着頭皮梳了。之後，母親若因同時接兩三項工作應接不暇時，便會找我幫忙，負責工作較輕巧的客戶。後來，我替姚蘇蓉、鄧麗君等梳頭。

涂： 您與「業餘」是如何建立關係呢？

黎： 我在張清還未與慧茵姐認識前已經認識他。他在「仿林」讀書和演話劇時，我已經到後台幫忙。後來他在「麗的」當編導，我則做服裝，所以大家都很熟稔。

那時候，一些中學和劇社也會租我們的戲服演戲，「業餘」亦很多時候租我們的古裝戲服，尤其是上演大型製作，都要我們幫忙。

涂： 「業餘」哪些舞台劇是由您們負責服裝呢？

黎： 凡是古裝都是由我們提供服裝。我們曾與「業餘」合作的有《桃花扇》、《西施》、《秦始皇帝》、《長恨歌》、《鑑湖女俠》、《明末遺恨》、《清宮

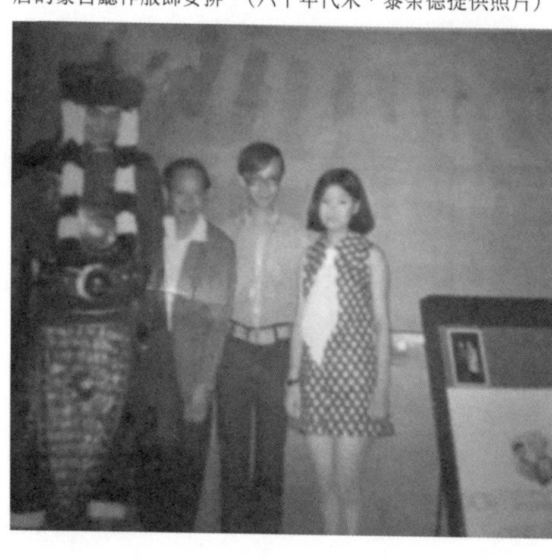

（左二起）黎珠、黎榮德和黎榮德的妹妹黎小櫻為美麗華酒店的蒙古廳作服飾安排。（六十年代末，黎榮德提供照片）

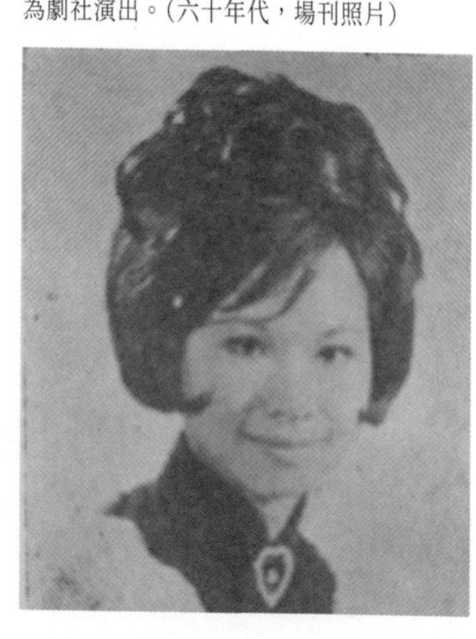

黎榮德的姊姊黎小玲既是服裝人員，偶然也為劇社演出。（六十年代，場刊照片）

遺恨》、《兩代恩仇》、《月落烏啼霜滿天》、《公正廉明》、《清宮怨》等。我記得上演《秦始皇帝》前，我與母親一同到邵氏片場向方逸華女士借戲服。我們在《佳期近》只是在後台幫忙，劇組的服裝並不是由我們的公司提供。

涂：七一年，東華三院為籌募院舍校舍建設費而演出《西施》，也有多位社員義導和義演，包括清哥、報華哥和駱恭叔組成的導演團，駱恭叔更飾演范蠡，慧茵姐在飾演餘光之餘也幫忙化裝。我聽您說過此劇的服裝是由您的公司負責，但場刊卻寫服裝是另一人的名字，為何會有這樣的紀錄呢？

黎：《西施》的服裝執行工作由我們負責，可能主辦機構在場刊上寫上他們的負責人的名字而已。當時我們公司和貨倉位於佐敦道和彌敦道交界，即現時裕華百貨的頂樓十七樓。一次，太太團來時，電梯壞了，累得他們頻頻抹汗。

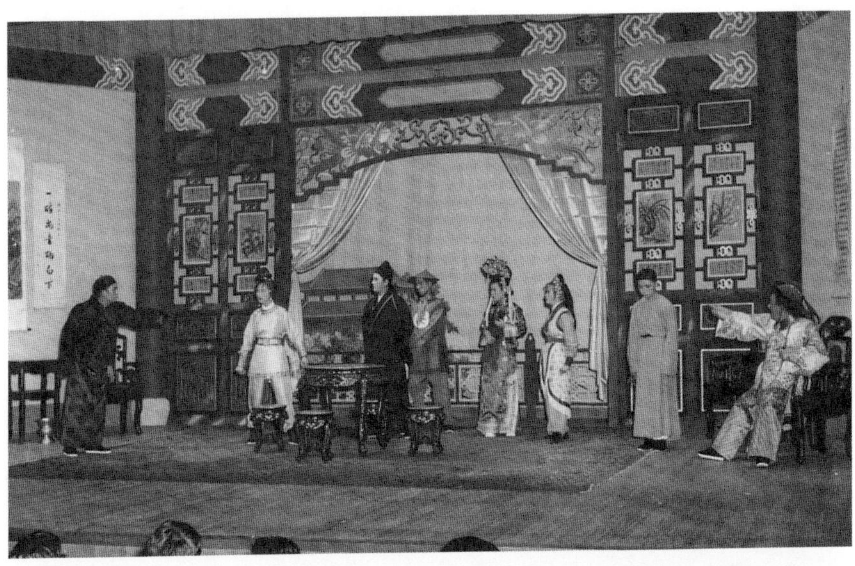

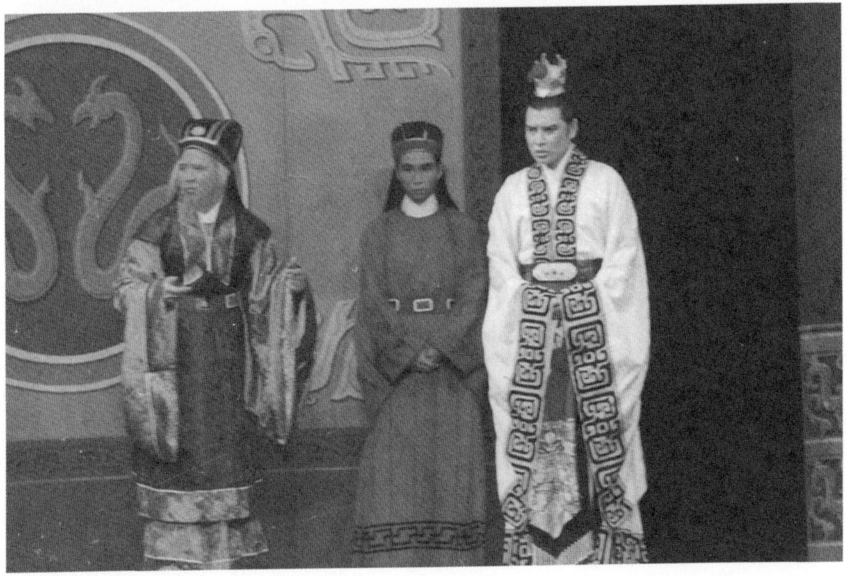

「業餘」所有古裝劇的服裝都由黎榮德和其家人負責，包括《明末遺恨》(上圖) 和《秦始皇帝》(下圖)。(1964、1970，鍾景輝提供照片)

黎榮德設計《鑑湖女俠》秋瑾的服飾時，首先要了解她的朝代背景、家庭環境和婚姻狀況等資料。(1965，鍾景輝提供照片)

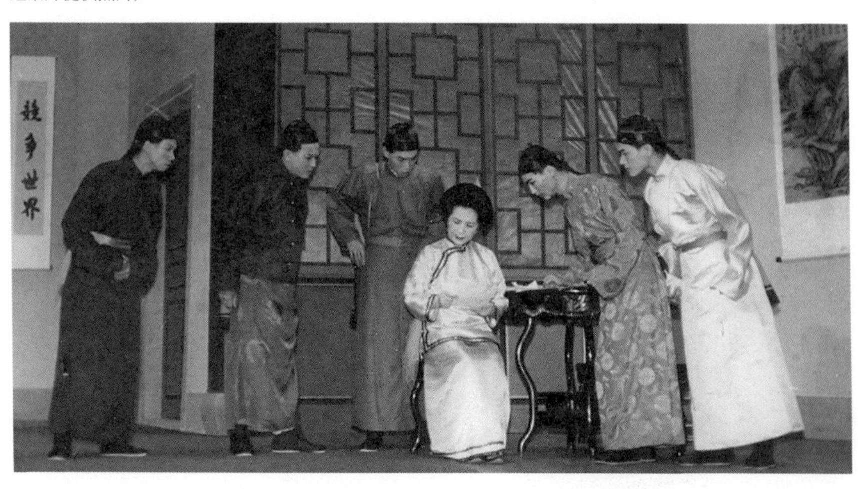

涂： 您為劇社提供服裝服務，首先要做甚麼工作？

黎： 我預先向劇社取得劇本細閱，了解清楚全劇有多少名演員和角色、有多少場戲、共需要更換多少套衣服和有哪些服裝需要全新製造，以便計算全劇的服裝費用。例如《清宮怨》的〈選妃〉一幕，雖然需要縫製很多套全新的清廷秀女服飾，但由於一來我們自設工場；二來我們日後可以將那批衣服租給其他舞台製作公司或電視台，所以「業餘」不用支付高昂的首置服裝費用。

涂： 籌備一齣古裝劇大約需時多久？

黎： 那要視乎有多少人物和劇社的要求。學校的財政預算大都緊拙，所以我們不會為學校縫製新戲服。事實上，一般的戲服我們都齊全，已經足夠為一齣學校的演出提供服飾。至於如「業餘」較為專業的劇社，由於要求較為講究，我們則會提供質料較佳和簇新的戲服，甚至為他們製造全新的戲服。

涂： 您有否替「業餘」設計服裝呢？

黎： 那時候仍沒有服裝設計這個崗位的。若上演西方劇時，很多時候都是「阿 King」在外國看過演出，然後拿一些刊物，如雜誌、場刊等讓我們參考劇中人的服飾風格。之後，我們便在貨倉內找來類似的服飾，或從中取得靈感而縫製新戲服，例如西太后項上的珍珠網狀項鍊便是我參考歷史圖片和繪畫後親手穿成的。

涂： 那麼中國的古裝劇呢？

黎： 我們了解劇本的背景是屬於哪個朝代後，便去搜羅該時代的服飾。例如「業餘」上演《鑑湖女俠》，我們便需先了解秋瑾是哪一個朝代的人、她的家庭環境、婚姻狀況等，這樣便可以令我們知道要找清朝官宦之家的已婚婦女的名貴服飾。由於秋瑾已婚，所以她一定是梳髻而非梳未婚女子的辮子。這些都是構成一個角色的基本服裝和髮型的原素，如窮家女穿粗衣麻布，大戶人家便穿綾羅綢緞。粵語長片中九成的服裝都是由我家提供，所以一般的古裝戲服我們都齊備。不過，若劇社要特別考究或有特定要求的戲服的話，我們便要額外收費了。

涂： 綵排時您需要在場嗎？

黎： 我有時會在場。遇上演清宮劇時，我在綵排時會提供舊的單子鞋給女演員穿上，

「業餘」多位社員曾為勵志會籌款義演《清宮怨》，由黎榮德的父親黎珠負責服裝。黎榮德指出劇中雷靄然（右）飾演的大公主所穿的戲服不對，因為公主不會同樣穿着如飾演秀女的慧茵（左）的樸素戲服，而應是豪華衣飾。（1967，黎榮德提供照片）

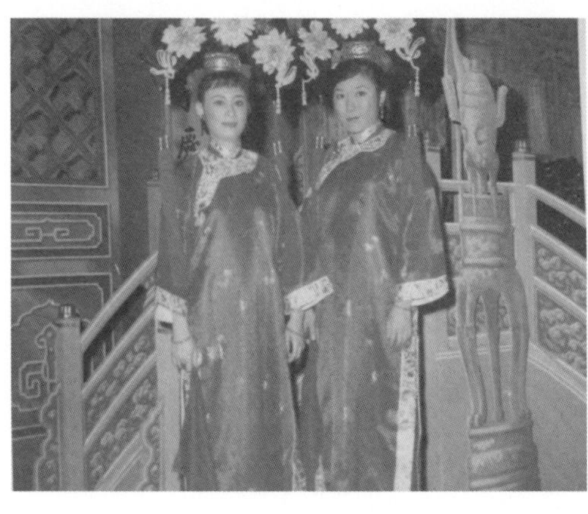

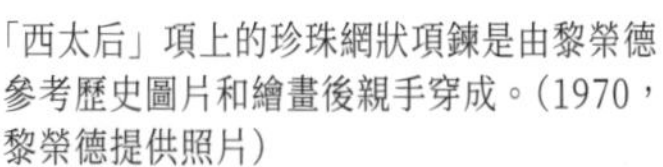

「西太后」項上的珍珠網狀項鍊是由黎榮德參考歷史圖片和繪畫後親手穿成。（1970，黎榮德提供照片）

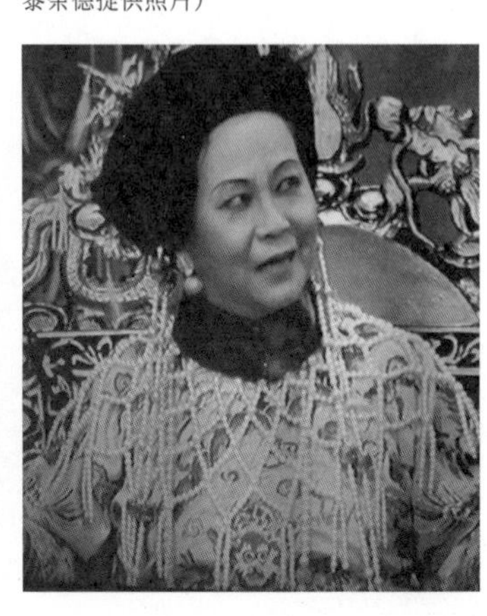

使她們熟習。我也會給演員穿上較舊的古裝內衣，讓他們可以練習水袖。若在綵排時已穿新衣的話，相信還未到正式演出便已經把戲服穿舊了。到了最後數場綵排時，我便讓演員穿上真正的戲服，使他們習慣。

上演清宮劇的最後數場綵排時，我會給演員試穿單子鞋，又給她們穿有水袖的清裝。不過，那些都不是在舞台演出時所穿的戲服，而是專門用來綵排、質料較粗糙和舊的戲服。我們亦要幫助演員穿着和更換戲服。

多年的服裝經驗告訴我：我寧可多帶服裝到演出場地，亦絕不可以漏帶。以前每個片場和電視台都有服裝間置放服裝，遇上服裝間內的衣服不足夠應用時，我們才會從家中再多拿服裝到片場或電視台。這些經驗將我鍛鍊到一絲不漏，從不漏帶一件物品。

黎榮德表示珍妃是皇帝的寵妃，衣服的布料和手工自然名貴精細（左圖）。可是，當她被打入冷宮後，只可穿上粗衣了（右圖）。(1970，慧茵提供照片)

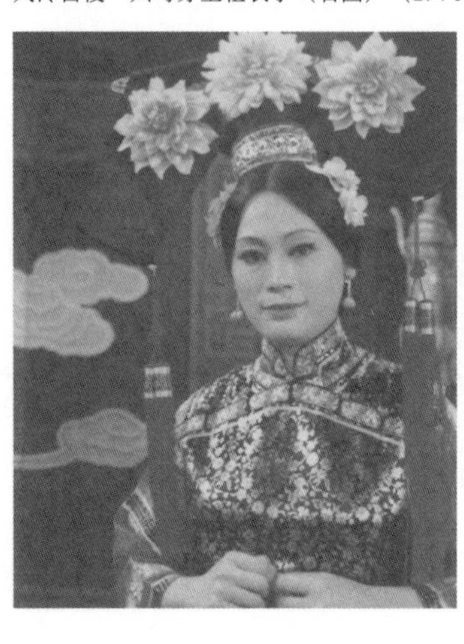

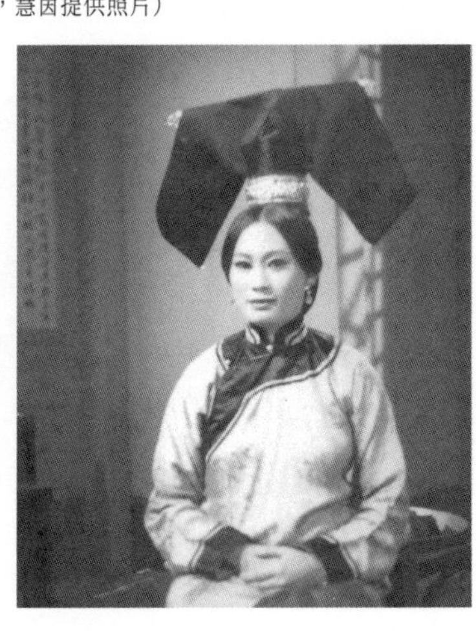

涂：您也會做 dresser 的工作嗎？

黎：當然我會協助演員穿着、脫下和更換戲服，讓他們在最快速的時間下穿好戲服。雖然每次演出總有很多義工幫忙，但他們不一定知道如何穿上各式各樣的戲服。例如有的鈕扣在前面，有的卻在後面。若不熟悉的話，便很容易出錯。

涂：完場後，您又要做些甚麼工作呢？

黎：完場後，我們一家和僱員會到劇院搬運戲服返家。我們要很細心地盤點戲服的數量，不可以遺漏。穿過的服裝不會乾洗，因為乾洗費用昂貴，所以只會風乾，再收回倉內。

涂：是否主角的戲服布質會較群眾演員的為佳？

黎：那是一定的。秀女的戲服都是較清簡，但皇后的戲服的布料則較名貴，刺繡較複雜漂亮，繡邊手工也較精細。但當珍妃被打入冷宮時，雖然她是妃子，卻只可穿上粗衣。髮型和髮飾的設計也同樣是視乎角色在宮廷內的地位而定。

涂：您是如何收費的呢？

黎：我們每一個劇約收取八百元至千多元的服裝費，那是友情價，因為我們知道劇社不是牟利的。有些劇社會告訴我們他們沒錢，要我們算便宜一點，我們也會給予折扣。事實上，我們在演出前數個月已經開始籌備和製作，又要購買衣料縫製新衣和新鞋；演出時又要派很多人到場幫忙，如梳頭、穿衣；演出後又要清洗戲服，所以收取的價錢已經很相宜的。當然，若製作是小型演出的話，我們會收取較少費用。說到底，我們真的不會收取太多錢，因為大家都是好朋友。

涂：在甚麼情況下您會收取友情價？

黎：要看交情。有些學校會請求我們給予最大的優惠，因為他們沒有很多財政預算。慈善演出也是一樣。有些千萬富翁夫人也來跟我說她的籌款演出是會虧本的，所以要求我們大幅減價，連二百元的費用也要求我減至一百元。

其實，我們明白演舞台劇的財政是緊拙。所以，我們每訂造一套戲服，初期是一定虧本的，要待多租出數次後才能賺錢。坦白說，父親常常被顧客拖欠財務。不過，他念及一來「拉上補下」後仍有盈餘；二來可以令一班工人有工作，也就繼續經營下去。父親絕對不是純為金錢而做生意的。我記得他過身後，我們在他的抽屜內找到欠他債的單據多得令母親說要燒給泉下的他去追回來。我粗略計算過欠款的總數，若能全部追回來的話，足夠我們購買當時的一條街道！

涂： 在劇社眾多社員中，您是否與慧茵姐的交情最深？

黎： 我五年級時已經認識慧茵姐。母親與她是同宗，常說二人是兩姊妹，所以我一定要給慧茵姐面子。我們兩家人都住在佐敦。每次演古裝劇，慧茵姐都會來到我們家中，告訴我們每場戲需要甚麼服飾，甚至留在我們家中吃飯。我說慧茵姐到我們的家，是因為她所到之處，既是我們的家，也是我們的公司和貨倉。我們將整個樓層的A至E座的單位全都打通，再在頂樓加建二千多呎地方。說一些題外話：一次，劇社社員鄭少萍與丈夫來到，說要請珠叔讓他們參觀。父親向來樂意讓人參觀他的地方，便帶她四周觀賞。少萍看到一個個大木桶，忙問父親內裏載的是甚麼，原來是用來配襯戲服的鞋子。

慧茵姐很幫忙，每次都預先將劇本的場景分好，使我們很容易知道每場戲需要甚麼戲服。她因為有演出古裝劇的豐富經驗，所以很清楚了解我們有甚麼古裝存貨。由於我們不太認識劇社的大部份成員，慧茵姐又會預先告訴我們演員的身高體型，以方便我們為演員挑選戲服。慧茵姐是演員的大家姐，由她代我們出面做中間人

黎榮德設計《清宮怨》的戲服時，按照各場戲的情節為角色設計不同服飾。例如（右圖）西太后在宮內掌握大權時，與光緒皇所穿的皇服極盡華麗；（左圖）當八國聯軍攻打皇城時，她以西狩之名與一眾宮僕喬裝平民，愴惶逃命。（1970，鍾景輝和慧茵分別提供照片）

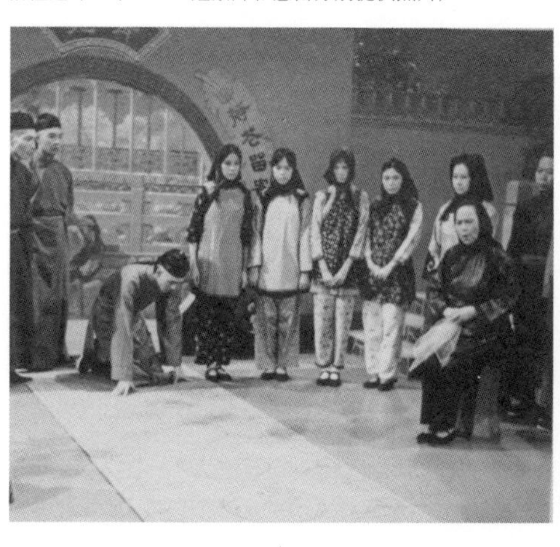

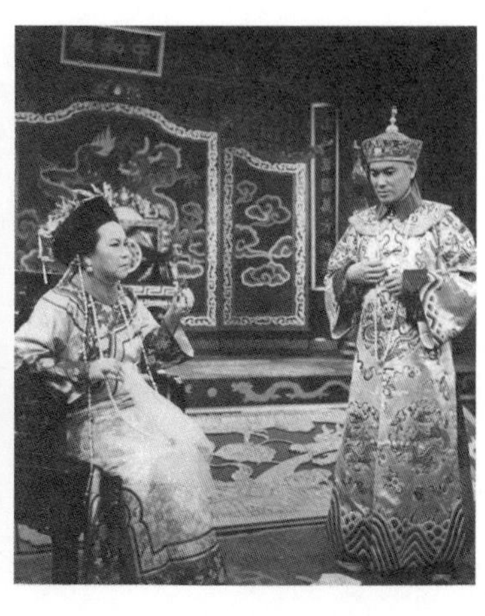

協調，辦事自會順暢得多。

涂： 慧茵姐曾告訴我演《秦始皇帝》時發生的一件與服裝有關的趣事。劇中清哥飾演秦始皇，后叔飾演嫪毐。一次，當清哥唸畢：「拉佢出去！」（即秦始皇要侍臣將嫪毐拿下去）這句台詞後，后叔即在清哥耳畔輕聲說：「不能拉呀！因為我的褲子鬆了，快要滑下來了！」清哥只得立時將台詞改為「拖佢落去！」因為拖的動作可以讓后叔被人拖拖拉拉的走入後台，避免褲子掉下的窘態出現。

黎： 那時候的戲服的褲頭不是用橡筋束成，而是用一條繩子纏着，所以也有機會鬆脫。

涂： 您與「業餘」合作多年，對它有甚麼看法？

黎： 我自小跟「業餘」眾人合作，覺得他們很專業，亦很專注地為上演一齣又一齣話劇而努力。人人都很勤力，又有很多義工在演出時前來幫忙。

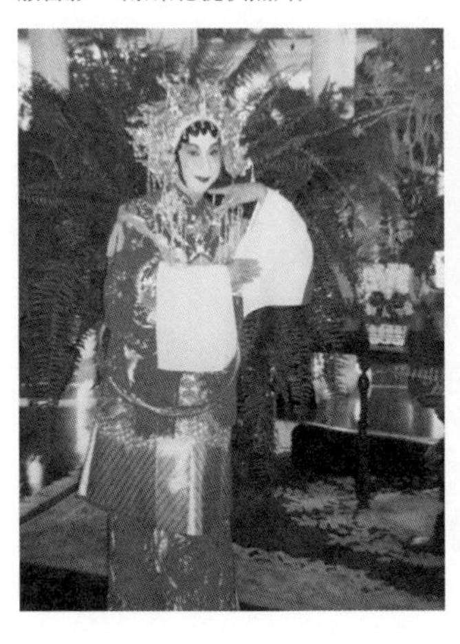
身為服裝專家，黎榮德穿上鳳冠霞佩戲服留影。（黎榮德提供照片）

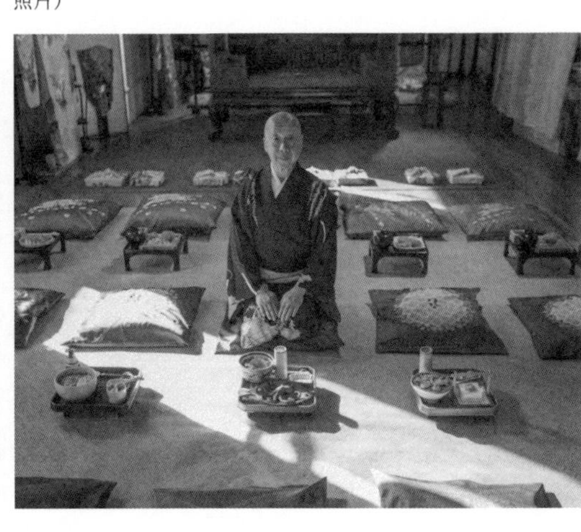
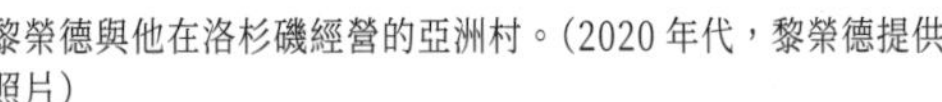
黎榮德與他在洛杉磯經營的亞洲村。（2020 年代，黎榮德提供照片）

這令我很開心，因為大家就好像一家人似的，無分彼此。當中有新知舊雨，我與很多社員都因投契而變成好朋友，因為大家都喜歡藝術。我認為大家為一件事情而合作，即使自掏腰包也要做，是藝術家的行徑。

涂： 可否略談您在劇社以外的服裝事業？

黎： 我也曾負責如九龍真光中學等中學和其他劇社，如「中英學會」、當年的香港話劇團（即現時的香港影視劇團）的服裝工作。七十年代時，我仍在香港，任職麗的電視的駐台服裝部主管，偶然也會因「業餘」在「無綫」演出而到「無綫」幫忙。後來我將所有戲服賣給「佳視」，便去了瑞士和意大利。我回港後，開設Calamia服裝店，專門出售在意大利購買的時裝。八〇年，我拿着三千美元以旅遊身份來到美國，再在Otis學校唸時裝設計。由於不夠學費，我只唸了兩年，之後非法留下。湊巧美國移民局失去我的文件，我便在大赦時申請留下至今。我在美國一直從事時裝設計，品牌名字為 Peter Lai Designs。我為很多明星和名人設計服飾，曾經分別在歐洲和美國贏得時裝大獎「金針獎」。

涂： 您現時在美國的生活如何？

黎： 我現已退休，但仍在本地擁有自己的日本文化村——一個集展覽廳和倉庫於一身的大型日本古代服裝和文物的空間。我熱愛日本舞藝 Kabuki，已經習舞十六年，至今仍在學習（編者按：訪問時為二〇一六年，此書出版時黎榮德早已畢業，日本村亦易名亞洲村）。

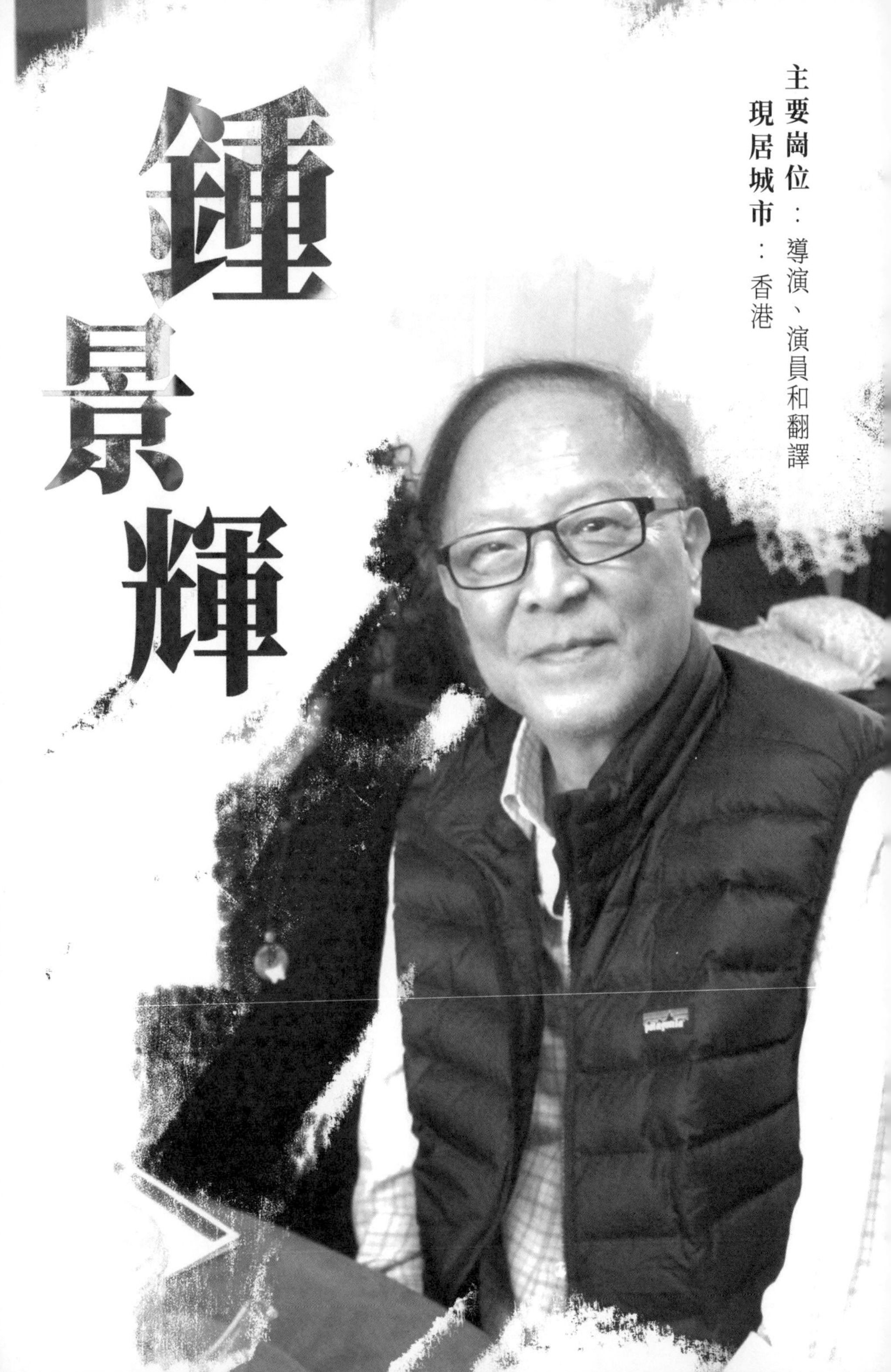

鍾景輝

主要崗位：導演、演員和翻譯

現居城市：香港

涂：King sir，請您略為介紹香港劇壇在六七十年代蓬勃時期的情況。

鍾：上世紀五十年代，由於教育司署舉辦戲劇比賽，有些學校便開始教授戲劇，所以那是中學戲劇盛行的時代。六十年代則是大專戲劇盛行的年代，因為開始有大專戲劇比賽。香港當時並沒有太多戲劇演出，更遑論專業表演。一些電影演員會偶然演出舞台劇，例如由南國電影的演員成立南國劇團。由於劇團的演員都是演國語片的，所以都是以國語演出舞台劇。至於其他的演出，都是一些業餘劇社的製作。廣東話話劇以「中英學會」和「業餘」較有組織和規模，而且都有前輩帶領。那時候戲劇仍未普及，若能演出三場已經很好了。

當時「中大」的學生有梁鳳儀、殷巧兒、馮祿德、袁立勳、何文匯等；「港大」有在那兒任教的黃清霞和她的學生徐詠璇；「浸會」則有羅冠蘭、毛俊輝等。這些學生都各自參加大專院校的劇社。到了七七年，香港話劇團成立，初時每齣劇上演五場。我在八〇年導演的全港首齣廣東話百老匯音樂劇《夢斷城西》則共演出十九場。

涂：您是怎樣加入「業餘」的?

鍾：我在「培正」讀書，在校內參加戲劇比賽，由陳有后、雷浩然等前輩任評判。我兩次獲獎都是由他們頒發給我，但我到美國唸書後沒有再與他們聯絡。六二年，我從美國唸畢戲劇碩士課程回港。六三年，兩位前輩邀請我參加「業餘」。我加入劇社的原因是「麗的」的中文台在那年開台，需要增加中文節目，便邀請劇社以廣東話現場演出半小時的話劇。換句話說，這是一個由劇社負責的戲劇節目，大都是現場演出，誰人有空誰便來演。我當時剛畢業，很年輕，所以常常由我來導或演。另外，我與劇社的創社人之一慧茵是在「崇基」的劇社認識的，她比我高一班。她也是劇社的成員，我們常常一起演戲。

涂： 當時您在日間做甚麼工作？

鍾： 我從美國回港後，由六二年至六七年在「浸會」教書，教授戲劇、英文和演講科目。戲劇是選修課，不屬於任何一系的。我是全港首個在大專院校開設演技、導演和演講課程的人，亦曾為學校導演數個舞台劇。六五至六六年，我在紐約大學進修，六七年開始在「無綫」工作。

涂： 您當時抱着怎樣的心態與劇社合作？

鍾： 無論是舞台劇或是電視劇，「業餘」的社員都是貼錢演戲的。大家抱着的心態都是只求有機會參與，而不會計較沒有酬勞。當年是沒有人可以單靠演舞台劇為生的。大家覺得能得到很多前輩指導，可以從中學到很多事情，並且盡自己所能便已經是最值得高興的事情。

鍾景輝在多齣電視劇中都同時兼任導演和演員二職，包括：

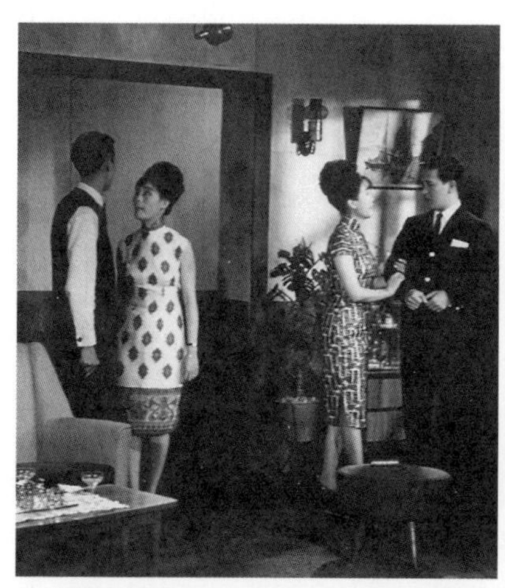

《打是歡喜罵是愛》左四（1963，鍾景輝提供照片）

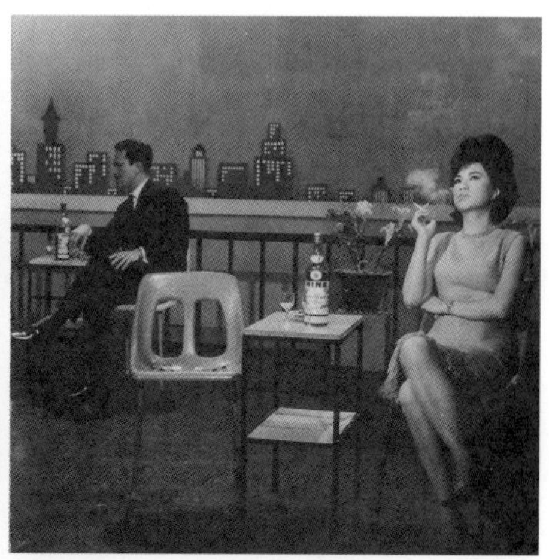

《藕斷絲連》左（1964，梁舜燕提供照片）

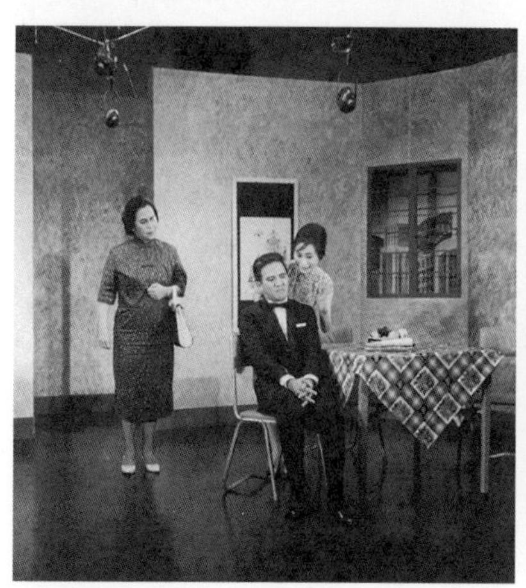

《防不勝防》中（1963，鍾景輝提供照片）

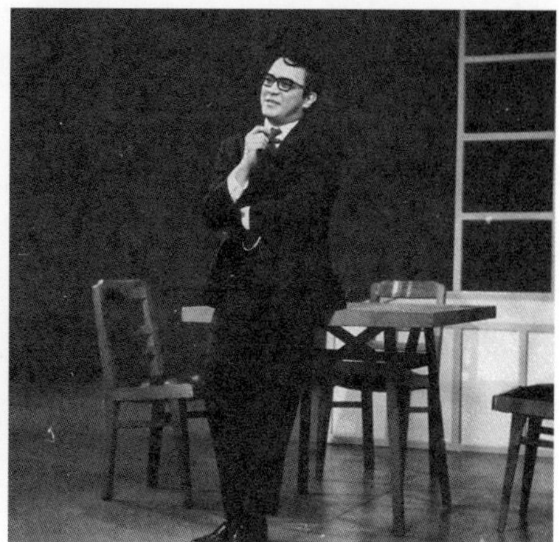

《小城風光》（1970，鍾景輝提供照片）

「業餘」是一個主要由學校教職員和學生組成的劇團，大家都抱着熱情來參與。其實，教書也是在演戲，因為教師也是扮演着一個角色，並以演技吸引學生的注意力。

涂：您在劇社演出和導演了甚麼劇目？

鍾：我在六三年首次為劇社演出電視劇《如意即成》，之後以「業餘」社員身份在「麗的」演電視劇至六七年，有些劇集我更兼任導演。這些電視劇包括：六三年的《防不勝防》（兼任導演）、《打是歡喜罵是愛》（兼任導演）、《謠傳》、《可憐的羅拔》；六四年的《錄音機情殺案》（兼任導演）、《史卡本的詭計》（兼任導演）、《藕斷絲連》（兼任導演）、《清宮遺恨》、《豔福無邊》、《之子于歸》、《兩代恩仇》；六五年的《各得其所》、《快樂旅程》（兼任導演）、《千方百計》、《浪子回頭》；六六年的《危險的角落》（兼任導演）；六七年的《玻璃動物園》（兼任導演）。同年，我轉投「無綫」工作。七〇年，我在「無綫」監製和編導了電視劇《陋巷》、《清宮怨》、《小城風光》（兼飾舞台監督一角）；七一年，我監製和編導了《佳期近》和《西施》。

若說到舞台劇，我六四年開始為「業餘」演出舞台劇，首齣是《明末遺恨》（飾演孫克咸）；六五年的《鑑湖女俠》（飾演程毅）；六七年的《玻璃動物園》（飾演湯姆）；七〇年的《小城風光》（飾演舞台監督）、《秦始皇帝》（飾演胡武敬）和七七年的《新清宮怨》（飾演袁世凱）。至於導演的舞台劇則有六五年和六六年的《浪子回頭》（兼任翻譯）；七六年的《玻璃動物園》；六九年和七〇年的《佳期近》首演和重演；七〇年的《生路》（即《浪子回頭》第二次重演）、《小城風光》、《秦始皇帝》；以及七七年的《新清宮怨》（聯合導演）。還有，我在七〇年的《陋巷》（重演）擔任舞台監督。

涂： 您在美國接觸到很多專業劇團和演出，但「業餘」是一個名副其實的業餘劇社。您在劇社內導戲或演戲時，有沒有覺得自己要作很多心理調校或遷就？

鍾： 由於當時戲劇在香港只是處於萌芽的階段，「業餘」又是一個業餘劇社，我確實是有很多地方需要因時制宜，視乎當時的情況而定。以當年的客觀條件來說，有些地方是要遷就的。譬如說，那時候沒有專業人士為劇團當設計師，所以我要自己設計佈景。美國的劇團都有專業設計師，但我連設計圖也要先由自己繪畫，然後交給佈景製作公司和直接告訴負責製景的人自己的要求。又例如配樂，我也是要在聽了無數首樂曲，千挑萬選才能選出適合的音樂。還有，由於我很希望能夠將外國名劇介紹給香港觀眾，所以我有時亦兼任翻譯一職。

身處這種環境下，我也只好忍受和更努力。因為我了解當時的情況，知道自己只能在有限的條件情況下做到最好而已。美國當年已經有很多新科技，但我回來後發覺香港並沒有那些設備，難道我就不做嗎？我的信念是：利用劇團有限的資源和條件做到最好。

鍾景輝在「業餘」的舞台劇曾扮演多個不同類型的角色，包括以下的演出：（本頁所有照片由鍾景輝提供）

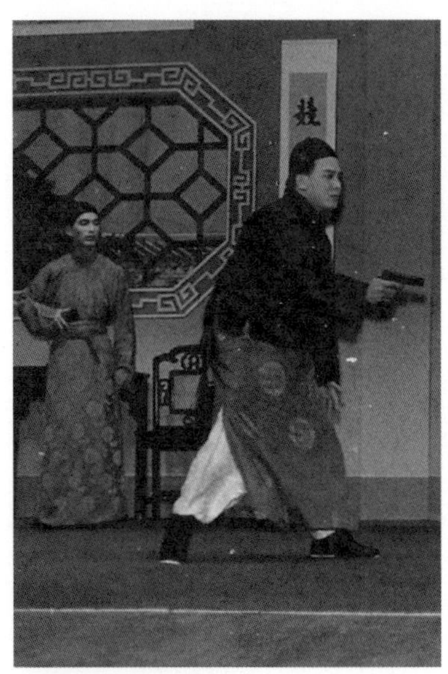

《鑑湖女俠》的程毅（1965）

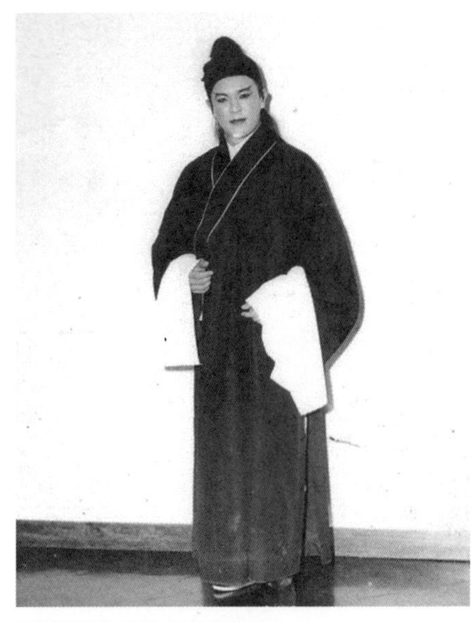

《明末遺恨》的孫克咸（1964）

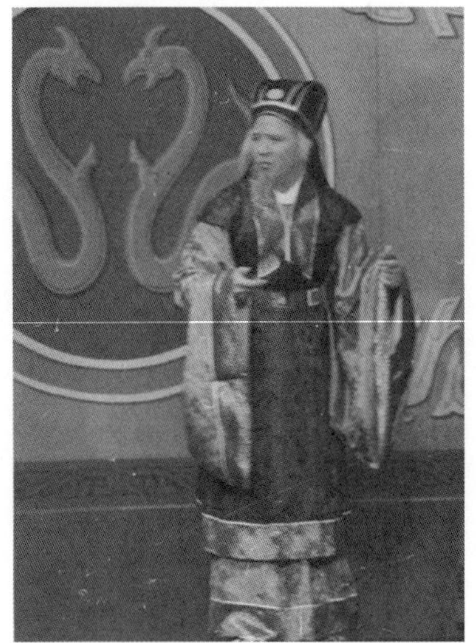

《秦始皇帝》的胡武敬（1970）

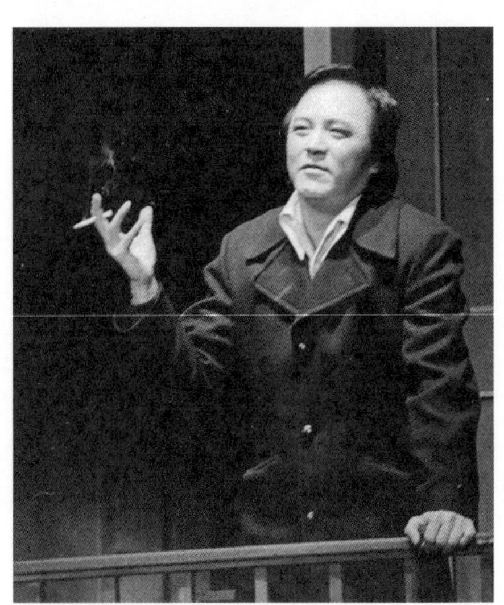

《玻璃動物園》的湯姆（1967）

不過，有些基本的原則是必須遵守的。例如一定要準時排戲。我很強調準時，這是專業演員對自己的基本要求，應該不難做到吧？

涂： 劇社當時的演出環境如何？

鍾： 搞話劇是一定要有合適的環境才可以成事。我們要懂得遷就環境，才會有機會演戲。那時候，香港沒有演出場地，劇社也沒有金錢租賃場地。所以，若有社區禮堂讓我們演出便已經很好。一來大家可以演戲；二來，亦可以趁機跟前輩學習。因此，與學校合作和為他們籌款是我們唯一的出路。我們一方面可以滿足戲癮；另一方面又可以替學校籌款，互惠互利。當然，所有為學校籌款的演出都是非長期的合作，劇社演畢一個劇後便要再等待另一個機會了。

六三年開始，「業餘」為「麗的」演出電視話劇。我有時演戲，有時導演。我只是話劇的導演，張清才是節目的編導，負責在控制室室內「叫 shot」，指示控制室內另一位編導按鍵。電視劇每集約二十多分鐘。我們沒有遴選制度，導演覺得某人適合演出就會邀請他參演。到了「無綫」的時候，我們才開始有「機排」。我們預先綵排純熟，到電視台演出前才作「機排」，廠內約有兩至三部攝影機拍攝。

我們沒有固定的排戲地方，有時在「麗的」大廈內，有時在社員家中，例如《玻璃動物園》便是在我家中排戲。每個戲大約排四至五次便可正式演出。一般的話

鍾景輝（右）在《玻璃動物園》中與慧茵（左）排戲（左圖）和正式演出（右圖）的同一個場景的對照。（1976，鍾景輝提供照片））

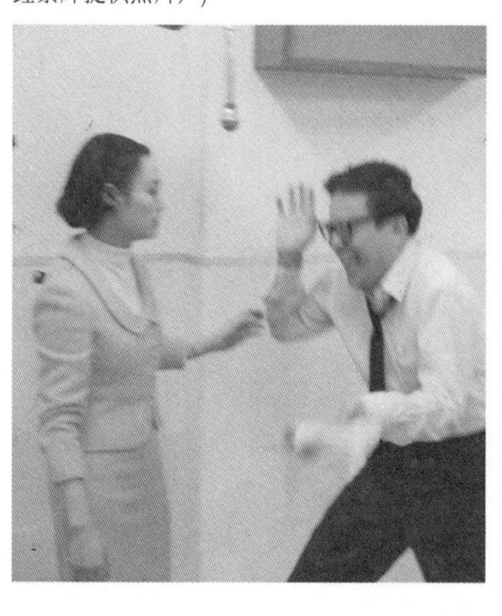

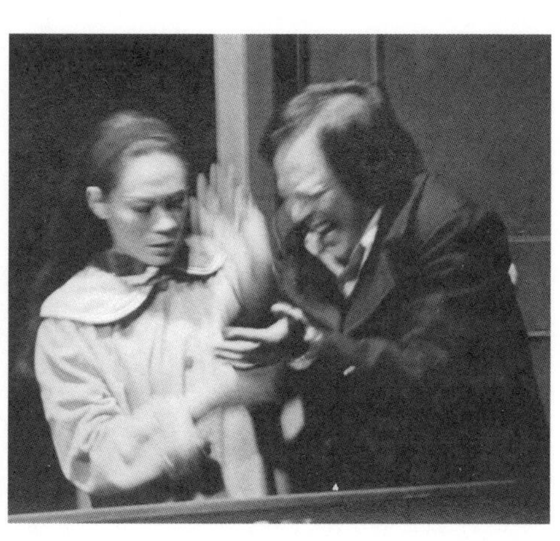

劇都是小型製作，只有數人演出。初時我們多演獨幕劇，將一些半小時以上的劇本刪改或縮短。那時的劇本是人手抄寫的，再以蠟紙覆印給各人圍讀和排戲。

服裝方面，我們有專人負責古裝，那就是黎珠夫婦和他們的兒子德仔。不過，由於財政有限，我們盡量演時裝劇，那就可以由演員出動私伙服裝，省下服裝費。髮型由「麗的」的髮型師提供服務。

涂： 您怎樣挑選劇本？

鍾： 找劇本是一件困難的事情，因為要遷就劇社演員的戲路和風格。我挑選劇本有兩個原則。第一，盡量介紹容易為香港觀眾接受而又風格新穎的西方舞台劇，我希望他們能夠接觸到新的風格。第二，我會問自己是否經常重覆導演同類型的戲。我希望觀眾每次都欣賞到特別風格

鍾景輝（右）監製和導演電視劇《清宮怨》，照中他指導慧茵（中）和朱承彩（左）演戲。（1970，鍾景輝提供照片）

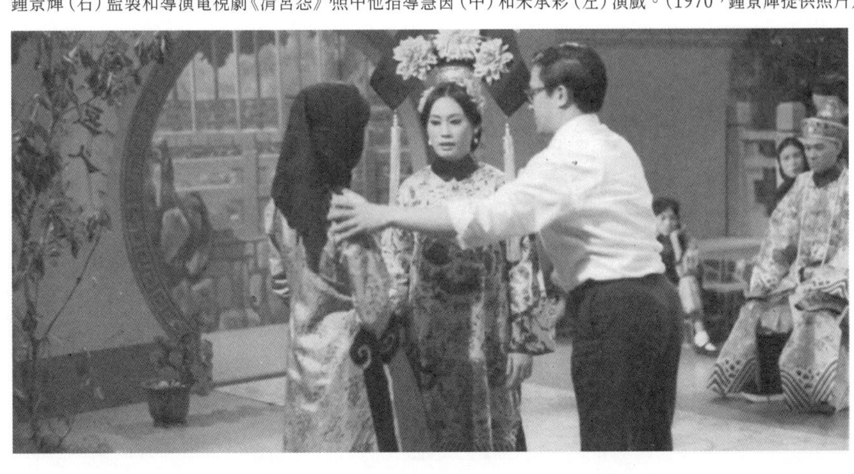

的戲，這樣會對觀眾較好。我相信新嘗試會令整件事情的趣味性更大。同時，不斷製作新戲，無論是對自己、演員、前後台工作人員，甚至觀眾也是一個考驗。

涂：以當時的條件而言，哪齣劇你覺得成績最好？

鍾：我與「業餘」合作最大陣容的電視劇是七一年在「無綫」播映的《西施》，它更是全港首個彩色電視劇。劇中很多角色都是由「業餘」的成員演出，例如殷巧兒演西施，陳有后演范蠡、朱承彩演鄭旦、鄭子敦演伍子胥、梁天演夫差、鮑漢琳演伯嚭等。拍攝《西施》時，很多劇社社員都前來幫忙。

涂：姚克與「業餘」有哪些合作？

鍾：姚克曾經為「業餘」寫《陋巷》，《清宮怨》則是他早已寫好的劇本，由「業餘」將它再次搬上舞台。我剛才所說的《西施》也是姚克早已寫好的劇本。由於《西施》是舞台劇本，我只好將它當作是舞台劇般拍攝，不過就用了多個角度取鏡。尤其是演出大場面時，我都會用不同的角度拍攝。這齣電視劇當時十分哄動。姚克在七十年代後期移民美國後，沒有再為劇社寫劇本了。

涂： 您是如何選角的？

鍾： 我在選角時已經必須要演員有角色的感覺。我的演員並非靠漂亮的外型而得到角色，最重要的是他們可以演到角色的類型。

涂： 您為何引入「浸會」學生到劇社演戲？

鍾： 我介紹「浸會」學生加入劇社有兩個原因。首先我慣於與他們合作。我在「浸會」教書時，共教授四科戲劇科：初級演技、高級演技和導演，還有一科演講，都是選修科。很多學生們讀完我的課後會再來旁聽。我介紹到「業餘」的「浸會」學生有張之珏、毛俊輝、黃柯柯、余比利、劉達志、鍾靈浩、李志昂等。滕康寧沒有加入「業餘」，但他跟我到「無綫」演開台後第一齣電視劇《太平山下》。第二個原因是因為我們要有年輕的演員，才能演出有年輕角色的劇本。當時劇社較缺少這個年齡層的演員，所以我引入數名「浸會」學生。

涂： 劇社共有十多年的歷史，您如何將它劃分為不同的發展階段？

鍾：我認為六三年至七一年初期，劇社是由舞台走到電視，結合了戲劇和粵語電視。當中的六七年到七一年，是我加入「無綫」發展的時期，劇社和戲劇被更多電視觀眾認識。同時，由於黃宗保在「商台」播音的關係，劇社在六一年至七〇年演畢的舞台劇，都會在「商台」以廣播劇演出。

涂：您為劇社作了甚麼改革？

鍾：我從來也沒有想過或說過要改革甚麼。當我找到好劇本，便與大家一起熱情地去做。在創作過程中令大家很開心，那已經很好了。當然，我們也會有討論，盡量令演出自然。

涂：劇社很多人對您馬首是瞻，這會令您構成壓力嗎？

鍾：我完全沒有壓力，因為大家都相處得很好。我當導演，是從導演的角度盡量幫助演員發揮長處，而非硬性規定他們依照我的方法來演。不過，雖然我讓他們發揮，但卻不會讓他們過份離題或令角色走樣。只要他們不離題，不脫軌，不脫離整體的風格，我一定會讓他們自行發揮。

涂：以您的戲劇水平而論，您覺得社員是怎樣的一批戲劇人？

鍾：那時候在香港的演出並不多，難得有一班志同道合的人與我一起搞話劇。大家對戲劇的興趣同樣熱誠和認真，已經是很好的合作機會。無論是電視劇或舞台劇，「業餘」的社員都是自掏腰包演戲的。大家只求參與，不計較報酬，能盡自己所能便已經是最高興的事情。很多前輩都很有經驗，使我們學到很多演戲技巧。這個由大部份是教職員和學生組成的戲劇團體的每名社員都是奉上無限的熱情籌備和演出每一齣戲。我也是教師，我覺得教書其實也是做戲，最重要是要知道怎樣憑自己演繹的角色靠演技吸引學生（觀眾）。

涂： 劇社的前輩有甚麼地方令您欣賞和感激？

鍾： 劇社的前輩如鄭子敦、黃宗保、陳有后、雷浩然、譚國始、黃蕙芬等大都在廣州接受戲劇訓練。由於戰亂，他們來到香港生活，並且繼續搞戲劇。他們大都是從事教育界，如教師或在學校工作，有固定收入，加上熱愛戲劇，所以從不計較為劇社演戲而沒有酬勞，仍然開開心心地演，即使為電視台演戲也沒有收取酬勞。電視台是有支付演出酬金給劇社的，但成員們都分文不取，將演出酬金留給大夥兒一起吃一頓飯。

我和劇社的前輩互相尊重。他們很合作，大家不會有大爭拗。當時我只有二十多歲，很多謝前輩們無論在演和導都給我很多機會。尤其是在導演方面，他們都放手給我去做，讓我嘗試和受訓練，使我可以把我在美國學到的東西實踐。他們全心全意提攜後輩，我真的很感謝他們。

涂： 您認為「業餘」對香港的劇壇有何貢獻？

鍾： 在六七十年代來說，「業餘」已是一個認真和願意介紹不同種類的劇目給香港觀眾認識的劇社。社內的前輩多是我唸書時的學界戲劇評判，為年輕一代播下了很好的種子，令他們對戲劇產生興趣。雖然每個劇都只做三場，已是很難能可貴了。還有，在觀眾中，也有很多是其他學校的教職員和求學的年輕觀眾。因此，劇社的演出能夠讓學界對戲劇有更多認識。香港的戲劇教育起步很遲，所以「業餘」的演出可以幫助戲劇在學界中萌芽。

涂： 為何在七十年代開始後，「業餘」會少了機會在「無綫」演出？

鍾： 我在「無綫」時，負責戲劇節目。初期的很多時候，我拍製的戲劇節目都邀請劇社的演員演出。他們都很熱心，常常抽空幫忙。不過，到了七一年，我一方面忙於電視台的工作；另一方面，我又組織了香港電視劇團，有些社員也來參加演出，如梁舜燕、鮑漢琳、殷巧兒等。同年，「無綫」開始開辦藝員訓練班，戲劇節目湧現了一班新力軍。同時，有些社員忙於發展個人的其他演藝事業。加上不少成員移民，令大家一起搞戲的機會愈來愈少，劇社便漸漸在香港劇壇和視壇淡出了。

涂： 您在劇社內有甚麼特別難忘的事情？

鍾： 最難忘的就是與一班志同道合的朋友一起演戲。

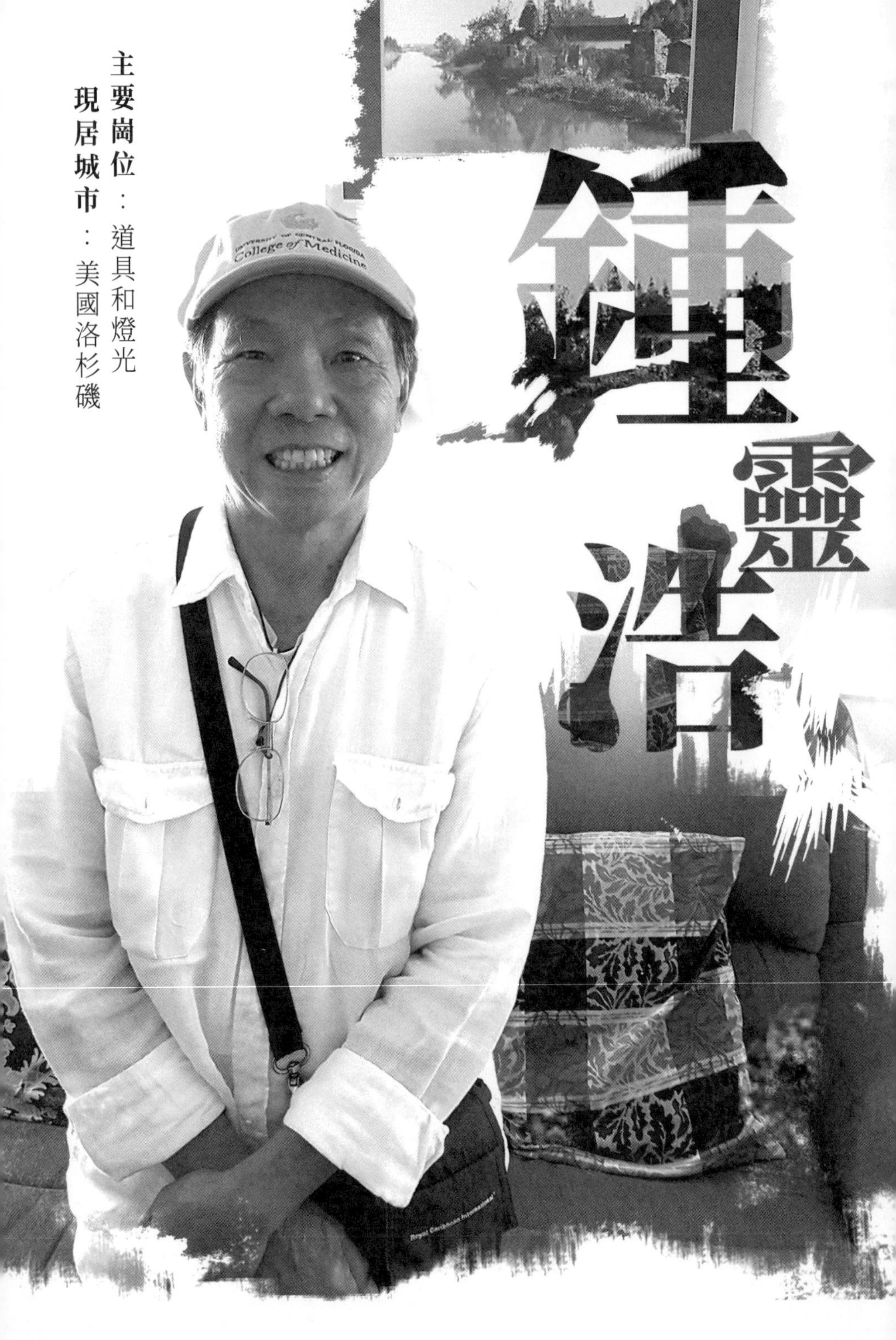

鍾靈浩

主要崗位：道具和燈光

現居城市：美國洛杉磯

涂：靈浩哥，請問您如何接觸戲劇？

鍾：我於一九六六年入讀「浸會」工商管理系。當時甚麼活動都參加，如詩歌班、劇社等。我很喜歡戲劇，可是我的膽子不大，見到觀眾會害怕，所以修讀 King sir 的演講課鍛練膽識。在課程中，我學習了運用聲線、抓緊觀眾注意力的方法。浸會劇社有演出時，我也會從中學習舞台走位、裝置佈景等。不過，我從沒有在台前演出，只是在幕後幫忙。

King sir 帶了浸會劇社數名學生加入「業餘」，我便是這樣開始接觸劇社。我比毛俊輝低班，比劉達志、張之珏和黃柯柯高班。劉、張和黃三人畢業後跟隨 King sir 到「無綫」演戲，我則當了商人。

涂：您在「業餘」擔任甚麼角色？

鍾：六九年我加入「業餘」，當時仍未畢業。我在「業餘」同樣沒有演戲。雖然我對戲劇有興趣，但我真的害怕出場。因此，我在「業餘」只是做後台工作，主要是道具。若是燈光組不夠人手的話，我也會幫忙，負責聚光燈的照明工作。其實，我除了服裝之外，所有後台崗位都做過，如舞台佈置和裝置、大道具（即搬傢俬）、劇務等。我只是「散仔」，甚麼都幫忙做。那時候我協助表哥經營生意，容易調配時間。

有時劇社需要我在下午四時到場，我也可以提早下班。當時，我的女朋友，即現時的妻子，在台灣唸書，所以我比較有空。

涂：後台的工作程序如何？

鍾：導演有任何後台的需要都只會告訴舞台監督，所以，所有後台工作都是由舞台監督負責。他召集適合人選擔當後台各個職位，如服裝、佈景等。例如他找我做道具，我便要聽他的指示工作。首次總綵排時我們已經要出席，因為要看演員們將全劇排演一次，讓我們了解全劇需要甚麼道具。我們也要出席以後所有總綵排和最後的總綵排。

涂：那時候道具組是做甚麼的呢？

鍾：我們道具組只有數人，先由舞台監督告訴我們全劇所需的道具，我們便要四處搜羅每一件道具。有些劇需要很多道具，我們便要商量分工和互相提醒。時裝劇的道具例如紙筆、傘子、碗碟等很容易找到，劇社便不需要購買，只有沒法找到的道具我們才購買。若劇本需要特別的傢俬，我們會向物主借用。古裝道具通常由舞台監督負責，例如向片場租借。有些道具是非常珍貴的物品，物主不肯借出，我們便要向店鋪租借。演戲後，我們一定要物歸原主。演出時，我們分別站在台左或台右，在需要的時候將道具遞給演員。

舞台劇《佳期近》的所有道具都是由鍾靈浩和道具組組員搜羅得來。(1970，慧茵提供照片)

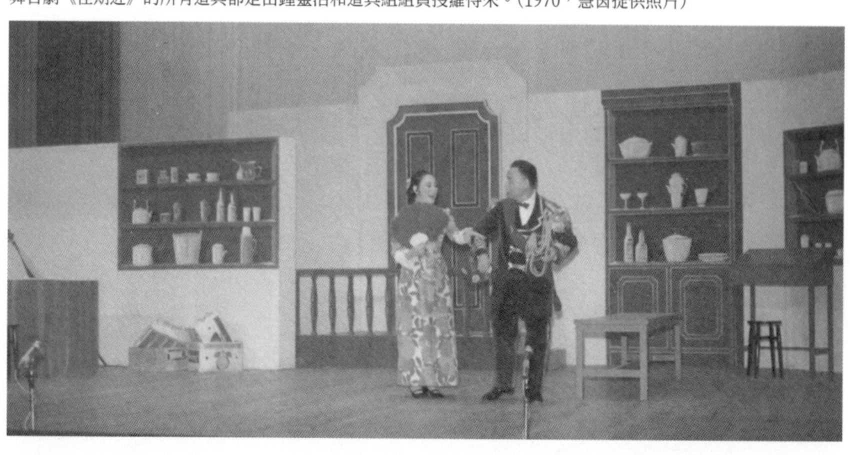

若果道具是食物的話，我們便要用真食物，從來不用假的模型食物。演員在台上喝的水都是已經煮沸的水。如舞台指示食物是要熱騰騰，我們便要令食物在台上有煙霧升起。我們除了要準備食物之外，還要妥善保存食物，保持衞生和清潔，以免演員在演戲時進食不潔食物。我們一定蓋好飲品和食品，不讓任何人捉摸。劇社通常一連演出三晚，食物便會用上三天。雖然我們在每晚演出前都將食物再次蒸熱，但始終因為存放太久，演員們有時候便會裝吃，並沒有將食物吃進口中。有時慧茵姐親自下廚，演員們知道她帶來的是潔淨和美味的食物，便放心吃下肚子。上演《佳期近》時，為了一幕餐廳戲，我們要燒烤雞隻給演員吃。

由於綵排足夠，大家演得很純熟，所以我們從沒出現「蝦碌」場面。

涂： 當時劇院的燈光設備如何？

鍾： 香港大會堂的音樂廳和劇院的舞台都有基本的照明設備，包括聚光燈，十分專業。可是，學校禮堂的設備則未必足夠，我們有時便需要向租賃照明設備的專業燈光公司租用燈器。我們在二樓的燈光房內工作，房間內室溫非常高，但我們必須留在房中至劇終。

涂： 您在燈光組做甚麼工作？

鍾： 我主要做道具，舞台監督找不到人手時才叫我做聚光燈照明工作。聚光燈照明需要兩人，一左一右的從兩邊照射到台上。當劇情需要將燈光集中在某個角色身上時，舞台監督會將舞台上所有燈光調暗。我這時要做的，便是捧着那盞又長又大又重的聚光燈照射在該名演員身上。當時我的資歷尚淺，不敢當舞台監督。不過，所有「業餘」的舞台監督都會找我幫忙做後台工作。

涂： 您是如何懂得燈光照明的技巧？

鍾： 我們是有專人教導舞台照明的，他就是在「聖保羅男女校」教化學的黃澤綿先生。黃先生懂得燈光技巧，是「業餘」的燈光師，當時稱為舞台照明，我們都是跟他學習的。導演預先將他的需要告訴燈光設計，燈光設計便依着導演的要求設計舞台燈光。演出時，黃先生負責主要的燈光控制，聚光燈照射則由另外兩人幫忙。

涂：做道具和燈光是兩種完全不同的工作，您工作時的心情是否也是不同？

鍾：對，我做燈光時是很緊張的，因為我要全神灌注地留心聆聽演員的台詞，才不會錯過要照射的場口。我最擔心演出時燈光失靈，所以在演出前經常測試。即使演出時用上聚光燈只是一兩分鐘的事情，但已經足夠令我緊張一整天了，幸而我從未出過問題。至於道具，由於準備妥當，所以不用擔心。我只負責事前準備和在演出時在幕旁將道具遞給演員，道具製作則由其他人負責。

涂：您對「業餘」還有甚麼回憶？

鍾：King sir 帶我到「業餘」，令我有更多機會接觸戲劇。我很多時候會看他為「業餘」排戲，有時又會到他在亞皆老街的家中陪他的父母聊天。King sir 在與我們聊天時，有時會問我們是否贊成上演某劇，所以我很多時候都比其他社友更早知道劇社將會上演哪齣戲。

我在劇社最活躍的時間是六九年至七二年。七四年結婚後我便離開劇社，所以真正在劇社的時間只有三年多。當時人人都是業餘，沒有高低大小之分，大家都很談得來，我在「業餘」的日子過得很開心。

譚務雪

主要崗位：演員

現居城市：美國三藩市

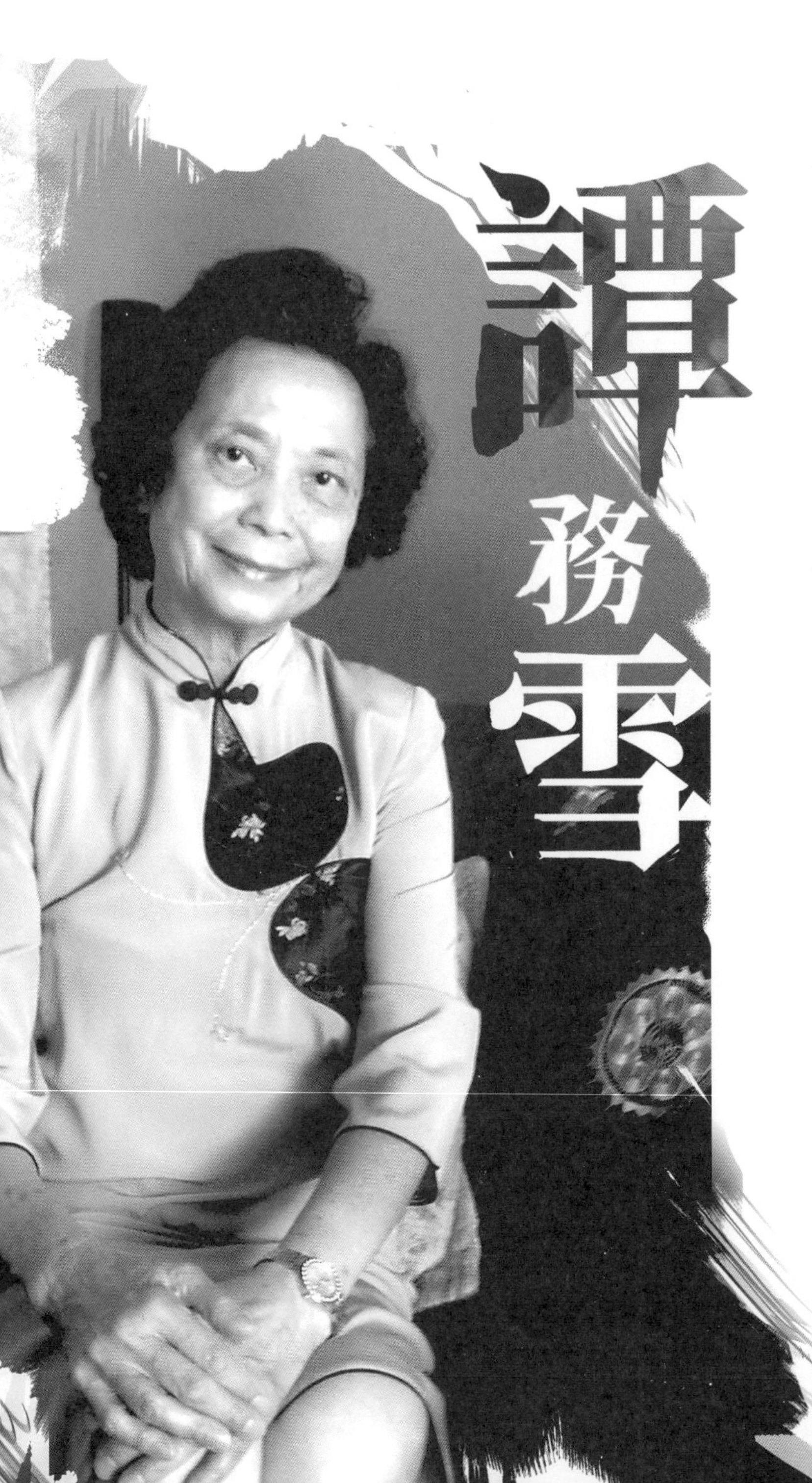

——兼談譚國始和黃蕙芬

涂： 務雪姐，令尊譚叔譚國始先生和令堂黃姨黃蕙芬女士是劇壇前輩，亦是「業餘」的其中兩位創社人。我希望藉着是次訪問，除了了解您在「業餘」的演出之外，也請您談談兩位前輩的戲劇工作和為「業餘」所作的貢獻。請您先介紹令尊的生平。

譚： 爸爸在一九〇八年生於廣州，正藉中國戰禍頻仍之秋。祖父與孫中山先生一起參加革命，為了毋忘國恥，遂將自己的兒子改名「國恥」以紀念國難，而為我這名孫女取名「務雪」。人人都以為我是「慕雪」，其實是祖父藉子孫的名字以示他對中國人「務雪國恥」之冀望。祖父的愛國心卻害苦了爸爸——誰會喜歡叫做「國恥」呢？這個名字令他非常難受，所以他在光復後將名字改為「國始」。

涂： 我一直對您和令尊的大名有點好奇，原來背後真的有段故事。

譚： 爸爸一生大部份時間都在教育界服務。他除了在「葛師」任職教師多年和在「英皇」教授歷史和中文之外，亦曾任香港政府的教育司。後來，由於我的表兄是紡織和製衣業商人，便邀請父親加入商界，成立真善美紡織公司。我們對父親由教育司搖身一變成為商人的決定都詫異不已，因為爸爸是很老實的人，不是商人材料。雖然我們覺得營商不會適合他，他還是當了商人。最後，他的很多拍檔都成為百

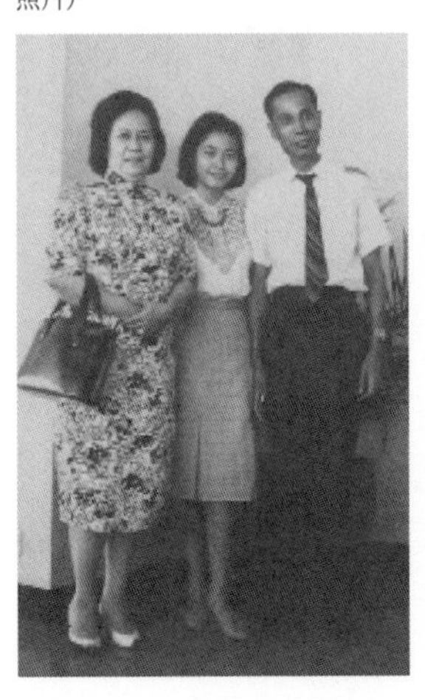
譚務雪（中）赴英國深造，譚氏夫婦到機場送行。（1964，譚務雪提供照片）

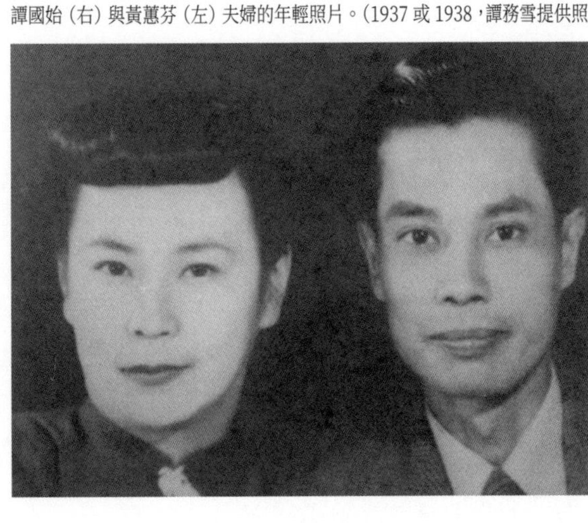
譚國始（右）與黃蕙芬（左）夫婦的年輕照片。（1937 或 1938，譚務雪提供照片）。

萬富翁，他卻沒有大富大貴，因為他不喜歡耍營商手段。他曾經在英國經營餐館，卻因所託非人而被騙去全盤生意。雖然他一生都不重視賺錢，但商界中人人都喜歡他，洋人都稱他為 uncle 以示尊重。

爸爸也喜愛音樂。抗戰時，他在廣州灣認識作曲家黃友棣，結成好友。二人都是抗戰時的熱血青年，曾分別為〈歸不得故鄉〉和〈兒女心〉二曲填詞和作曲，爸爸更是舞台劇《兒女心》的編劇。媽媽曾在聖璐琦中學（後來改名居禮中學）當校長，校歌也是由黃友棣作曲。

爸爸一生的健康都很好，媽媽卻不太好，怎料到媽媽會活至九十多歲，爸爸卻在七十多歲因胰臟癌離世。他在八一年五月發現患上胰臟癌，並且擴散至胃部。由於胰臟不能割除，所以醫生只替他做了切胃手術。爸爸不知道切除胃部手術並不能令他重拾健康，所以每次輸血後若精神不錯的話，便會在一名私家護士陪同下上班，因為他很喜歡上班和交際。到了後期，他的健康開始轉差，便留在家中練字作精神寄託。他在翌年五月離世。

爸爸十分重視子女的教育，很想我完成博士學位。我的教授是很有名氣的，但常常為學術事情出國，令我的課程多番延誤。幸而我終於在八〇年初獲得學位，在爸爸離世前畢業，償了他的心願。

涂： 令堂的背景又如何呢？

譚： 媽媽於一九一二年在澳門出生，後來到廣州居住。她與牛叔的太太李姨李惠明在廣州女子師範學院唸書時是好朋友，爸爸、牛叔和馬叔同在「中山大學」唸書，三人大概是那時候結成好友。爸爸和媽媽則在廣州認識。牛叔原名惠明，有人告訴他「廣師」也有一位叫惠明的小姐，他便去結識。李姨當時年輕貌美，經牛叔追求後便成為雷太太。四人變成兩對夫婦，除了李姨外，其餘三人一起搞話劇。

媽媽曾經為一間保育院帶一班孤兒逃難，沿途保護他們。她與爸爸曾經分開，夫妻之間各有各的事情忙碌，戰後才重聚，但我不知道他們在哪兒再見。

媽媽在九〇年首次中風，那年她七十七歲。雖然她的右手不能動，但她很堅強，苦練左手重新學習寫字。可惜到九八年她因再次中風而失去信心，在二〇〇四年六月逝世。她逝世前一年，獲「劇協」頒發香港舞台劇獎的終身成就獎。

黃蕙芬在舞台上戲路縱橫，演活不少角色，於二〇〇三年獲「劇協」頒發香港舞台劇獎的終身成就獎（右上圖）。(譚務雪提供獲獎照片，鍾景輝提供三張劇照)

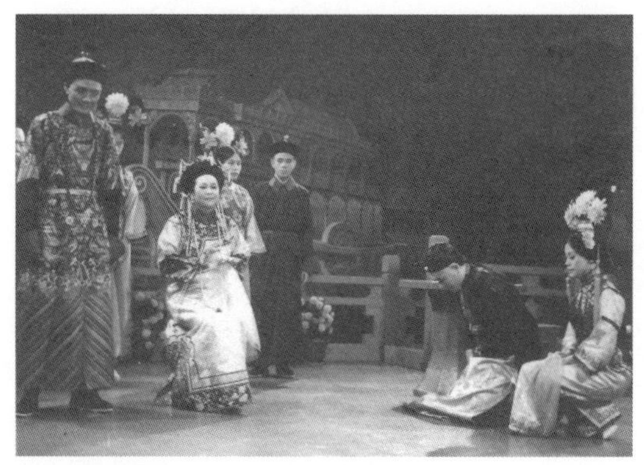

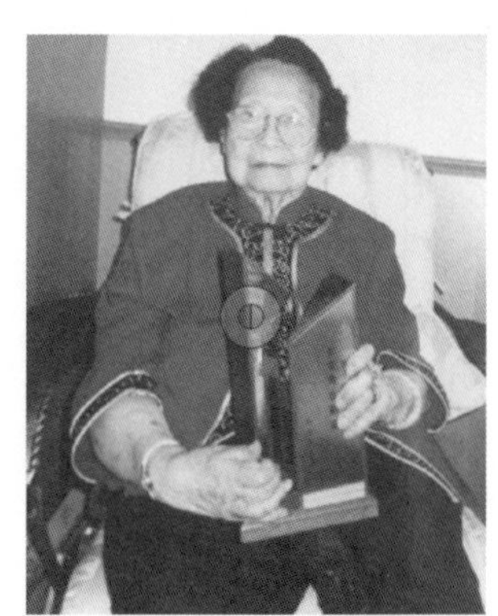

首本劇《清宮怨》的西太后（左二）(1970)。

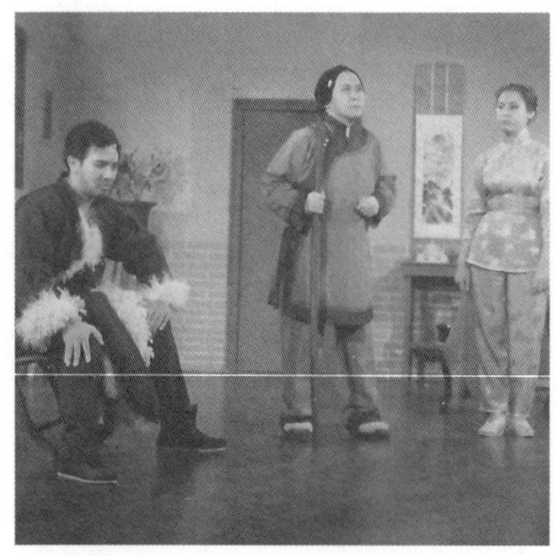

《兩代恩仇》的焦大媽（中）(1964)

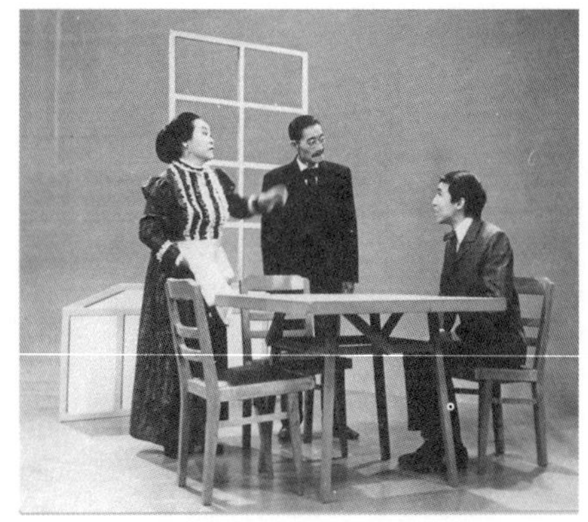

《小城風光》的魏太太（左）(1970)

爸爸像女人般細心溫柔，記得全家各人的生日。我在英國唸書三年，他每隔一天便寫一封信給我。媽媽則性格開朗，是女中丈夫——不會記起家中瑣事。弟弟務成在英國醫科畢業回港後，一直為香港醫學界服務至退休。他很孝順，多年來留在父母身邊照顧他們。

他們那一代來港時，適逢戰亂，生活都很艱難。父母初來港時一起在灣仔「梅芳」教書，並且做兩份工作。爸爸日間教書，晚間由電影公司租酒店房間給他寫劇本。他睡得很少，因為要將劇本趕出來。他又曾為了賺錢而為中聯電影公司寫了一些賺人熱淚的劇本，如由吳楚帆、張瑛、白燕等演出的《手足情深》等。媽媽除了日間在「梅芳」教書，亦要在課餘後兼職當補習教師。當時「梅芳」讓父母住在校舍內一個只能容納一張牀的小房間中，我和弟弟則住在教室內。由於學校同時經營夜學，我們只得在夜學下課後才在教室的地上蓆地而睡。我們在校內「搭食」，我年紀小，搛菜時身手總是不及體型健碩的同桌人快捷，只得常常以腐乳佐飯。那時我們雖然貧窮，生活艱苦，但很開心。我曾經在《讀者文摘》中寫了一篇關於這段生活的稿件紀念爸爸。爸爸後來在其他學校教書時，仍然在課餘後為麗的呼聲寫連篇劇《三國誌》、《星下談》等，不過主要是為了興趣而非生活而寫。

涂：可否介紹您的背景？

譚國始（後排左三）和黃蕙芬（前排左三）夫妻二人在劇社的合照不多，這張是他們在劇社演出《生死戀》後與（前排左起）黃宗保、朱承彩、雷浣茜、（後排左起）馮淬汎、張清、鄭子敦、陳有后和關存英的留影。（1966，朱承彩提供照片）

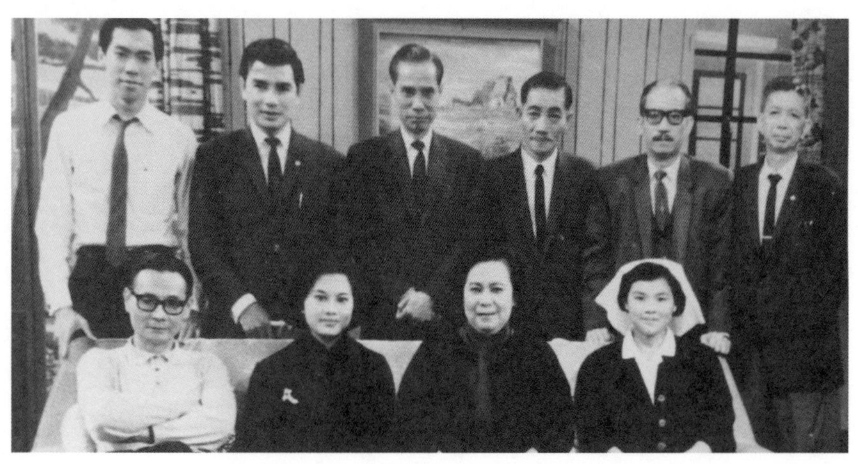

譚： 我是在香港出生，四一年襁褓時乘船返中國。我記得爸爸曾在海南島的軍部當秘書，所以我可以說是在廣州、廣州灣和海南島度過童年。到了四九年，父母和我先來香港，兩位祖母和弟弟則留在廣州，等我們安頓好後才接他們來港與我們重聚。我在五十年代成長，即父母在「梅芳」教書的日子，當時家庭環境自然不是太好。後來，爸爸先後在「葛師」和「英皇」教書，媽媽則在「聖士提反」教中文、歷史和國語，因此，我十一歲便開始免費在「聖士提反」讀書。我家到了那個時候，才開始有多些收入。

涂： 到您成長時，家庭環境是否已經好轉？

譚： 若說到經濟較好，則要到我在六四年離開香港之後的日子了。我於五八年在「聖士提反」中學畢業，唸了兩年預科，六〇年進入「港大」，三年後畢業，再花一年時間獲取教育文憑，接着便到英國進修。爸爸那時的生意轉好，父母因此可以發展自己的興趣。不過，我去英國唸書時家境仍不是很好，因為弟弟務成中五畢業後便到英國唸書，後來進入醫學院，父母一直要供他唸書，直至他當上精神科醫生。那時若然我沒有獲得「英聯邦獎學金」的話，是沒有機會放洋留學的。那屆共有千多人申請，只有十一名學生獲得獎學金，前香港「理工」校長潘宗光便是與我同期的。當年畢業後返港的學生都很有成就，但我因為種種原因沒有回港，一直僑居海外。

涂：譚叔和黃姨在國內有沒有受過正規的戲劇訓練？

譚：他們一生都對戲劇有興趣，但從沒有受過正規的戲劇訓練，只是慢慢地從學校話劇做起，到了抗戰時便到校外演出。他們都是有志青年，在抗戰期間很活躍，常演愛國劇。四九年，他們來港，再結識更多志同道合的劇友，開始有規模地製作舞台劇。雖然香港當時沒有很多戲劇資源，但是仍有他們這一班對戲劇有興趣的人一起搞戲劇。於是，在五十年代便有由爸爸、姚克教授、柳存仁教授、后叔、牛叔等一班志同道合的前輩成立的「中英學會」，演出如《有家室的人》等劇。

涂：您覺得教書工作對劇社這班前輩推動戲劇活動有沒有直接的關係？

譚：雖然他們都是教書，但我覺得他們搞話劇與教書工作並無關係，而是戲劇本身就是他們的興趣，他們可算是當時的戲劇天才。加上他們年輕時正好遇上反日情緒高漲的時勢，大夥兒便通過戲劇活動表達他們的愛國心和藝術才華。到了他們來港後，又結識了一班同樣熱愛戲劇的朋友在香港發展。

這班前輩在自己的崗位上發揮作用，例如爸爸當上教育司，在教育界有些影響力，便在學界鼓勵如戲劇、朗誦等表演藝術，為香港培養了一批人才，情況就像「培正」的關存英先生影響其學生鍾景輝一樣。爸爸在「葛師」時曾導演舞台劇《可敬的葛靈敦》；媽媽在「聖士提反」教書，常常籌辦戲劇活動；牛叔也在「協恩」發揮鼓勵學生參加戲劇的作用；初叔也在中學工作，專門負責劇社的舞台佈景。所以，也可以說是教書工作令一班前輩有機會分別羅致各校的戲劇人才，例如爸爸便是在中學校際朗誦比賽中認識殷巧兒，因而建議她參加話劇演出。

涂： 您熱愛戲劇，是受到父母的薰陶嗎？

譚： 我小時候沒有太多節目，自懂得走路便開始跟着父母排戲，劇壇的叔叔伯伯們都認識我。我的弟弟較內向，所以前輩們要到甚麼地方排戲都愛帶着我去。我在小六開始演戲，爸爸更寫了一個名為《兒女心》的劇本讓我參加校際戲劇兒童組比賽，我在劇中飾演童角，現時我已忘記我們拿了冠軍或是亞軍了。後來我參演「中英學會」的《有家室的人》，與牛叔的女兒浣茜飾演頑童。我還記得我們的台詞是：「鍾彼得，打老婆。鍾彼得，俾人鎖。」敦叔飾演鍾彼得，媽媽飾演他的妻子。

我很喜歡演戲。六〇年，我進入「港大」，翌年在大學的《桃花扇》中飾演李香君和在「業餘」的創社劇《秦始皇帝》飾演王后，六二年再為「港大」演出《太平天國》，飾演女主角傅善祥。我在六四年到英國讀書，三年後到加拿大，翌年到美國工作和寫論文。由於指導教授常不在國，我要到七八年跟隨他到悉尼小住七星期完成論文才首次返港一星期。遺憾的是，我太早離開香港，失去我熱愛的戲劇生活。

涂：除了受到父母的薰陶之外，您有受過演技訓練嗎？

譚：我沒有受過任何訓練，只是跟着父母自然而然地演戲。由於從沒有學戲，未必演得好，但起碼我不會怯場。我接到劇本時，首先認識角色，並靠自己揣摩角色的個性。一般來說，我都是演少女型的角色，如才女、溫純女性等，不算全面。少萍曾跟我說：「我以前演戲時很害怕，但你告訴我不用擔心，自然便能。我便依着你的教導演戲，果然不再害怕了。」其實我也忘了我曾經這樣跟她說哩！

涂：您在劇社中演過哪些劇呢？

譚：舞台劇有《秦始皇帝》的王后、《我愛夏日長》的 Selina 楊、《陋巷》的權嫂陳蘭和《金玉滿堂》的阿蘭。電視劇演出則有《如意即成》（即《非眷莫問》）的女主角，但我忘了角色名字）、《史加本的詭計》的 Hyacinthe、《清宮遺恨》（《清宮怨》其中一幕）的珍妃等。我很榮幸，劇社的首齣舞台劇《秦始皇帝》和首齣電視劇《如

黃蕙芬和譚務雪在「業餘」的舞台上經常母女同台演出，包括在《秦始皇帝》（左圖）中分飾華陽老太后（右）和王后（中）及《我愛夏日長》（右圖）中分飾楊太太（左）和 Selina（中）。（二劇均是 1961，譚務雪提供二照）

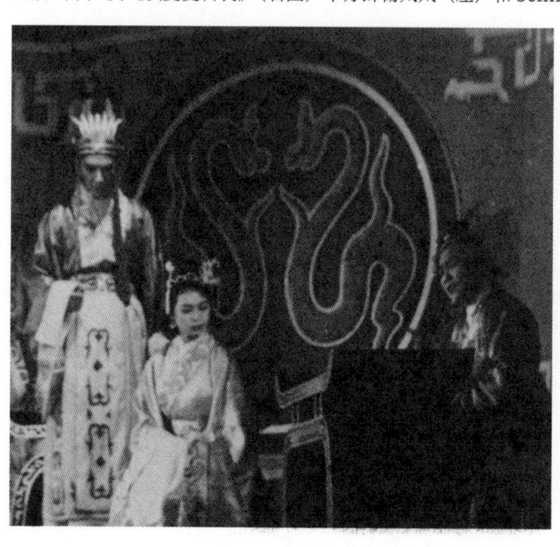

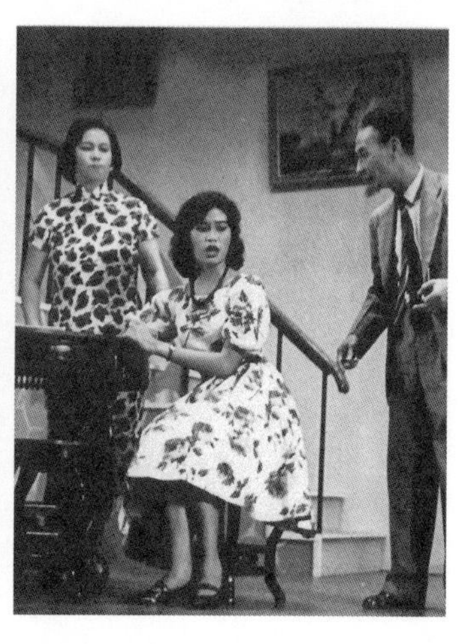

意即成》我都有份參演，並飾演女主角。順帶一提，《金玉滿堂》的中文劇名是我改的，我從 All that Glitters is not Gold 這句英文諺語中抽出「All that Glitters」翻譯成該劇的中文名字。

涂： 可否談談您在劇社的演出？

譚：《我愛夏日長》是柳存仁教授的劇本，是我與一班叔叔伯伯演出的喜劇，包括保叔、敦叔、后叔和駱恭叔。在劇中飾演我的母親楊太太正是媽媽黃蕙芬，我則與飾演男主角的堃揚合演情侶。演出後，大家都稱讚我們演得很好。「大會堂」落成前，我們很多時候在「皇仁」排戲，這個戲也是在「皇仁」演出。

《清宮遺恨》是在「麗的」時與景輝合演的電視劇，他演光緒，我演珍妃，媽媽演西太后——她演西太后已經馳名全港。由於演出時間只有半小時，我們只能演出《清宮怨》的其中一幕。

張清（左）和譚務雪和分別是「業餘」早期的小生和花旦，大部份男女主角角色都由他們分飾。例如他們在《秦始皇帝》（左圖）中分飾秦王和王后，在（右圖）《我愛夏日長》中分飾夏日長和 Selina，可惜後者照片受損毀。（二劇均是1961，譚務雪提供二照）

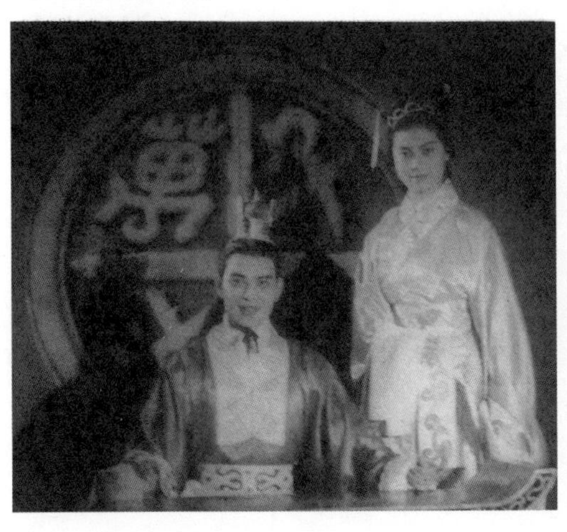

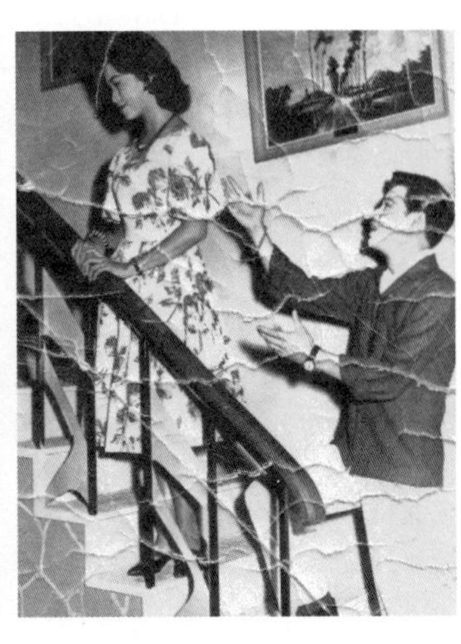

《秦始皇帝》是創社劇，我飾演王后。這兩齣劇後來重演，但我已經離港，所以兩個角色都由宛鈺姐飾演，可見我和宛鈺姐的戲路相同。劇社的女主角通常都是由我或宛鈺姐飾演，後來再加上殷巧兒。

涂： 您至今仍懷念在劇社演出的日子？

譚： 對，那時候大家都很年輕，只需看劇本兩次便能記得台詞。大家都很認真，態度很親切，就像一個大家庭中的兄弟姊妹似的，每次排戲都是非常愉快。演出後，大夥兒一起慶功，大吃一頓，真是一段非常美好的回憶。袁報華哥哥說我離開劇社太早，不然可以一起多合作演戲。這也是我一生的遺憾，因為我真的很喜歡演戲。

那時候，我既在舞台上演出，又在電視出鏡，亦有播音，認得我的觀眾都會追着叫我「務雪姐」。相信演戲的人都不能否認這種感覺總是令人愉快的，我確實有些懷念。

（左圖）鍾景輝（左）與譚務雪（右）是香港電視史上首對光緒皇與珍妃。（右圖）譚務雪將二人在《清宮遺恨》的造型照燒在杯子上，以作留念。（1964，譚務雪提供照片）

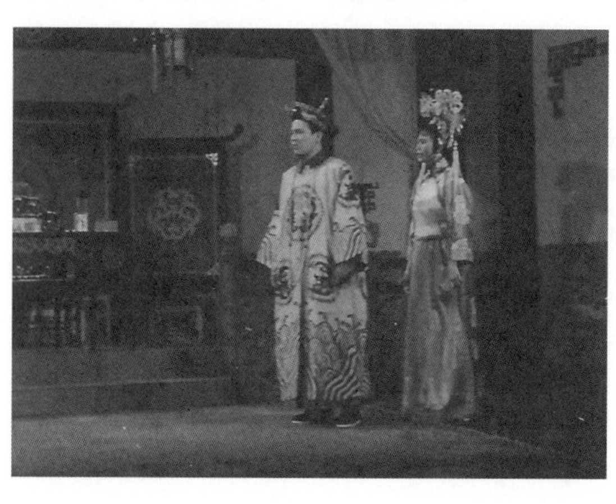

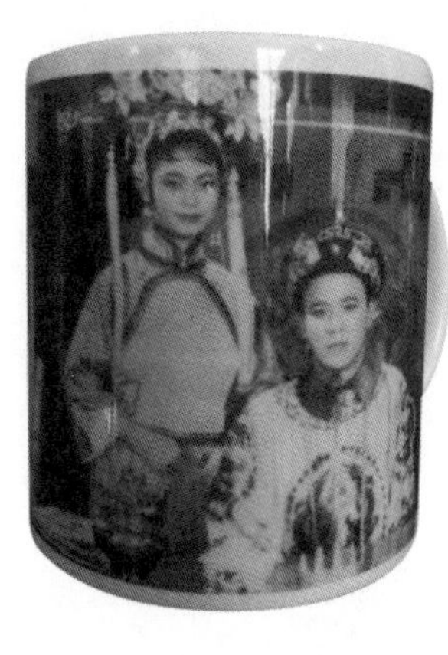

涂： 您這些年在美國的生活如何？

譚： 雖然我不再在舞台上演戲，但我教了四十二年書，也可以算是每天都在學生面前演戲。我六八年來美，在三藩市州立大學兼職教語言學（Linguistic），亦在加州的 Hayward University 教學一個暑假。自六九年開始，我在三藩市市立大學教書，直至二〇一一年退休。開始時，我在英文系任教，後來很多老師發覺不少來自外地的學生英文程度不佳，便在英文系增設 English as Second Language（簡稱 ESL）部門，我擔任部門主管。後來 ESL 獨立成系，我當上系主任一職，直至退休。雖然我不能在中國的土地上幫助中國人，但我通過我的教育工作，亦能造就了很多來自東方的學生。

涂： 劇社是由一班年長和年輕演員組成，您覺得您雙親和其他前輩是否有意識地作此安排，讓年輕一輩接上他們的棒？

譚：我相信他們未必是很有意識地去做，我猜想應該是他們覺得自己年紀大了，年輕角色再也不能演，便要找一些年輕演員演出，這是劇本的需要。例如媽媽曾在《明末遺恨》中飾演葛嫩娘，難道到了她年老時還要演葛嫩娘嗎？牛叔在「中英學會」的《生死戀》中本來飾演大兒子，但年紀大了，便要「升級」演父親的角色。幸好劇社都有「本錢」——有些社員引入對戲劇有興趣的子女承繼，有些則介紹學生加入劇社，這是一種很自然的培養人才方法。雖然他們不是刻意培育人才，但我肯定他們是懷有令香港劇界興旺的抱負的。

涂：在當時年輕一輩中，您認為哪位對劇社的貢獻特別大？

譚：景輝的推動很重要。他的成功是由很多條件加起來的結果，最終造就了一位戲劇大師。他的最大突破是為劇社引入很多翻譯劇。以前我們總是重演如《雷雨》、《野玫瑰》等中國劇，數十年來也只是演出相同的劇目。劇本本身雖好，但也會令觀眾看膩。景輝卻引入大批外國劇本，令劇社的劇本非常豐富、新鮮和多采，更使社員開始接觸當代外國的戲劇，令大家大開眼界。景輝是一名很好的人，非常尊重我的媽媽，排戲時常常接送她。

涂：前輩們從國內把這種本來沿自西方的表演藝術引入香港，自然是一大貢獻；另一方面，他們不斷身體力行地推動戲劇，使香港人認識舞台劇，又是另一大貢獻。

這是譚國始記載自己一生事蹟的墨寶，殊足珍貴。（譚務雪提供原作，涂小蝶拍攝）

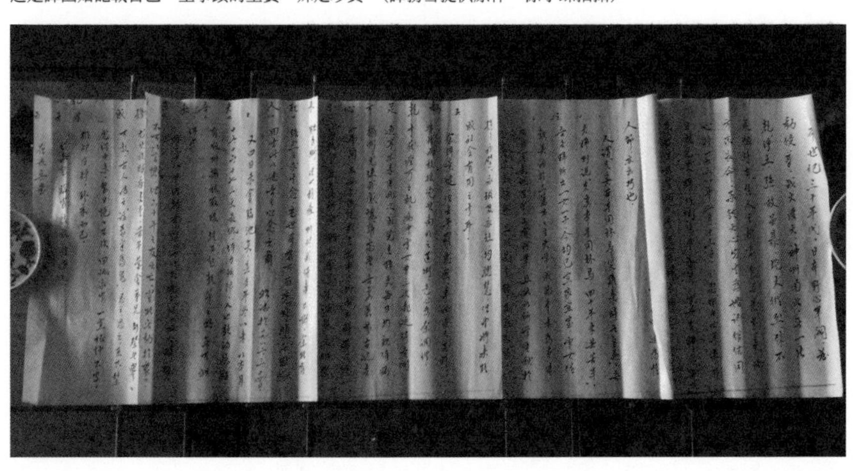

譚： 對，我的父母和其他前輩是時代的開拓者，推動戲劇運動的貢獻很大。香港劇壇以前是很沉寂的。「中英學會」毋疑演了很多英文戲，卻沒有很多人才演中文劇。經過父母和叔伯們的推動後，戲劇在香港愈來愈活躍。景輝在推動香港劇壇的功勞自然很大，但他也要有一個機會讓前輩將他培養出來，才能成就今天的他。之後，當時年輕的景輝又繼續培育他的後輩。因此，雖然景輝的成就比前人更大，但老一輩的功勞亦是不可抹煞的。正因如此，我們都很敬重先一輩的叔叔伯伯。

涂： 譚叔與劇社的前輩的感情都很好吧？

譚： 那是一定的。爸爸和牛叔是同學，通過參與運動而認識，牛叔更曾經代表中國參加遠東跳水比賽。我的媽媽與牛叔的太太李姨都喜歡打球，也是在運動場上認識的。爸爸、牛叔和馬叔曾一起到過日本教書，所以三人的感情最好。讓我舉一個例子吧——爸爸之前一直在寫一篇字，記載他的一生事蹟，例如他寫八二年二月是他和媽媽結婚四十四周年誌慶，感謝媽媽多年的愛護和子女孝順等。到馬叔逝世時，雖然爸爸健康欠佳，但仍堅持出席喪禮。不過，他自此便不肯再寫下去，因為他的好朋友牛叔早已移民美國，而另一位好友馬叔更離開世界，他因此完全放棄了求生的意志。他在那篇字上寫着「昨——十八日，佐朝舉殯，他以久病之軀，得大解脫，不可以言憾，但六十年之友云亡，豈能無動於衷？尤其放眼看靈堂，昔年營舍弟兄，到祭者寥寥可數，古人詩云：「訪舊半為鬼」。思之思之，更不禁悲從中來，整日悒悒不歡。回抵家中，一直怔忡不安。推卻應酬，卧牀而已。從此起，臨寫《陸放翁詩選》」，並表示再也不肯將那篇字繼續寫下去了。他在世時，我們並不知道他一直在寫那篇字，要到他離世後才找到出來。

涂： 數位前輩的情誼真教我感動。為甚麼他們有牛叔和馬叔等這些暱稱？

譚： 我也不知道，只知我的爸爸是羊叔，但沒有人這樣叫他的。后叔則是九叔，劇壇還有朱叔朱瑞棠，聽起來好像動物園似的。我從小便喚牛叔的女兒浣茜姐為C姐，她的姐姐為B姐。B是**BB**之意，她的妹妹便是阿C了。

涂： 您與劇社的劇友的關係如何？

譚： 非常好，尤其是爸爸和牛叔愛與年輕一輩打成一片，所以我與眾位叔叔伯伯的感

這是雷浩然在一九八七年收到譚務雪邀請他為她的兒子挑選名字後的回信。(譚務雪提供信件，涂小蝶拍攝)

務雪：在此首先恭喜你快做母之任媽咪了！這當然是闔府的喜訊，我們知道也分享萬分。羅娜也多了個侄子，可喜可賀。目前你們要把侄子我代這侄世姪命名，這是一份榮耀，有點義不容辭。茲據你指定以"L"F為頭，試擬名字三個，藉供參考：

(一)雲風——暗示含有"雲從龍，風從虎"之意。其備龍虎之姿，一生有如龍得雲，虎得風。他日風雲際會，是十錦繡前程之義。

(二)宏輝——宏，偉大也，發揚也。輝，輝煌也，大業也。暗示含有"大展輝煌大志，發大發揚光大，建立大業，成立大功。青雲直上，富貴全收"之義。

(三)懷勳——懷，懷抱也，思念也。勳，功業也，高位也。暗示含有"素懷創功立業之抱負，他日定當身居高位，四海揚名"；如從音讀上，"勳"、"芬"諧音，則思念香芬學之義，思過半矣。

P. (2)

按中國命名選字原則，通常注意"字義的暗示性"和"音韻的靈動性"兩個要素。每個字，除了字表現的意義外，尚有主觀暗示的成份。例如"劉邦"，邦有國家之義，其"經國大志"已在名字中隱然暗示。故命名選字，如屬男性，當以含有宏大，豪壯，深遠等暗示為高。其次，姓名是藉"音"字選擇，甚言清亮的感應，能使人起共鳴的心理作用。音的高低強弱，往往起不同的情緒感動，這就是"音韻的靈動性"。例此起來使更動聽的名字，總比低沉暗啞的好得多。上列幾個的三個名字，總算注意到這點，兼顧。如認為可，不妨擇一用之。如覺得都不大滿意，則千祈不要客氣，請另行命名好了，牛叔是不介意的。

今年六月，我們搬了家，地近陳家飯店，環境幽靜，比較適合。隨函奉上新址，你們夫婦倆隨時來玩，我們歡迎。你在最近期間，宜多休息，保養身体要緊，諸希珍重！ 順候近佳 羅娜姨姨問好

牛叔字
一九八七年七月十七日

譚雷兩家是一輩子的好朋友，即使劇社不再，他們仍然常常相聚。此照攝於洛杉磯，照中人是（前排左起）雷浩然、黃蕙芬、雷浩然妻子李惠明、（中排左起）譚務雪、張清女兒張翠玲、袁昌鐸妻子、譚家女傭順姐、（後排左起）張清、袁昌鐸和李惠明妹夫關先生。黃蕙芬和順姐分別手抱譚務雪的女兒薛景慈和兒子薛雲風。（約 1989，譚務雪提供照片）

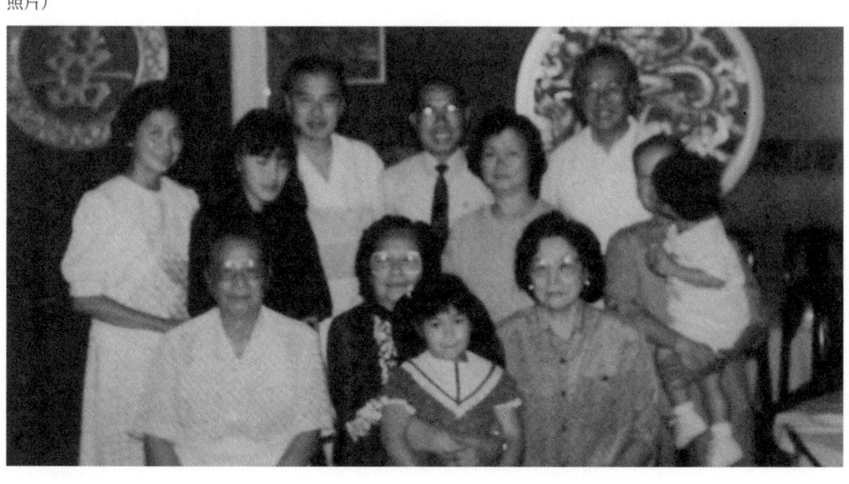

情都很好。我與牛叔的感情特別好。爸爸去世後翌年，我的女兒才出生。牛叔就像是我的父親一樣，連我的子女的中文名字也是由他改的。爸爸的名字英文拼音簡寫是KC，所以我請牛叔替我的女兒選取的中文名字的英文拼音簡寫也是KC，牛叔便替她改名為景慈。兒子則跟母親蕙芬的WF，取名雲風。我的丈夫Anthony是美籍意大利人，姓氏是Skittone，所以子女都姓薛。

我七十歲退休後，連續三年都到南卡羅來納州探望李姨和C姐，包括於二〇一四年慶祝李姨百歲壽辰。有時我也會探望住在洛杉磯的宛鈺姐（筆者注：二〇一七年二月，務雪姐特別飛赴洛杉磯給慶祝八十大壽的慧茵一個驚喜）。

我很感恩前輩們都很愛我，令我有機會參與戲劇演出。我現時仍然能夠與當時年輕一輩的劇友保持友誼，這都是我的福氣。

覆實電話：

① 辦事處：2956-3939（星期一至五，下午2－5:30 P.M.）

② 家　中：2445-2708（每天晚上，8－11 P.M.）

夏曆壬戌年四月十一日　第四張第四頁

真善美實業集團前主席

鉅商譚國始病逝

本週四九龍殯儀館治喪

前真善美實業（集團）有限公司董事會主席譚國始先生，積勞成疾，不幸於本月一日病逝瑪麗醫院，享年七十四歲，遺妻黃蕙芬及子譚務成，高級醫官隨侍在側，長女譚務雪教授已由美飛返回港奔喪。

譚先生生前曾致力教育，及後在商界大展所長，生平嗜好話劇，並對社會善舉，贊助良多，曾任東華三院丙戌年總理，東區扶輪社副社長，及香港製衣業總商會名譽會長等職，交遊廣闊，今一旦仙逝，親友均感惋惜。

真善美實業（集團）已成立治喪委員會負責治喪事宜。譚氏遺體已奉移九龍殯儀館大禮堂治喪，定本月六日（星期四）正午十二時大殮，十二時十五分舉行公祭，一時出殯，安葬荃灣華人永遠墳場。

譚國始曾任教育司，一九八二年報章報道他逝世的消息。（譚務雪提供剪報）

一九九九年八月，譚務雪一家四口與黃蕙芬從美國返港。左上圖為袁昌鐸寫給社員的傳真信件，邀請他們出席在九龍豪華酒樓為譚氏母女所設的洗塵午膳；下圖是袁昌鐸就安排洗塵宴給予譚務雪的另函。（譚務雪提供信件，涂小蝶拍攝）

FROM : GUANG LEE SEC. LTD.　　PHONE NO. : 29561794　　Aug. 04 1999 05:15PM P1

FAX 2760-8805

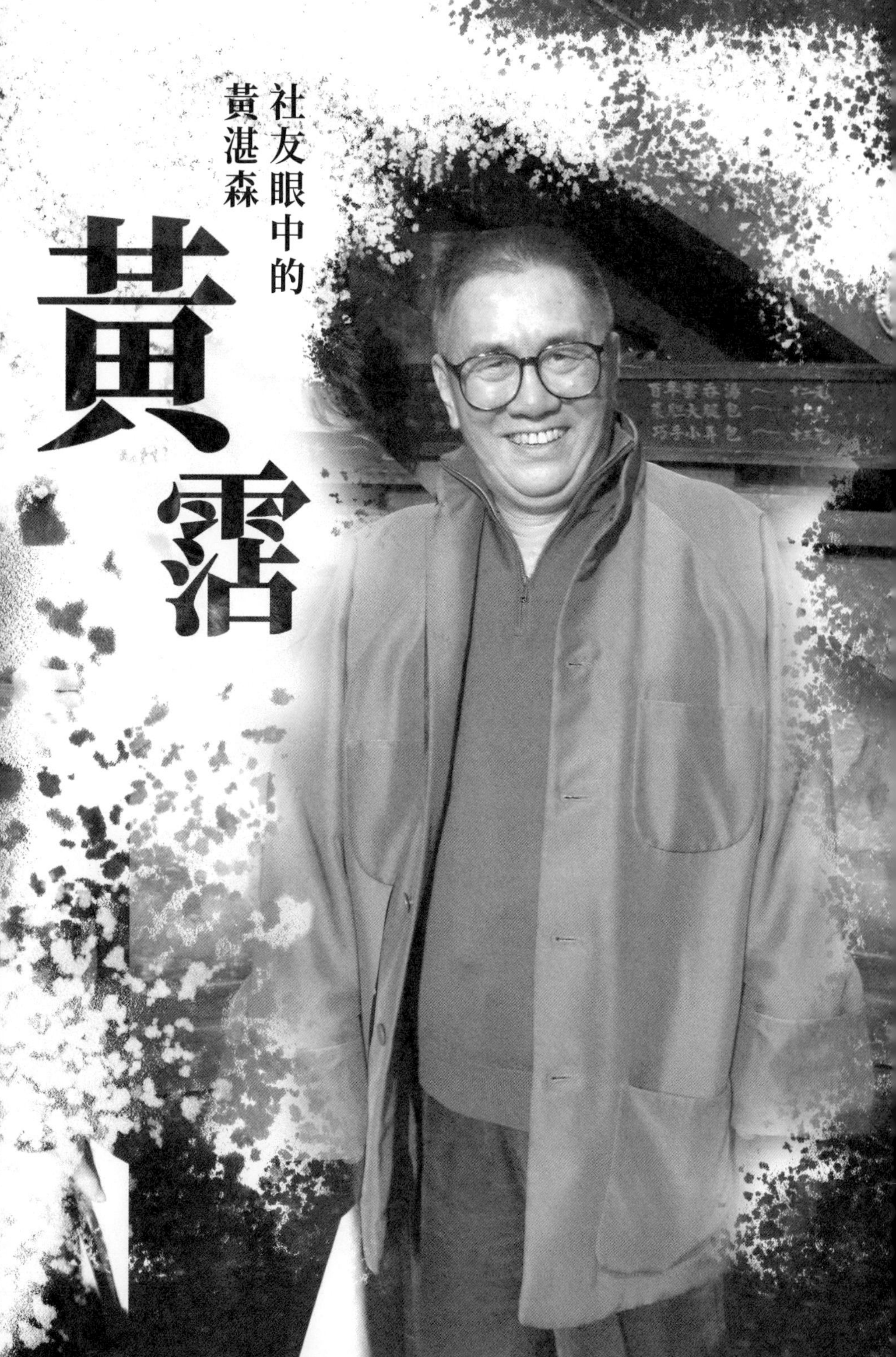
社友眼中的
黃湛森
黃霑

譚務雪

我於一九六〇年進入「港大」，不久便演出《桃花扇》，那是我加入「業餘」之前的事。我當時是佔一點優勢的，因為大學籌辦此劇時邀請我的父母幫忙，他們很自然便選了我飾演女主角李香君。不過，我也需要經過遴選這一關。湛森與我是同屆同學，我唸中文和英文，他則唸中文，但我們並未認識，首次見面是因為大家一起參加《桃花扇》的遴選。我讀劇本時，湛森立時被我的表現吸引。原來他一向以為「港大」學生的戲劇修為欠佳，忙問為何我能將台詞唸得那樣出色。他哪裡知道我是來自戲劇世家的呢？我們就是這樣結識，一直做了數十載好朋友。所以，我從來只會叫他湛森而不是黃霑，因為我們在他仍未是黃霑時已經是一對知心好友。

除了《桃花扇》，我們在「港大」時還曾合演《太平天國》，分飾男主角洪秀全和女主角傅善祥。在「業餘」內我與他合作的有《陋巷》、《史加本的詭計》等，但我們的對手戲不多。我離港後他仍然為劇社演出，因為他很喜歡「業餘」的人。

湛森既是我的同學，也是摯友。我很佩服他的才華，他真是一名才子。不過，他的興趣實在太多，常常不上課，所以他經常跟人說他畢業的B或A都是從我而來的，因為他借我的筆記溫習。他是很聰明的人，只要專心的話，甚麼學科也難不到他。

他最愛跟別人說他曾經追求我，我聽後總是一笑置之，因為我覺得只要是特別一點的女性他都會被吸引過去，況且我知道他已經有一位很要好的女朋友華娃。我的正直感很強，喜歡做對的事情，所以我常常請他待華娃好一點。我們有很深厚的友情，但非男女之情。他曾分別將他的三位愛人介紹給我認識。

我在大學畢業後於六四年到英國繼續進修，他表示已經買了大量郵簡，答應會常常寫信給我。我太了解這位好朋友，自然不相信他。後來，我到美國定居，倒有收過他的信。我要到在外國居住十四年後，才於七八年首次返港探親一星期。那個星期，湛森每晚九時後便抽空陪我上街，一起聽音樂。之後，他到美國時也會盡量探望我。我唸博士課程時，他常常鼓勵我。到他唸博士課程時，我亦為他打氣。當他快將完成論文時，也特別向我報告。

我非常喜歡這位好朋友，因為他有一顆善良的心，喜歡幫助別人。可是，他的承諾太多，難以一一實踐諾言。例如他因為太忙而沒有時間好好地寫東西，不過他曾為我們的友誼作曲，也邀請我看他的表演。我十分欣賞他的填詞，他真是一名才子，但他同時又可以是「不文霑」哩！

我每逢回港，湛森有時會抽空探望媽媽，大家親親熱熱的，與我們一家就像親人一樣。所以當媽媽在二〇〇四年六月離世時，我們本來已經邀請他在媽媽的喪禮中讀出她的生平事蹟。怎知他臨時來電表示身體不適，不能履行諾言。當時我們也

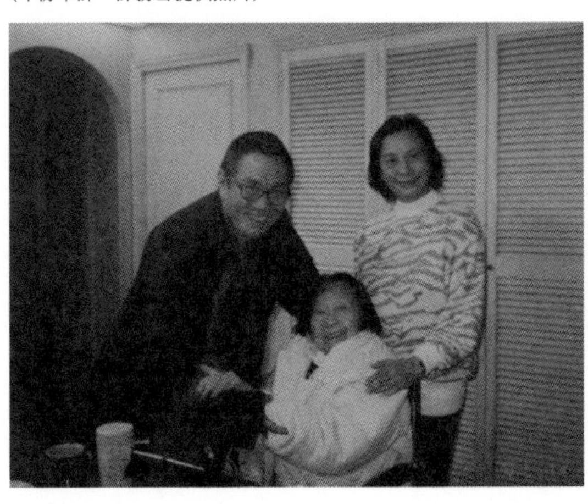

譚務雪（右）某次返港，黃霑（左）探望黃蕙芬（中）母女。（年份不詳，譚務雪提供照片）

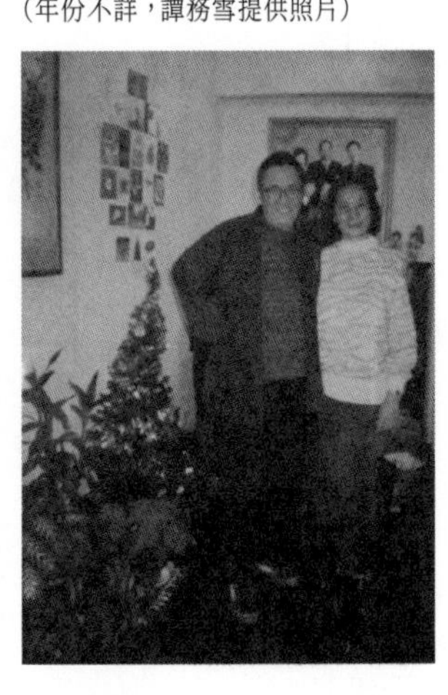

譚務雪（右）與黃霑（左）是終生好友。（年份不詳，譚務雪提供照片）

猜想到他一定是非常不適，才會連這麼重要的一件事情也爽約。我們只好由弟弟替代他。三個月後，湛森也病逝了。我非常懷念這位與我做了半個世紀摯友的故人。

黃汝燊

黃霑是劇社的開心果，不理老嫩尊卑，都愛與眾人開玩笑。我和他一起玩音樂，他很喜歡吹口琴。

他口沒遮攔，率直、自我、浪漫。他不看人家臉色，但又很樂觀。他非常有才華，卻不是囂張或炫耀才學。他不掩飾，容易得罪別人，但又能因此而贏得很多友誼。他的音樂才華令人羨慕，但卻非歌唱家或歌星的層次。他自娛為樂，活得很瀟灑。每次聚會，他總是滿場飛，位位都是朋友，恍如不羈的風。他雖然不受控制，但卻不會過火。他不是為人而活，而是為自己而活。

在《千方百計》中，黃湛森（右）黏上鬍子扮老角。當鍾景輝（左）的父親探班時，竟然誤認他是自己的兒子。二人之間為慧茵。(1965，慧茵提供照片)

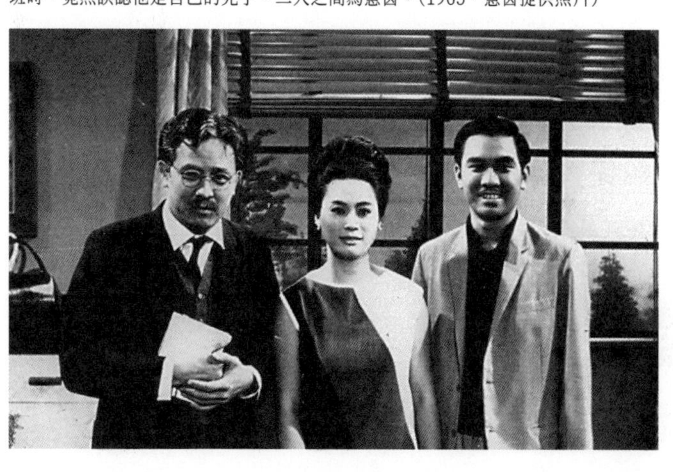

慧茵

黃湛森在「港大」唸書時與譚務雪是同學。他在「港大」演《桃花扇》，我和張清為該劇化裝，因而認識他。他對我們表示很希望加入「業餘」，我便介紹他加入。不過，我跟他解釋初加入時是不會立即有機會演戲，而是需要先做其他工作。他那時常做配音，亦曾為「業餘」做後台工作，亦為「阿 King」翻譯劇本，如二人合作翻譯《浪子回頭》。

他在「業餘」曾當演員，我與他在「業餘」的合作包括在《生路》中他與我飾演叔嫂，他演報華的弟弟。另外，我們也在電視劇《千方百計》中合作，「阿 King」和我分飾男女主角。我還記得在戲中他黏上鬍子扮老角。當「阿 King」的父親探班時，竟然誤認他是「阿 King」！他演戲的水準不差。另外，他也在我當女主角的《佳期近》中客串飾演侍應。

黃霑（左二）與慧茵（左三）在《夢幻曲》中飾演施氏夫婦，其他演出者還有袁報華（左一）、鄭子敦（左四）和陳有后（左五）。（1967，慧茵提供照片）

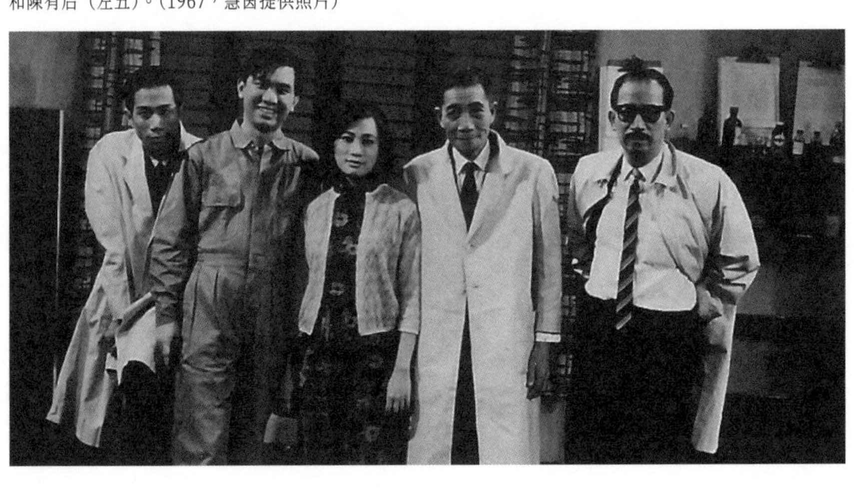

他在《陋巷》中飾演嫖客。他出場時是從閣樓走下來，飾演妓女白萍的舜燕則在閣樓目送他離開。他一邊結褲頭帶，一邊很滿足地走下樓梯。就是他這副猥瑣的模樣，即使他連一句台詞也沒有，每次甫出場，即博得觀眾熱烈掌聲，大概是他抽褲子的動作做得非常逼真吧！

他是一個很聰明的人，演技也不錯，唯一的瑕疵是常常不準時排戲。他演出「阿King」導演的《生路》時因為遲到或缺席，常常要「阿King」代替他排戲。「阿King」因此說：「他日上演時，可不是由我演他的角色哩！」

我為「麗的」演《文天祥》時，我演薛素素，他演士兵。在一場下雪戲中，道具灑下的雪粒是以梘粉製成的，令他大叫雙目刺痛。

他是一個很豪放的人。從事廣告工作時，一次與我到一名工作上認識的外國女士家中。當他看到人家的泳池很美，便嚷着要游泳。那位女士是單身的，沒有泳褲借給他。誰知他竟然立即脫了褲子跳進泳池，還叫我與他一起游泳。我說：「你可沒有穿泳褲啊！」他卻說他的下半身浸在水中，況且那時天色已開始轉暗，我是不會看清楚的。他玩夠了，便叫我轉過面，讓他包着毛巾離開泳池。

一次，他約我和張清在凱悅酒店喝咖啡。當他談到一些令他激動的事情時，立即離開座位走到洗手間去。到他回來時，竟然全身濕透！我們連忙載他到別處問個究竟。原來他因為太不開心，所以要用冷水澆頭保持冷靜！

他在世時，我們每次返港他都會請我們到灣仔福臨門吃飯。他有次問我：「為何你每次見到我都罵我？」

他能雅俗共賞，真是鬼才。我看着他與華娃拍拖，很可惜他這麼年輕便逝世。

邱麗冰

黃霑初時常常抱怨自己沒機會演戲，只得在後台幫忙，負責佈景製作。他有時抱怨說：「我很可憐，只能搭建佈景。」沒有人想到他在日後會有這樣輝煌的發展。

他後期的演技很不俗，演得很放。

黃霑（右）在《野玫瑰》中飾演漢奸廳長，梁舜燕（左）則是綽號「野玫瑰」的間諜。（1965，梁舜燕提供照片）

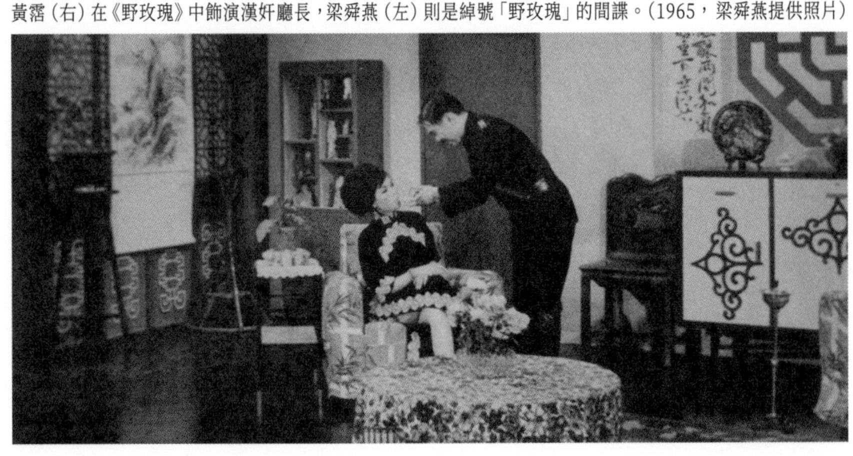

梁舜燕

黃霑是一個很開心的人，常常帶給我們歡樂。我和他在舞台劇《野玫瑰》中有對手戲。他飾演漢奸廳長，我是綽號「野玫瑰」的間諜。他的角色非常喜歡我，想我跟他在一起，但他已經有很多妻妾。黃霑的好色猴急相非常引人發笑，與他演對手戲，我要努力不讓自己笑出來。

我對黃霑最深刻印象是我們一同為「麗的」演出電視劇《葛嫩娘》。《葛嫩娘》不是「業餘」的製作，黃霑在劇中飾演小兵。一次，他用力把頭一搖，竟然將頭套跌掉在地上，害得我拚命忍笑。

六十年代有一齣電影叫《茶與同情》（*Tea & Sympathy*），是講一名學生與師母的故事。黃霑覺得很適合我和他演出，更對我許下承諾，說日後要寫一個劇本由我和他擔演，可惜這個承諾永遠不能兌現了。

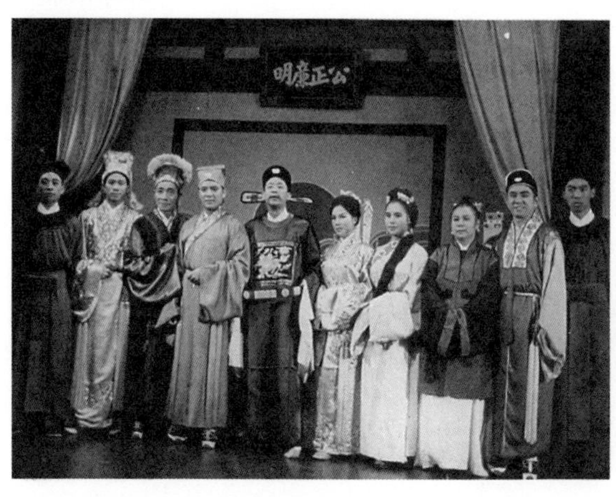

鍾景輝（左四）和黃霑（左九）曾在古裝電視劇《之子于歸》合演。（1964，鍾景輝提供照片）

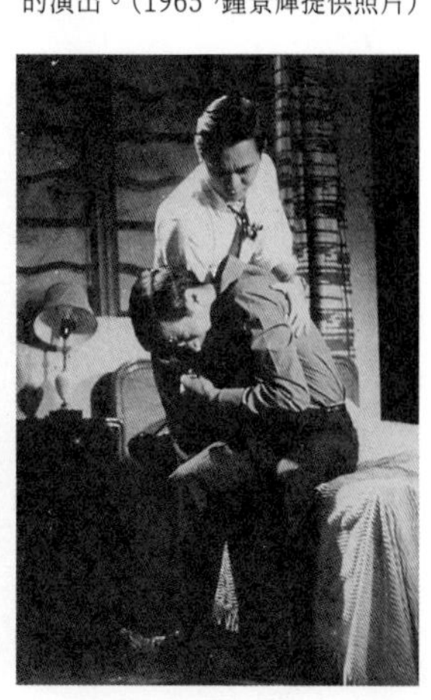
鍾景輝是《浪子回頭》的導演，讚揚黃霑（上）在劇中飾演卜保羅的演出。（1965，鍾景輝提供照片）

鍾景輝

黃霑是一名很有天份的演員，對戲劇很有熱情。在我導演的《浪子回頭》和《生路》中，他飾演陳有后的小兒子。他演得很好，尤其是與嫂嫂的關係演得最為深入。

除了戲劇之外，黃霑在音樂上更顯天份。他的中文底子甚佳，填詞特別出色。他的歌詞往往令人有所感悟和勾起美好的回憶。一九八〇年，我為香港話劇團導演全港首個粵語音樂劇《夢斷城西》時，邀請他為該劇填上中文歌詞。他將歌詞填得詩意和通俗並重，演出非常成功。我很欣賞他這種雅俗共賞的創作風格。

殷巧兒（右）與黃霑（左）合演《蠢貨》。（1965，殷巧兒提供照片）

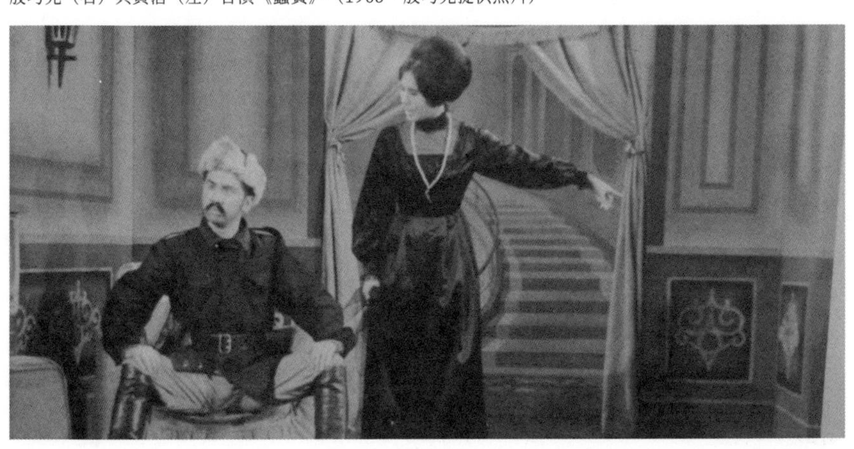

殷巧兒

黃霑的中文很棒，但我與他排戲最好笑的事情是他常常在談話時夾雜着粗話。每當他說粗話時，我便瞪他一眼，他立即閉咀，因此我覺得他是很尊重女士的。當時他正在追求華娃，每次排戲後便說：「不得了，我要立即跑去『揯煲』」，好像常常做錯事似的，我也不肯定他到底是否在開玩笑。他很平易近人，愛說笑，演戲亦不錯。他曾經與我合演《浪子回頭》，飾演我的小叔。他演喜劇的表現較好，如在《蠢貨》中有出色的表現。他較多臨場自由發揮，這也不打緊，我只要預先知道對手是這種風格便能了。所以，與他演戲的最大樂趣是猜想他會在舞台上如何臨場演繹角色。他有時會略嫌有點兒戲，但遇上適合他的角色便演得不錯，可惜他不算有太多機會演出。

雷浣茜（右）與黃霑（左）演出《視察專員》，後者飾演的假視察專員欲討前者飾演的市長夫人的女兒為妻。(1965，雷浣茜提供照片)

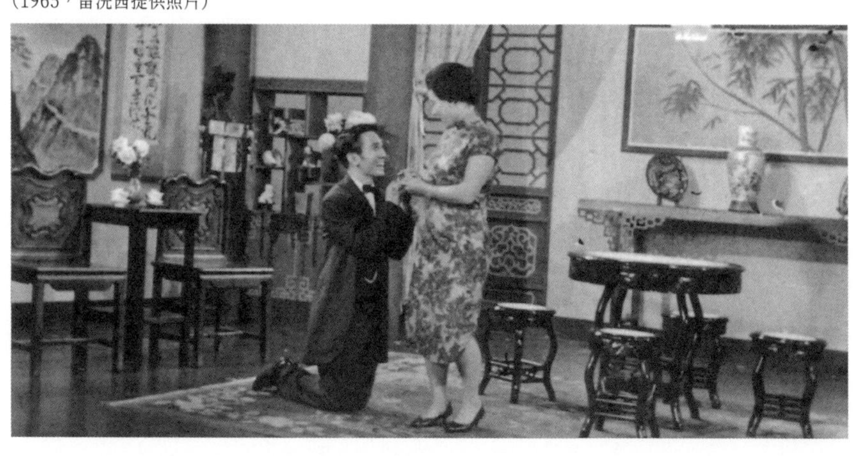

雷浣茜

黃霑和我的年齡很接近，但他比我成熟多了。他很健談，無論甚麼話題他都可以高談闊論，和他在一起肯定不會寂寞。他擅交際，與前輩、同輩和後輩都能融洽相處，一下子便打成一片。他通音樂，各種調子只要他隨意哼兩下，很快便譜成令人捧腹大笑的小曲。如果要在劇社裏選拔趣人趣事，他該是第一名。

雷靄然

黃霑博學多才，在「業餘」時很開心。不過我認識他並不是在劇社之內，而是因為他追求華娃。那時候我唸小學，住在地下。何非凡叔叔住在我隔鄰的二樓，華娃和家人則住在隔鄰的三樓。黃霑常在我家門前的小花圃等候華娃。到我在劇社再遇上他時，我認得他，心還在想：「原來這個就是當年『追女仔』的黃湛森！」當時華娃仍未唱歌，還是叫做劉桂紅。

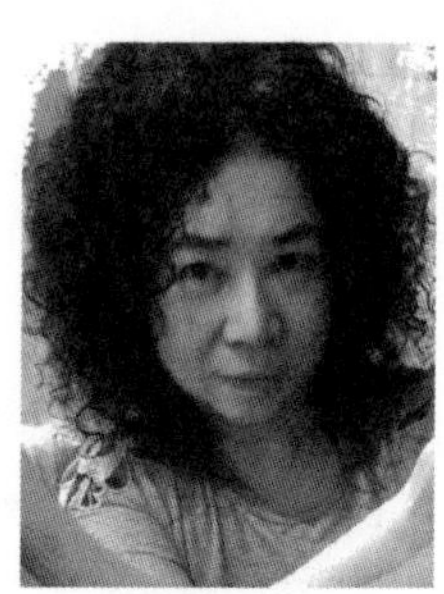

作者／編輯小傳

涂小蝶於香港浸會大學傳理系畢業後，赴美國三藩市州立大學創作藝術學院戲劇藝術系攻讀，獲碩士學位，續到三藩市 American Conservatory Theater 深造表演和導演。後獲香港浸會大學人文及創作系頒發博士學位，主要研究戲劇、電視和歌詞。

涂氏回港後從事文化、傳媒及出版工作多年。二〇〇二年加入香港話劇團，為話劇團首名戲劇文學研究員，亦為全港首名全職戲劇文學研究員。二〇〇四年兼任話劇團藝術總監助理，二〇〇七年底至二〇〇八年底轉任香港話劇團委約編輯。

二〇〇八至二〇一一年，為網上電視台「我們的電視」《劇場會客室》節目擔任主持及統籌，曾訪問一百位香港劇場工作者。涂氏亦曾任團劇團董事會副主席和澳門大學教育學院戲劇科講師；現為香港歷史博物館「香港故事」〈電視先驅〉研究員、「香港舞台劇獎」評審委員、香港藝術發展局審批員、《文匯報》「采風版」專欄作者、《澳門日報》「演藝版」劇評人和普劇場董事等。

近年編寫的劇本包括：《如真如假》、《蝴蝶與天虹》和《寢室物語》。《蝴》劇被收錄在香港教育局「中學中國語文戲劇教材系列二之劇本選輯及導賞」之中。涂氏亦曾多次獲香港教育局之邀為中學教師舉辦的戲劇賞析課程講學。

涂氏曾為話劇團籌辦《從此華夏不夜天——曹禺探知會》學術研討會及編輯、撰寫和統籌多本戲劇刊物，包括：《劇藝言荃——香港話劇團二十五年誌慶特刊》、《香港話劇團公司資料冊》、《戲言集》、《劇評集》、《劇話三十——香港話劇團三十年誌慶特刊》、《從此華夏不夜天——曹禺探知會論文集》、《還魂香．梨花夢的舞台藝術》、《編劇集》和《魔鬼契約的舞台藝術》；編輯由國際演藝評論家協會出版的《品味戲劇——香港話劇團演出導賞手冊選》；編輯由香港戲劇協會出版的《香港劇壇點將錄》（第五輯）；編撰由紅寶文化傳播出版的《戲劇大師鍾景輝的戲劇藝術之舞台篇》、《戲劇大師鍾景輝的戲劇藝術之電視篇》、《戲劇大師鍾景輝的戲劇藝術之理論和教學篇》和《重踏香港業餘話劇社昔日足迹》上、下冊，迄今共編輯、撰寫或統籌十六本關於香港戲劇的著作。另外，撰寫由中華書局出版的《香港詞人系列——鄭國江》和編撰由香港藝術發展局資助的兒童文學電子書《桃桃疫記》。

重踏香港業餘話劇社昔日足迹 下冊

作者／編輯：涂小蝶
出版：紅寶文化傳播公司
電話和WhatsApp：852 56066080
電子郵址：rubycmco@yahoo.com.hk
校對：滕喵喵 王慧嫻
美術設計：施永恆
發行：聯合新零售(香港)有限公司
地址：香港新界荃灣德士古道220-248 號荃灣工業中心十六樓
電話：852 21502100
傳真：852 24073062
國際書號：978-988-19106-5-3
出版日期：二〇二二年七月初版
售價：港幣一百六十八元

Retracing the Journey of the Hong Kong Amateur Drama Troupe Volume II

Author / Editor: Siu Tip Tao
Publisher: Ruby Culture and Media Company
Tel No & WhatsApp : 852 56066080
Email address: rubycmco@yahoo.com.hk
Proofreaders: Miu Miu Teng, Yvonne Wong
Graphic Design: Sting Sze
Distributor: SUP Retail (Hong Kong)Limited
Address: 16th Floor, Tsuen Wan Industrial Centre 220-248 Texaco Road, Tsuen Wan New Territories, Hong Kong
Telephone Number: 852 21502100
Fax Number: 852 24073062
ISBN: 978-988-19106-5-3
First Published: July 2022
Price: HKD 168

香港藝術發展局
Hong Kong Arts Development Council

香港藝術發展局全力支持藝術表達自由，本計劃內容並不反映本局意見。
Hong Kong Arts Development Council fully supports freedom of artistic expression.
The views and opinions expressed in this project do not represent the stand of the Council.